新思想指导成都新实践系列丛书

区域协调
成渝地区双城经济圈实践

杨继瑞 等 著

四川大学出版社
SICHUAN UNIVERSITY PRESS

图书在版编目（CIP）数据

区域协调：成渝地区双城经济圈实践 / 杨继瑞等著. —成都：四川大学出版社，2022.10
（新思想指导成都新实践系列丛书）
ISBN 978-7-5690-5786-7

Ⅰ. ①区… Ⅱ. ①杨… Ⅲ. ①区域经济发展－研究－成都②区域经济发展－研究－重庆 Ⅳ. ①F127.711 ②F127.719

中国版本图书馆 CIP 数据核字（2022）第 206756 号

书　　名：	区域协调：成渝地区双城经济圈实践
	Quyu Xietiao: Cheng-yu Diqu Shuangcheng Jingjiquan Shijian
著　　者：	杨继瑞等
丛 书 名：	新思想指导成都新实践系列丛书

丛书策划：杨岳峰
选题策划：杨岳峰　李　耕
责任编辑：李　耕
责任校对：梁　明
装帧设计：李其飞
责任印制：王　炜

出版发行：	四川大学出版社有限责任公司
地　　址：	成都市一环路南一段 24 号（610065）
电　　话：	（028）85408311（发行部）、85400276（总编室）
电子邮箱：	scupress@vip.163.com
网　　址：	https://press.scu.edu.cn

印前制作：成都完美科技有限责任公司
印刷装订：四川盛图彩色印刷有限公司

成品尺寸：170 mm×240 mm
印　　张：13.25
字　　数：239 千字

版　　次：2022 年 11 月 第 1 版
印　　次：2022 年 11 月 第 1 次印刷
定　　价：68.00 元

四川大学出版社
微信公众号

本社图书如有印装质量问题，请联系发行部调换

版权所有　侵权必究

"新思想指导成都新实践系列丛书"
编纂说明

党的十八届五中全会提出了"创新、协调、绿色、开放、共享"的新发展理念。"创新是引领发展的第一动力,协调是持续健康发展的内在要求,绿色是永续发展的必要条件和人民对美好生活追求的重要体现,开放是国家繁荣发展的必由之路,共享是中国特色社会主义的本质要求。"

新发展理念作为一个整体,为我们指明了今后发展的动力、目的、方式和路径问题,我们必须"完整把握、准确理解、全面落实,把新发展理念贯彻到经济社会发展全过程和各领域"。新时期以来,成都努力践行新发展理念,探索内陆超大型城市的现代化发展道路。本丛书正是秉持创新、协调、绿色、开放、共享的新理念,分别从社会治理、文化创新、党建引领、生态文明、区域协调、城乡融合六个角度,总结梳理了成都在城市治理现代化、世界文化名城建设、城市基层党建、公园城市建设、成渝地区双城经济圈建设、城乡融合发展试验区建设等方面极富地方特色的营城方法和历程。

丛书之一《治理现代化:超大城市治理的成都实践》认为,探索城市社会治理体系和治理能力现代化,既是成都建设国家中心城市应履行的重要使命,也是成都高质量建设公园城市实践可持续发展的现实需求。因此,该书以习近平总书记关于社会治理及城市工作的重要论述为根本遵循,聚焦新时代成都市推进社会治理体系和治理能力现代化的生动实践,全面梳理和系统总结成都市推进超大城市社会治理的创新举措和新鲜经验,并紧密结合新发展阶段、新发展理念和新发展格局的要求,提出新征程上成都完善超大城市社会治理体系的关键路径和重要举措,以及具有针对性、操作性的政策建议,对新征程上推进成都社会治理现代化新实践具有较强的理论和现实意义。

丛书之二《文化创新:世界文化名城的成都实践》尝试着将"创新文化""文化创新"等基本学理同成都世界文化名城建设的具体实践结合起来进行大

胆的分析，希望在理论与实践的交相辉映中找到成都创新性高质量发展的文化逻辑。该书同时对国内外城市创新文化的模式、演化等要素进行了分类整理，结合成都市创新生态的历史基础、基本状况、时代机遇和实践探索等，归纳了成都建设世界文化名城的创新生态的优化策略与路径。著作以宽广的学术视野和对成都文化的深入理解，对成都文化创新以建设世界文化名城进行了较深入的分析、归纳和总结，兼具学术创新和实践指导价值。

丛书之三《党建引领：基层治理的成都实践》紧紧围绕党建引领的基调，以习近平总书记关于党的建设重要思想作为理论指导，对成都市郫都区唐昌镇战旗村、成都交子金控集团、成都文旅集团、电子科大通信学院电工系研究生第五支部、成都市下涧槽社区等乡村、企业、高校、社区基层党建工作进行深入的调研，总结出了一般性的可借鉴、可推广、可复制的规律，达到了透过现象看本质的科学研究要求。这些丰富而生动的基层治理实践案例既有理论剖析，又有实践解读，彰显出党建引领成都基层治理的成效。

丛书之四《生态文明：公园城市的成都实践》同样是运用马克思主义理论特别是习近平生态文明思想，对成都市公园城市建设中的重大理论和实践问题进行了深入探讨，系统总结了成都市公园城市建设的实践经验及典型案例，为国内外公园城市发展实践提供了重要支撑和参考借鉴，具有较强的科学性、学术性、应用性和引领性。

丛书之五《区域协调：成渝地区双城经济圈实践》以习近平总书记关于区域协调发展的重要论述为基础，全面揭示了成渝地区双城经济圈建设的时代背景与战略意义。同时，深入分析了成渝地区双城经济圈建设面临的挑战和机遇，明确了建设总目标。另外，该书还从多维度分析了成渝地区双城经济圈建设的支撑定位及重要任务，对重构经济圈良性竞合关系的体制机制进行了探讨，有益于我们更深入地理解成渝地区双城经济圈战略。

丛书之六《城乡融合：成都试验区实践》从背景、现状、目标、路径和启示等方面对成都城乡融合发展试验区建设的历程、做法进行了实践案例展示和理论分析。研究立足"成都建设践行新发展理念的公园城市示范区"的时代背景，紧紧围绕《关于国家城乡融合发展试验区实施方案》为成都市推进国家城乡融合发展试验区建设提出的五个方面的要求，用"新发展理念"理论框架来梳理成都经验，考察和总结成都实践，对"成都样本"的推广和推动城乡融合发展工作具有重要价值。

书稿付梓适逢党的二十大胜利召开,大会报告指出,"从现在起,中国共产党的中心任务就是团结带领全国各族人民全面建成社会主义现代化强国、实现第二个百年奋斗目标,以中国式现代化全面推进中华民族伟大复兴"。何为中国式现代化?就是"中国共产党领导的社会主义现代化,既有各国现代化的共同特征,更有基于自己国情的中国特色"。四川成都,这个地处祖国西南、人口近2300万、聚合众多"典型中国"特征的内陆城市,其在政治、经济、文化、党建、生态文明等方面的探索实践,可以说是中国特色现代化建设探索实践的重要组成部分。希望这套"新思想指导成都新实践"丛书能为中国特色、成都风范的现代化建设和中华民族的伟大复兴奉上吾辈绵薄之力。

"新思想指导成都新实践系列丛书"编务组
2022 年 10 月

导 言

成渝地区双城经济圈是习近平总书记根据中华民族伟大复兴战略全局、世界百年未有之大变局以及区域经济发展的新趋势，亲自谋划、亲自部署、亲自推动的国家重大区域发展战略，是习近平总书记关于区域协调发展的重要论述的生动实践。

习近平总书记关于区域协调发展的重要论述，以其系统化的理论体系和制度化的实践基础，成为引领我国区域协调发展新格局的"四梁八柱"和"承重墙"，是立足新发展阶段，引领我国区域协调发展，践行"新理念"，唱好"双城记"，建优"经济圈"，融入"新格局"的指导思想。

习近平总书记关于区域协调发展的重要论述，紧扣和聚焦我国社会主要矛盾变化，基于区域高质量发展要求所提出的指导思想，为传统区域发展和开放型经济新体制的理论和实践赋予了全新内涵，注入了新的生机和动力，是引领中国区域发展和推动成渝地区双城经济圈建设迈进新发展阶段的行动指南。

首先，作为"习近平新时代中国特色社会主义经济思想"最重要的组成部分之一，习近平总书记关于区域协调发展的重要论述，在世界经历百年未有之大变局、中国特色社会主义迈入新时代、我国社会主要矛盾发生新转化、经济发展进入新常态、改革开放步入新阶段、经济大循环进入新格局的背景下不断丰富发展，有利于促进新一轮科技革命和产业变革深入发展，推动我国经济发展空间结构的深刻变革。习近平总书记关于区域协调发展的重要论述为成渝地区协调发展提供了理论指导。成渝地区协调发展包括促进成渝地区区域整体发展的均衡性，促进城乡区域协调发展，促进经济社会协调发展，同时促进成渝地区新型工业化、信息化、城镇化、农业现代化同步发展，着力解决不平衡、不协调、不充分发展等问题。因此，区域协调发展是新发展理念中"协调发展"这一概念在区域经济领域的集中体现。我国的区域发展及空间新布局、区域协调发展的全新思路应当适应我国发展的新趋势。正是基于这样的考量，习近平总书记亲自谋划、部署和推动了长江经济带发展战略、黄河流域生态保护和高质量发展战略及京津冀、长三角、粤港澳、成渝地区双城经济圈等超级城市群的规划,推动了我国流域经济、城市群发展的新布局的形成。因此,习近平总书记关于区域协调发展的重要论述包含了区域经济规律和空间经济学的机理,是习近平新时代中国特色社会主义经济思想的有机组成,是对中华人民共和国成立以来区域经济学理论的继承发展,是我国区域经济学理论建设具有划时代意义的重大成果,具有鲜明的科学性、时代性、先进性和实践性。

其次,习近平总书记新时代区域协调发展这一重要论述,还集中体现了中国共产党对我国区域经济重点及特征的敏锐洞察和把握,标志着中国共产党对新的经济发展规律有了进一步的认识,是今后区域发展中都必须坚持和遵循的规律,是中国共产党经济思想的丰富与完善。我国幅员辽阔,区域间经济社会发展不平衡、不协调、不充分的问题较为突出,特别是革命老区、民族地区、边疆地区、贫困地区等基础设施和公共服务设施依然较为落后,老少边穷等地区即使在摆脱绝对贫困之后,持续推进解决好相对贫困问题仍然任重道远。只有遵循习近平总书记关于区域协调发展的重要论述、区域经济规律和空间经济学的机理,制定并实施科学的区域协调发展战略,才能促进我国包括成渝地区在内的各区域之间协调互动,塑造和构建区域间要素有序自由流动、主体功能约束有效、基本公共服务均等、资源环境可承载的区域协调发展新格局。

再次,习近平总书记关于区域协调发展的重要论述,更是我国全面建设社会主义现代化,促进包括成渝地区在内的区域协调发展的方向性指导。立足新发展阶段,贯彻新发展理念,构建新发展格局,离不开现代化经济体系的空间布局。一段时期以来,我国区域经济的高速增长在一些地区在一定程度上依赖于高投入和高耗能,原先的经济空间布局受制于资源禀赋。随着我国区域经济发展进入新发展阶段,高耗能不环保等落后产能逐渐淘汰,绿色低碳、创新引领成为现代化经济体系的重要标志。我国在2020年第七十五届联合国大会上已经明确提出:"中国将提高国家自主贡献力度,采取更加有力的政策和措施,二氧化碳排放力争于2030年前达到峰值,努力争取2060年前实现碳中和。"以习近平总书记关于区域协调发展的重要论述为引领,通过实施区域协调发展战略,促进人口、经济和资源、环境的空间均衡,进而实现各区域更高质量、更有效率、更加公平、更可持续的发展,有助于构建现代化经济体系的战略空间,实现我国对全世界生态环保的庄严承诺。同时,以习近平总书记关于区域协调发展的重要论述为引领,构建国内大循环为主体,国内国际双循环相互促进的新发展格局,以供给侧结构性改革为主线,攻克产业链供应链中的"卡脖子"技术,促进传统产业优化升级,积极培育高质量发展的增长极和新动力源，科学制定包括成渝地区在内的各区域协同的产业定位和发展规划，将整个产业布局优化统筹，推动包括成渝地区在内的各区域依据主体功能定位发展，对全面建设社会主义现代化国家和成渝地区双城经济圈开好局、起好步具有十分重要的意义。

最后，习近平总书记关于区域协调发展的重要论述，不仅对我国区域协调发展和成渝地区双城经济圈建设提供了科学指导，而且对当今世界各区域协调发展也提供了中国方案和中国示范。中国人民早就认识到了中国发展与世界繁荣之间的相互促进关系。中国积极推动"一带一路"倡议，将共赢共享理念贯彻到国家与地区间协调发展的实践，正是习近平总书记关于区域协调发展的重要论述在人类命运共同体建设路径中的应用。

在庆祝中国共产党诞生100周年之际，我们以"新时代区域协调发展战略与成渝地区双城经济圈实践"为研究课题，对习近平总书记关于区域经济协调发展重要论述进行溯源与探讨，为成渝地区双城经济圈的建设提供理论指导。我们深刻剖析了习近平总书记谋划成渝地区双城经济圈建设的时代背景，以及在全球和各国的经济空间结构正在发生新变化的前提下，他对我国区域经济协调发展谋篇布局的深刻缘由。我们根据习近平总书记关于成渝地区双城经济圈建设重要讲话精神，以及《成渝地区双城经济圈建设规划纲要》精神，分析了成渝地区双城经济圈建设的重大意义。同时，我们根据城市群协同化、一体化和同城化机理，解析了城市群的形成及演变，探讨了城市空间、区域空间发展过程与特征，并就成渝地区双城经济圈与国内外城市群进行了定量化的比较分析，揭示了成渝地区双城经济圈建设所面临的挑战和各种叠加机遇。根据《成渝地区双城经济圈建设规划纲要》精神，我们着力分析了成渝地区双城经济圈建设作为全国高质量发展重要增长极和动力源的统揽性总目标，即"一极一源"，深刻剖析了成渝地区双城经济圈建设作为我国空间布局中的重要经济中心、科技创新中心、内陆开放新高地和高品质生活宜居地的支撑定位，即"两中心两地"。成渝地区双城经济圈建设的"一极一源两中心两地"的实现，有赖于成渝地区双城经济圈建设的若干重要任务的落实和如期完成。为此，在唱好"双城记"，建优"经济区"过程中，我们必须要突破行政区划对经济区形成牵制的体制机制。于是，我们提出了根据城市群经济规律，重构保障"经济圈"良性竞合关系的体制机制若干建议。

成渝地区双城经济圈是成都大都市区、重庆主城都市区以及受"双城"新极化与强辐射的轴带而集成的经济圈。成渝地区双城经济圈凸显了新时代成都在全国区域发展版图的战略地位,强化了成都引领西部乃至全国高质量发展的使命担当,赋予了成都做大做优做强内陆地区极核功能的时代机遇。成都要以更强烈的机遇意识,更宽广的国际视野,更科学的制度机制,主动在国家重大战略全局和全省"一干多支,五区协同"发展大局中善作为,强担当。成都应该义不容辞地加强与重庆以及省内外其他城市的协同,在经济区与行政区适度分离的创新路径中履行好使命,建设好践行新发展理念的公园城市示范区,不断筑强领跑成渝地区的战略优势,形成融入新发展格局中的强引擎。

成渝地区双城经济圈建设不仅仅是"双城"的"二重唱",更是各方的"大合唱"和"交响乐",需要党领导下的各方积极参与。我们把"新时代区域协调发展战略与成渝地区双城经济圈实践"的课题研究成果献给关心成渝地区双城经济圈建设的各级领导、专家学者、规划建设者!献给成渝地区双城经济圈的人民!

课题组

2021 年 4 月 30 日

目　录

第一章　习近平总书记关于区域协调发展的重要论述的溯源与探讨 …（ 1 ）
一、习近平总书记关于区域协调发展的重要论述的理论来源………（ 1 ）
　　（一）马克思主义政治经济学在中国的发展与时俱进 ………（ 2 ）
　　（二）马克思主义区域经济学的形成与发展 …………………（ 3 ）
二、习近平总书记关于区域协调发展的重要论述的实践基础………（ 4 ）
　　（一）在实践中应运而生 ………………………………………（ 4 ）
　　（二）在实践中不断发展 ………………………………………（ 5 ）
三、习近平总书记关于区域协调发展的中国方案…………………（ 8 ）
　　（一）不断发展且开放的理论体系 ……………………………（ 9 ）
　　（二）为世界各国各区域协调发展提供了中国方案 …………（ 10 ）
四、习近平总书记关于区域协调发展的重要论述的核心内容………（ 11 ）
　　（一）区域协调发展的新情况 …………………………………（ 11 ）
　　（二）区域协调发展的总思路 …………………………………（ 12 ）
　　（三）区域协调发展的四要求 …………………………………（ 14 ）
　　（四）区域协调发展的六举措 …………………………………（ 16 ）
　　（五）习近平总书记关于区域协调发展的重要论述是涉及面广的
　　　　理论体系 ……………………………………………………（ 18 ）

第二章　成渝地区双城经济圈建设的时代背景………………（ 19 ）
一、世界正处于百年未有之大变局的重构期………………………（ 19 ）
　　（一）经济地理格局之变 ………………………………………（ 19 ）
　　（二）全球贸易体制之变 ………………………………………（ 21 ）
　　（三）科技创新引领之变 ………………………………………（ 23 ）
　　（四）全球秩序与治理之变 ……………………………………（ 25 ）
二、中国正处于构建"双循环"新发展格局的发力期………………（ 26 ）

　　　　（一）"双循环"新发展格局的演进溯源 …………………… (27)
　　　　（二）"双循环"新发展格局的核心内涵 …………………… (29)
　　　　（三）"双循环"新发展格局的理论逻辑 …………………… (30)
　　　　（四）"双循环"新发展格局的本质特征 …………………… (32)
　　三、成渝地区正处于国家区域发展层级的上升期 ………………… (34)
　　　　（一）我国区域发展战略的历史演进 ……………………… (34)
　　　　（二）成渝地区区域发展战略的历史演进 ………………… (36)

第三章　成渝地区双城经济圈建设的战略意义 ………………… (39)

　　一、推动西南传统"安全腹地"的现代化转型升级 ……………… (39)
　　　　（一）国家战略大后方的"安全腹地"区位显著 ………… (39)
　　　　（二）国际安全形势背景下的地缘政治影响凸显 ………… (40)
　　二、形成中国高质量发展重要增长极与新动力源 ………………… (41)
　　　　（一）胡焕庸线横跨川渝 …………………………………… (41)
　　　　（二）国家战略机遇多重叠加 ……………………………… (41)
　　三、建设内陆改革开放新高地 ……………………………………… (42)
　　　　（一）打造西部陆海新通道的枢纽型大支点 ……………… (42)
　　　　（二）构建空中丝绸之路的重要航空枢纽 ………………… (43)
　　四、构建长江上游生态保护示范样板区 …………………………… (44)
　　　　（一）筑牢长江上游重要生态屏障区 ……………………… (44)
　　　　（二）打造具有"三生"特色的新型城市群 ……………… (44)

第四章　成渝地区双城经济圈建设的挑战和机遇 ………………… (46)

　　一、城市群是区域空间的新层级 …………………………………… (46)
　　　　（一）经济区、城市群、都市圈 …………………………… (47)
　　　　（二）城市群的形成和演变 ………………………………… (47)
　　　　（三）世界六大城市群的形成、演变与启迪 ……………… (49)
　　二、城市空间、区域空间发展过程与特征 ………………………… (51)
　　　　（一）城市群的空间重构与尺度重组 ……………………… (52)
　　　　（二）中国城市群地域空间形态的重构 …………………… (54)
　　　　（三）中国城市群社会空间治理的重构 …………………… (57)
　　三、成渝地区双城经济圈与国内外城市群的比较分析 …………… (59)

（一）成渝地区双城经济圈与国外城市群的比较分析 ……………（ 59 ）
　　（二）成渝地区双城经济圈与国内城市群的比较分析 ……………（ 61 ）

第五章　成渝地区双城经济圈建设的总目标…………………………（ 72 ）
一、打造全国高质量发展的重要增长极和新动力源……………………（ 72 ）
　　（一）建设成渝地区双城经济圈是我国区域发展的历史抉择 …（ 73 ）
　　（二）建设成渝地区双城经济圈是我国高质量发展的现实要求
　　　………………………………………………………………（ 74 ）
　　（三）建设成渝地区双城经济圈是我国高质量发展的重要支撑
　　　………………………………………………………………（ 75 ）
二、建设成渝地区双城经济圈：优化生产力布局的抉择………………（ 77 ）
　　（一）优化生产力布局是遵循发展规律的必然选择 ……………（ 77 ）
　　（二）优化生产力布局是改善发展不平衡不充分短板的重要举措
　　　………………………………………………………………（ 79 ）
　　（三）优化生产力布局是构建新发展格局的有力支撑 …………（ 80 ）
三、建设成渝地区双城经济圈：以创新引领高质量………………………（ 81 ）
　　（一）激发各类主体创新活力 ………………………………（ 81 ）
　　（二）推进各类领域深度融合 ………………………………（ 82 ）
　　（三）激励各类主体主动参与 ………………………………（ 83 ）
四、建设成渝地区双城经济圈：促进区域协同与要素流动……………（ 85 ）
　　（一）畅通要素自主有序流动渠道 …………………………（ 85 ）
　　（二）构建要素科学统筹协调机制 …………………………（ 86 ）
　　（三）实现要素高效合理配置 ………………………………（ 87 ）

第六章　成渝地区双城经济圈建设的支撑定位…………………………（ 89 ）
一、战略定位：引领成渝地区双城经济圈未来发展方向………………（ 89 ）
　　（一）"一极一源"统揽下的"两中心两地" …………………（ 89 ）
　　（二）强化成渝地区在"国内大循环"中的内陆中心枢纽功能
　　　………………………………………………………………（ 91 ）
　　（三）强化成渝地区在"国内国际双循环"中的内陆开放枢纽功能
　　　………………………………………………………………（ 92 ）
二、建设具有全国影响力的重要经济中心………………………………（ 92 ）

（一）建设成渝地区双城经济圈的核心目标 …………………（ 92 ）
　　（二）助推国家经济高质量发展 …………………………………（ 93 ）
　　（三）改善传统二元经济结构 ……………………………………（ 95 ）
三、建设具有全国影响力的科技创新中心 ………………………………（ 96 ）
　　（一）形成重要经济中心的第一动力 ……………………………（ 96 ）
　　（二）促进成渝科创资源的融合发展 ……………………………（ 97 ）
　　（三）契合经济发展新动能与国家安全战略的双重要求 ………（ 99 ）
四、建设新时期我国改革开放新高地 ……………………………………（ 100 ）
　　（一）加速构建成渝全方位对外开放大通道 ……………………（ 100 ）
　　（二）加速在新领域试点布局先行区 ……………………………（ 101 ）
　　（三）加速推进成渝制度供给创新 ………………………………（ 101 ）
　　（四）加速深化改革 ………………………………………………（ 103 ）
五、建设我国西部地区高品质生活宜居地 ………………………………（ 103 ）
　　（一）基于西部地区人口及经济承载力的战略考量 ……………（ 103 ）
　　（二）满足群众对美好生活的向往，实现经济可持续发展
　　　　　…………………………………………………………………（ 106 ）
　　（三）适应成渝地区经济社会诸方面的高要求 …………………（ 107 ）

第七章　成渝地区双城经济圈建设的重要任务 ……………………（ 110 ）
一、合力共建现代化基础设施网络 ………………………………………（ 110 ）
　　（一）建立成渝地区双城经济圈基础设施互联互通合作机制 …（ 110 ）
　　（二）建设以成都和重庆为中心的国际性综合交通枢纽 ………（ 112 ）
　　（三）统筹推进信息等新型基础设施互联互通 …………………（ 114 ）
二、协同建设现代产业体系 ………………………………………………（ 116 ）
　　（一）建立完善成渝地区双城经济圈产业协同发展机制 ………（ 116 ）
　　（二）推动重点产业协同高质量发展 ……………………………（ 117 ）
　　（三）建立完善城际产业协作的政策共享和利益分享机制 ……（ 119 ）
三、共建具有全国影响力的科技创新中心 ………………………………（ 119 ）
　　（一）构建多层次科技合作平台 …………………………………（ 119 ）
　　（二）建设科技成果转移转化体系 ………………………………（ 120 ）
四、共同打造具有巴蜀特色的国际消费目的地 …………………………（ 121 ）
　　（一）实施品质化消费供给提升工程 ……………………………（ 122 ）

　　　　（二）实施标识性消费场景塑造工程 ………………………（ 123 ）
　　　　（三）实施引领性消费热点培育工程 ………………………（ 124 ）
　　　　（四）实施国际化消费生态优化工程 ………………………（ 126 ）
　　五、共筑长江上游生态屏障 ………………………………………（ 127 ）
　　　　（一）把修复长江生态环境摆在首要位置 …………………（ 127 ）
　　　　（二）推动川渝长江流域高质量发展 ………………………（ 128 ）
　　　　（三）共同奏响新时代的长江之歌 …………………………（ 128 ）
　　六、协同推进城乡融合发展 ………………………………………（ 129 ）
　　　　（一）推动城乡要素自由流动 ………………………………（ 129 ）
　　　　（二）促进城乡基本公共服务均等化和基础设施一体化 …（ 131 ）
　　　　（三）实现城乡经济多元化发展 ……………………………（ 132 ）
　　七、共同推动公共服务共建共享 …………………………………（ 134 ）
　　　　（一）基本民生性服务的共建共享 …………………………（ 134 ）
　　　　（二）公共事业性服务的共建共享 …………………………（ 135 ）
　　　　（三）公共基础设施的共建共享 ……………………………（ 137 ）

第八章　重构经济圈良性竞合关系的体制机制探讨 ……………（ 140 ）
　　一、经济圈良性竞合关系需要体制机制界定和固化 ……………（ 141 ）
　　　　（一）我国城市群竞合关系研究溯源 ………………………（ 141 ）
　　　　（二）成渝地区双城经济圈建设不可能消除成渝竞争 ……（ 144 ）
　　　　（三）良性竞合关系必须要规范化和制度化 ………………（ 145 ）
　　二、构建川渝良性竞合关系的体制机制的观念依托 ……………（ 146 ）
　　　　（一）换位思考观念 …………………………………………（ 147 ）
　　　　（二）"动车组意识" …………………………………………（ 147 ）
　　　　（三）最大公约数规则 ………………………………………（ 148 ）
　　　　（四）股份制权益 ……………………………………………（ 150 ）
　　　　（五）共同平台 ………………………………………………（ 151 ）
　　　　（六）重大项目 AB 错位配置 ………………………………（ 152 ）
　　　　（七）"飞地产业功能区"分享机理 …………………………（ 153 ）
　　　　（八）产业链逻辑 ……………………………………………（ 154 ）
　　　　（九）抱团发展观念 …………………………………………（ 155 ）
　　　　（十）干部全方位交流 ………………………………………（ 155 ）

三、建立健全促进川渝良性竞合关系的其他配套制度安排……（ 156 ）
　（一）充分发挥民间组织、行业和企业功能 ………………（ 157 ）
　（二）完善成渝地区同守共遵的激励与约束体制机制 ……（ 157 ）
　（三）进一步探索和完善川渝特殊点位下的利益分享与补偿机制
　　………………………………………………………………（ 158 ）

第九章　成渝地区双城经济圈建设的成都作为："强核、拓圈、联支、协重"
………………………………………………………………………（ 160 ）

一、强核：做强成渝地区双城经济圈的"成都极核"…………（ 162 ）
　（一）全面建设践行新发展理念的公园城市示范区 ………（ 162 ）
　（二）增强成渝地区双城经济圈中心城市功能和承载能力 …（ 166 ）
二、拓圈：拓展"成都极核"的"朋友圈"……………………（ 170 ）
　（一）构建"三轴三区三带"发展新格局 …………………（ 170 ）
　（二）共建立体化交通通勤"都市圈" ……………………（ 171 ）
　（三）共创开放平台和开放枢纽 ……………………………（ 172 ）
　（四）协同提升创新驱动发展水平 …………………………（ 173 ）
　（五）深化都市圈产业分工协作 ……………………………（ 174 ）
三、联支："干支联动"，共建成渝地区双城经济圈 …………（ 176 ）
　（一）推动成都平原经济区一体化 …………………………（ 176 ）
　（二）协同川南经济区发展 …………………………………（ 177 ）
　（三）协调川东北经济区发展 ………………………………（ 178 ）
　（四）联动攀西经济区发展 …………………………………（ 179 ）
　（五）助力川西北生态示范区发展 …………………………（ 179 ）
四、协重：协同重庆唱好"双城记"，建优经济圈 ……………（ 180 ）
　（一）联手打造具有全国影响力的重要经济中心 …………（ 180 ）
　（二）协同打造具有全国影响力的科技创新中心 …………（ 182 ）
　（三）共同打造内陆改革开放新高地 ………………………（ 183 ）
　（四）携手打造高品质生活宜居地 …………………………（ 185 ）

参考文献 ……………………………………………………………（ 187 ）
后　　记 ……………………………………………………………（ 194 ）

第一章

习近平总书记关于区域协调发展的重要论述的溯源与探讨

成渝地区双城经济圈是习近平总书记根据中华民族伟大复兴战略全局、世界百年未有之大变局以及区域经济发展的新趋势作出的战略谋划,是习近平关于区域协调发展的重要论述的生动实践。

党的十八大以来,习近平总书记关于新时代区域协调发展的重要论述已经基本成型,该论述以其系统化的理论体系和制度化的实践基础,成为引领我国区域协调发展新格局的"四梁八柱"和"承重墙",是引领我国区域协调发展的指导思想。笔者以为,区域协调发展可以促进区域空间布局更趋合理、总体经济及社会效益更加优化,使人民享受到的公共服务质量也能趋于均衡,包括但不限于教育、医疗、卫生、文化、就业、公共安全、社会保障及救助,均能达到均衡发展的状态。

因此,对习近平总书记关于区域协调发展的重要论述的理论来源及实践基础进行溯源,深入探讨习近平总书记关于区域协调发展的重要论述的核心内容,对我国区域协调发展的深入推进十分必要,对成渝地区双城经济圈建设具有重要而深远的指导意义。

一、习近平总书记关于区域协调发展的重要论述的理论来源

从学理上溯源,习近平总书记关于区域协调发展的重要论述本质上源于马克思主义政治经济学的基础理论。马克思主义政治经济学是一种开放型的社会科学,中国在长期的革命和发展实践中,一直在不断地学习西方经济学,从中吸取各种学派的理论精华,并将其与中国改革开放的实践有机结合。而马克思主义政治经济学作为西方经济学的重要学派更是被中国政治家们反复研读,最

终被选为了中国革命和发展实践的理论基础。

（一）马克思主义政治经济学在中国的发展与时俱进

中国共产党在历史的比较中学习并选择了马克思主义，将其运用在中国革命中，由此形成了指引我们取得革命和抗战胜利的伟大理论——毛泽东思想，社会主义的新中国也由此诞生。此后，以邓小平同志为主要代表的中国共产党人，继承了毛泽东思想的科学原理，深刻总结中华人民共和国成立以来的经验和教训，面对新的历史任务和新的世界局势，创立了改革开放理论——邓小平理论，开创了一条建设有中国特色社会主义的新路径。党的十一届三中全会公报中明确指出，为了实现四个现代化，有效提高生产力，我国必须进行一场大刀阔斧的全面革命。这种革命性变革不仅要改变那些不适应生产力发展的生产关系和上层建筑，还要改变一切无法适应生产力发展需要的思维及管理方式①。对此，全会还根据马克思主义政治经济学的基本规律，明确提出：要改革与生产力发展不相适应的生产关系和上层建筑，就必须坚持"解放思想、实事求是"的思想路线②。1984年，党的十二届三中全会再次强调了生产关系和生产力、上层建筑和经济基础之间的矛盾为当时我国社会主义经济发展中最突出、最基础的矛盾③。因此，改革我国经济体制，首先就应当解决生产关系中不适应生产力发展的各种矛盾和问题，而这种改革实际就是社会主义在中国共产党的领导下的自我更新和自我发展。邓小平认为，这种改革方式全面体现了马克思主义政治经济学与时俱进的特征，更体现了中国共产党的理论创新能力，是中国特色社会主义实践与马克思主义基本原理有机结合的全新理论成果。此后，在中国共产党的伟大领导下，马克思主义政治经济学又同我国实践不断碰撞，推陈出新、革故鼎新，先后形成了"'三个代表'重要思想"和"科学发展观"等重大理论成果，使得马克思主义政治经济学得到了新发展。同时，马克思主义政治经济学的中国化又指引着中国特色社会主义不断前进和发展。

马克思主义政治经济学与时俱进的特征，不仅指引着各个阶段的中国共产

---

① 参见：中国共产党第十一届中央委员会第三次全体会议公报［M］. 北京：人民出版社，1978.

② 参见：中国共产党第十一届中央委员会第三次全体会议公报［M］. 北京：人民出版社，1978.

③ 参见：中共中央关于经济体制改革的决定［M］. 北京：人民出版社，1984.

党人在中国特色社会主义的正确道路上不断前进，更指导着中国特色社会主义理论在经济社会的发展过程中不断发展和完善。诚如习近平总书记所总结的那样：党的十一届三中全会以来，我们党把马克思主义政治经济学基本原理同改革开放新的实践结合起来，不断丰富和发展马克思主义政治经济学，形成了当代中国马克思主义政治经济学的许多重要理论成果。[①]

实践和理论就是这样在总结历史的经验和教训中，在迎接面前的挑战和开拓未来的前景中，在解决不同历史时期的历史任务的进程中，相互推动而向前发展。面对时代的新主题，解决革命的新任务，进入历史的新时期，理论也就发展到新阶段。

习近平总书记曾多次提到了马克思主义政治经济学在我国政治经济发展中的基础性意义，并要求新一代的中国共产党人继续学习、钻研马克思主义政治经济学，认识、探寻经济发展的客观规律，在中国改革实践与马克思主义政治经济学理论之间找到"激发点"，发展中国特色的社会主义政治经济学理论，在马克思主义政治经济学这一科学理论基础上，积极提炼和总结我国经济发展实践的规律性成果，把实践经验上升为理论学说。习近平总书记这一与时俱进的经济思想和理念，不仅将马克思主义政治经济学理论的开放性发挥得淋漓尽致，更是为中国经济社会的阔步前行开创了康庄大道。

（二）马克思主义区域经济学的形成与发展

从学理层面讲，马克思主义区域经济学就是用马克思主义政治经济学的理论及研究方法，结合我国国内不同区域的经济发展、空间组织及其相互关系，研究各区域经济的关联性。马克思在《资本论》中关于社会价值和生产价格形成理论、资本的循环与周转、两大部类学说、社会资本再生产学说等，都蕴含与交织着区域经济学若干规律。在此基础上，马克思主义区域经济学还吸收了1826年德国经济学家杜能提出的农业区位论等西方经济学的有益成分，形成了以马克思主义政治经济学为理论基础的应用经济学。

随着时代变迁和理论的丰富与完善，马克思主义区域经济学逐步形成了一门相对独立的科学。自20世纪60年代以来，随着各国（尤其是发达国家）政府对国内区域经济活动的干预不断增加，区域规划工作更加规模化、频繁

---

① 《求是》杂志发表习近平总书记重要文章　不断开拓当代中国马克思主义政治经济学新境界［N］. 人民日报，2020-08-16（1）.

化,各种区域经济学流派应运而生,包括马克思主义区域经济学在内的区域经济学均呈现方兴未艾之势。

  区域经济学是一门应用型经济学科,主要研究和解释区域与区域、区域与经济间相互关系及其规律,包括区域特征分析、区域规划管理等,其最重要的研究目的就是探索如何发挥区域间及各区域内部的优势,以此提高整体的经济效益,实现资源的优化配置。区域协调发展学说作为马克思主义政治经济学不可分割的一部分,就成了区域经济学的重要一派。众所周知,政治经济学的研究对象是"人们的社会生产关系(即经济关系)"①,而区域间因相互连接而产生的经济关系被称为"区域经济关系"。所谓的区域经济关系,通常表现为两种完全互斥的状态,或是联合合作的经济集团化合作关系,或是相互对立的恶性竞争状态。通过卓有成效的制度安排和区域经济协调,才能形成区域间的良性合作与竞争关系,进而以有序错位竞争和差异一体化发展,促进区域间和区域内的资源优化配置。习近平总书记关于区域协调发展的重要论述,则是马克思主义区域经济学中国化的结晶,是马克思主义区域经济学在新时代的丰富与发展。

二、习近平总书记关于区域协调发展的重要论述的实践基础

  实践是理论之源,实践进程决定思想进程。革命、建设、改革的历史证明,实践越是艰苦卓绝、越是波澜壮阔,越是呼唤科学有效的理论、越是催生博大精深的思想。习近平总书记关于区域协调发展的重要论述就是在中国社会主义建设(特别是改革开放)的进程中逐步形成的。

(一) 在实践中应运而生

  2017年夏天,在中央党校召开的《习近平的七年知青岁月》出版座谈会上,作家曹谷溪提到一个细节:"在土窑洞里的煤油灯下,每天他(习近平)都要读书到深夜。据我所知,上大学前,他就三遍通读《资本论》,写了厚厚的18本读书笔记!"② 在马克思政治经济学理论的指引下,习近平立足微观区

---

  ① 黄邦根. 马克思主义政治经济学研究对象的创新 [J]. 华东经济管理,2006 (12):155—158.
  ② 姜萍萍、姚茜. 书迷习近平:煤油灯下读书 三遍通读《资本论》[EB/OL]. (2019-04-23) [2021-03-13] http://cpc.people.com.cn/n1/2019/0423/c164113-31045235.html.

域经济实际,树立勤奋致富的决心,用先进的科学和管理帮助当地村民摆脱贫困。在习近平的带领下,梁家河村村民修沼气池、打水井、建淤地坝,办铁业社、代销店、缝纫社,切实提高了生活水平。

1988年习近平赴任福建省宁德地委书记。宁德地处闽东,该区域虽然被长江三角洲、珠江三角洲、台湾地区等比较发达的区域所环绕,但是由于其交通闭塞、市场信息受阻,所以当地仍未摆脱小农经济藩篱,区域经济发展相对滞后,故在当时被称为我国东南沿海的"黄金断裂带"。习近平初到闽东上任便走访了闽东九县和毗邻的浙南温州、苍南、乐清等地,写下了题为《弱鸟如何先飞——闽东九县调查随感》。在此文中,他指出,落后地区要想摆脱贫困,需树立起"弱鸟可望先飞,至贫可能先富"的厚积薄发意识,提出要坚持"靠山吃山唱山歌,靠海吃海念海经",不能"等靠要",要把"事事求人"转向"事事求己",充分挖掘区域自身的内生增长动力。后来,习近平就任福州市委书记,他指出闽东和福州拥有不同的基础条件,处于不同的发展阶段,要发挥区域比较优势,走不同的发展道路。在福州工作时期,习近平按照"山区沿海一盘棋"的指导思想,确立福州为闽东北经济协作区的中心城市,促进周边地市间的经济协同发展。

可以说,从梁家河的七年知青岁月到福建的十七年从政经历,习近平对区域发展问题的认识从感性到理性,不断升华丰富,为以人民为中心推动区域协调发展的重要论述的萌芽和形成奠定了厚重的实践基础。

(二)在实践中不断发展

2002年底,习近平刚到浙江,就马不停蹄地到丽水市、衢州市等多地进行调研。在调研过程中,习近平越来越深刻地认识到欠发达地区的发展问题,认识到区域发展的不平衡问题是浙江全面建设小康社会必须跨越的障碍。随后,习近平在浙江省委第十一届四次全体(扩大)会议上首次系统提出"八八战略"①,指出浙江特有的三大优势亟待进一步发挥:首先,要进一步发挥

---

① 2003年,时任浙江省委书记的习近平作出了"发挥八个方面的优势""推进八个方面的举措"的决策部署,简称"八八战略"。

浙江城乡协调发展优势①；其次，要进一步发挥山海资源优势，大力发展海洋经济②；最后，要进一步发挥地理区位优势，积极主动接轨上海及长三角洲，开展各类合作与交流③。在习近平提出的这一优势战略指引下，浙江于2003年正式开始实施"山海协作工程"；与此同时，启动了发达地区与欠发达地区同步但不同侧重的"发达地区加快发展，欠发达地区跨越式发展"工程。时任浙江省委书记、省人大常委会主任的习近平指出，"实施'山海协作工程'，是缩小地区差距、促进区域协调发展的有效载体，是培育新的经济增长点、不断提高我省综合实力的必然要求，是促进共同富裕、实现人民群众根本利益的重要举措"④。在"山海协作工程"情况汇报会上，习近平用"木桶理论"作了形象阐释，即经济发展水平取决于欠发达地区，因此，"这既需要发达地区在加快自身发展的同时尽力帮助欠发达地区加快发展，更需要欠发达地区转变观念、创新体制、改善环境，努力实现跨越式发展"⑤。习近平在浙江实施的"山海协作工程"，是发挥区域比较优势、缩小区域差距、促进区域协调发展的有效载体和重要举措，是培育新的经济增长点、不断提高区域综合实力的必然要求，也为全国区域经济协调发展提供了先行示范。

习近平在上海任职时间不长，但他亲自调研走访了上海19个区县，还去了很多单位、部门，将其区域经济发展的理念融入其在上海的实践中。习近平多次强调"上海是全国的上海"，应当有身先士卒的革命精神，要为全国的改

---

① 浙江省中国特色社会主义理论体系研究中心. 习近平新时代中国特色社会主义思想在浙江的萌发与实践——区域协调发展篇［EB/OL］.（2018-07-21）［2021-03-13］. http：//politics. people. com. cn/n1/2018/0721/c1001－30161819. html.

② 浙江省中国特色社会主义理论体系研究中心. 习近平新时代中国特色社会主义思想在浙江的萌发与实践——区域协调发展篇［EB/OL］.（2018-07-21）［2021-03-13］. http：//politics. people. com. cn/n1/2018/0721/c1001－30161819. html.

③ 习近平总书记在浙江的探索与实践　全面小康一个也不能少［EB/OL］.（2017-10-07）［2021-03-13］. http：//m. cnr. cn/news/20171007/t20171007_523977046. html.

④ 施扬，王瀛波. 大力推进"山海协作工程"努力实现区域协调发展［EB/OL］.（2003-12-04）［2021-03-13］. https：//zjnews. zjol. com. cn/system/2003/12/04/002175689. shtml.

⑤ 张燕，应建勇，裘一佼，等. 习近平总书记在浙江的探索与实践·协调篇［EB/OL］.（2017-10-07）［2021-03-13］. http：//www. zhoushan. cn/zdzt/19d/zxxx/201710/t20171007_860839. html.

革"探索新路、积累经验、提供示范"①。习近平在调研长宁区时,首次提出了"大虹桥"的协同概念,认为正在开工建设的上海虹桥综合交通枢纽更应当是长三角地区的枢纽,联通长三角城市群的发展②。

可以说,在浙江和上海的实践经验,为习近平总书记关于区域协调发展的重要论述奠定了坚实的实践基础,最终提炼升华成了习近平总书记关于区域协调发展的重要论述。

此后,习近平总书记又充分结合我国实际,不断提出新的区域发展战略。2013年习近平总书记出席中央经济工作会议并发表重要讲话。会议指出,"要继续深入实施区域发展总体战略,完善并创新区域政策,缩小政策单元,重视跨区域、次区域规划,提高区域政策精准性"③。为了进一步优化经济发展空间格局,党中央、国务院先后出台了"一带一路"建设、京津冀协同发展、长江经济带发展等重大战略部署,积极培育新的经济增长极、增长带和增长点。随着"一带一路"倡议和京津冀协同发展战略、长江经济带发展战略的持续推进,西部大开发、东北振兴、中部崛起和东部率先发展"四大板块"持续发力,以及各地中心城市和城市群的崛起,区域经济发展新的增长极和增长带逐步形成。

党的十九大以来,"区域协调发展"明确成为我国区域发展的重大战略决策。党的十九大报告对促进区域经济协调发展进行了部署,提出要加大对贫困地区等特殊地区的支持力度、以城市群为主体构建大中小城市和小城镇协调发展的城镇格局、支持资源型地区经济转型发展等指向明确、针对性强的政策措施,进一步深化和拓展了区域协调发展理论的内涵与外延。2018年,"长江三角洲区域一体化发展"也已经上升为国家重要战略,不仅验证了习近平总书记在浙江、上海任职时高瞻远瞩的发展眼光,更为推动我国开放空间布局注入了新的动力。随后,习近平总书记在2018年底召开的中央经济工作会议上作了重要讲话,会议强调了中心城市的辐射带动作用,要求中心城市积极带动周

---

① 为什么中国坚持开放?习近平用实践告诉你[EB/OL]. (2018-12-15)[2021-03-13]. https://politics.gmw.cn/2018-12/15/content_32174304.htm.

② 解放日报、文汇报、新民晚报联合报道组. "开明睿智才能进一步海纳百川"——"习近平在上海"系列报道之二[EB/OL]. (2017-09-27)[2021-03-13]. http://www.cnr.cn/shanghai/tt/20170927/t20170927_523967432.shtml.

③ 中央经济工作会议举行 习近平李克强作重要讲话[EB/OL]. (2013-12-13)[2021-03-13]. http://www.gov.cn/ldhd/2013-12/13/content_2547546.htm.

边，形成区域协调发展的助推力①。2019年的中央经济工作会议确定了要加快落实区域协调发展战略，完善落实区域政策和空间布局，充分发挥各区域比较优势，推动全国一致高质量发展②，彰显了党中央促进区域协调发展的决心。2020年1月3日，中央财经委员会第六次会议由习近平总书记亲自主持召开，会议就"如何全面推动建设成渝地区双城经济圈等问题"进行了专题讨论和研究。成渝地区双城经济圈作为习近平总书记亲自谋划、部署、落实、推动的我国"第四大城市群"，对我国经济空间布局及发展均具有重大意义。2020年10月16日，中共中央政治局会议在审议通过《成渝地区双城经济圈建设规划纲要》中指出，当前我国发展面临的国内国际环境正不断发生变化，推动成渝地区双城经济圈的建设，有利于拓展市场空间、改善经济布局，形成优势互补的产业链供应链，有利于稳定我国发展环境，是构建以国内大循环、国内国际双循环相互促进的新发展格局的一项重大战略部署③。2020年12月召开的中央经济工作会议，习近平总书记发表重要讲话，会议强调，各级领导干部要"善于用政治眼光观察和分析经济社会问题"④。

实践出真知，发展成体系。区域协调发展的重要论述随着习近平总书记与时俱进的工作与实践的拓展而不断地丰富和完善，最终成为我国新时代区域协调发展的重要理论体系，成为习近平新时代中国特色社会主义经济思想的重要组成部分。

三、习近平总书记关于区域协调发展的中国方案

习近平总书记关于区域协调发展的重要论述是不断发展和开放的理论体系，而且吸收了世界各国、各地区区域协调发展的成功经验，与中国区域协调发展的理论与实践有机契合，形成了促进区域协调发展的中国方案。

---

① 中央经济工作会议在北京举行 习近平李克强作重要讲话［EB/OL］.（2018-12-21）［2021-03-13］. http：//www.xinhuanet.com/politics/2018－12/21/c_1123887379.htm.

② 中央经济工作会议举行 习近平李克强作重要讲话［EB/OL］.（2019-12-12）［2021-03-13］. http：//www.gov.cn/xinwen/2019－12/12/content_5460670.htm.

③ 中共中央政治局召开会议 审议《成渝地区双城经济圈建设规划纲要》 中共中央总书记习近平主持会议［N］. 人民日报，2020-10-17（1）.

④ 胡敏. 用政治眼光观察和分析经济社会问题［EB/OL］.（2020-12-30）［2021-03-13］. http：//theory.people.com.cn/n1/2020/1230/c40531－31983655.html.

（一）不断发展且开放的理论体系

习近平总书记关于区域协调发展的重要论述，把马克思主义区域协调发展的基本原理同中国区域建设和改革、区域协调发展的实践结合起来，同中国关于区域协调发展的优秀历史文化结合起来，极大地发展了马克思主义区域协调发展学说。具体表现为：第一，马克思主义区域协调发展基本原理在指导中国区域建设和改革、区域协调发展的实践中得到了实践的检验，实现了理论的具体化；第二，将中国区域发展的实践经验和理论成果进一步抽象凝练，为马克思主义区域协调发展理论注入了新的能量；第三，把马克思主义政治经济学（尤其是区域协调发展部分）基本原理中的精华部分，牢牢植根于中国区域协调发展的文化之中；第四，主动吸收西方经济学区域协调发展理论的精华，并将其广泛运用于中国区域协调发展实践，丰富中国特色的区域协调发展理论体系；第五，从世界各国各地区协调发展的实践中总结出成功的经验和失败的教训，以此作为中国区域协调发展的实践借鉴，实现中国区域协调发展理论体系的与时俱进。

特别是随着中国二元经济结构藩篱的破解、城市化进程的加速、大城市群和超级经济区的应运而生，世界上大城市群发展格局为我国大城市群和超级经济区促进区域的协调发展提供了不少有益启迪。比如，美国经济学家理查德·弗罗里达发现和首先提出了"超级经济区"和"超级城市群"的概念。1999年欧盟通过欧洲空间发展战略（ESDP）提出了跨国多中心经济区、国家多中心城市群和大都市内部多中心概念。"美国2050"试图制定第一个综合性全国国土空间战略规划，将美国划分为10个左右的新兴"巨型区域"，作为制定统一区域规划的重点。美国战略学家帕拉格·康纳在他的《超级版图：全球供应链、超级城市与新商业文明的崛起》一书中提出，在互联网时代，一个国家和地区要获得繁荣，就必须通过基础设施打造供应链，实现资源、生产、服务、消费的连接。他预言：到2030年，全球将出现50个超级城市群，这些城市群将成为一连串基础设施最便利、供应链网络最发达的地理节点，从而吸引全球的资金、资源、人才、技术融入其中①。

从世界级城市群的发展来看，城市群的崛起往往始于湾区等具有天然地理

---

① 沈坤荣. 人民要论：以城市群推动经济高质量发展［EB/OL］.（2018-08-06）［2021-03-16］. http：//theory. people. com. cn/n1/2018/0806/c40531－30210098. html.

优势的开放地区经济的发展。以 20 世纪 60 年代以来大量崛起的湾区城市群为例，城市群在崛起之初始于经济开放及全球化的浪潮，经济开放与全球化使得各类生产要素不断向沿海港湾地区集聚，形成了大量湾区城市群。湾区城市因为其特殊的地理位置，往往容易汇集各种经济类型，由此形成的特殊经济格局又使得城市群经济发展更加活跃，最终成为地理位置与经济发展俱佳的城市群。城市群是经济发展的极核载体，在市场机制作用下，劳动力、资本等生产要素自然会向回报率更高的区域集聚。从以东京、纽约、旧金山和伦敦为中心的世界级城市群可以看出，各国的城市群大都会成为其所在国家的金融及文化中心，由此，创新氛围更为浓厚。从城市规划来看，这些世界级城市群往往更加注重城市间基础设施、公共服务的衔接平衡，更擅于通过统筹规划实现产业结构的优势互补，以及生态环境的多重保护。例如，东京湾区不仅有统一的"大东京规划"，湾区内的每个地区城市还会有自己相应的规划，各种级别的规划，其间的协调衔接工作大都由第三方提供的智库负责。而旧金山湾区为了推动区域整体协调发展，更是建立了包含公共服务、基础设施、产业平衡等在内的全方位的区域规划①。

（二）为世界各国各区域协调发展提供了中国方案

习近平总书记高屋建瓴地审视了世界城市群协调发展的理论与实践，洞察出了中国区域和城市群协调发展的大趋势。他多次强调：我国的区域发展及空间布局必须适应新的发展形势，谋划区域协调发展的全新思路。正是基于这样的考量，习近平总书记亲自谋划、部署、实施和推动了京津冀、长三角、粤港澳、成渝地区双城经济圈等超级城市群的规划、发展战略，推动了我国城市群发展新布局的形成。

习近平总书记关于区域协调发展的重要论述，不仅为我国区域协调发展提供了科学指导，而且为当今世界各区域协调发展提供了中国方案和中国示范。中国早就意识到，中国发展离不开世界，世界繁荣也需要中国。中国积极推动"一带一路"倡议，将共赢共享理念贯彻到国家与地区间协调发展的实践中，正是习近平总书记关于区域协调发展的重要论述在人类命运共同体建设路径中的应用。

---

① 沈坤荣. 人民要论：以城市群推动经济高质量发展［EB/OL］. （2018-08-06）［2021-03-16］. http：//theory.people.com.cn/n1/2018/0806/c40531－30210098.html.

四、习近平总书记关于区域协调发展的重要论述的核心内容

习近平总书记关于区域协调发展的重要论述,涵盖了发展动力论、人民中心论、发展增长极论、跨区域合作论、对口帮扶论、对外开放论等重要内容。

笔者以为,习近平总书记关于区域协调发展的重要论述是一个内涵深邃、外延广袤的理论体系,涉及习近平新时代中国特色社会主义思想的若干方面,但可以用主要矛盾的相关逻辑,对其核心内容进行归纳和凝练。我们认为,习近平总书记关于区域协调发展的重要论述核心内容的归纳和凝练,集大成于《推动形成优势互补高质量发展的区域经济布局》之中。在这篇文章中,习近平总书记归纳和凝练了我国当前及今后一个时期区域协调发展的"新情况""总思路""四要求"和"六举措",是习近平总书记对区域协调发展的高度概括。

(一)区域协调发展的新情况

习近平总书记对于我国区域发展新情况做了精辟总结:我国区域发展形势尚好,但同时出现了一些值得关注的新情况和新问题[①],特别是"区域经济发展分化态势明显""发展动力极化现象日益突出""部分区域发展面临较大困难"等新情况和新问题[②]。

第一,"区域经济发展分化态势明显"着重表现在:长三角、珠三角等优势经济地区发展速度越来越快、发展趋势向好,但一些北方省市经济增长放缓甚至停滞,南北差异分化凸显,国家经济重心有进一步南移的趋势。随着中国经济发展和城市化进入新阶段,我国经济发展空间结构正在发生深刻变化,先是东北经济放缓,接着是华北,并且不断向南推进,直逼长江线,即北纬31度线。根据官方发布的我国城市经济竞争力排名的变化情况(以2018—2019年的变化为例),北纬31度以北的地区总体呈下降趋势,其中东北、华北地区下降的幅度尤其明显;而该分界线以南的城市排名总体处于上升趋势,且有部分地区上升幅度特别突出。2020年的数据显示,我国城市经济总量前十名的

---

① 关于区域发展,习近平总书记提到了这些干货[EB/OL].(2019-12-16)[2021-03-16]. http://www.rmzxb.com.cn/c/2019-12-16/2486040.shtml.

② 关于区域发展,习近平总书记提到了这些干货[EB/OL].(2019-12-16)[2021-03-16]. http://www.rmzxb.com.cn/c/2019-12-16/2486040.shtml.

城市中，只有北京作为北方代表一枝独秀，东北和华北其他城市经济长时间表现相对低迷。究其原因，主要在于各类改革开放往往始于南方，北方市场化程度、营商环境等相对于南方，存在一定不足，且北方地区长期以来重点发展传统产业，产业结构调整不到位，新经济占比过低。

第二，"发展动力极化现象日益突出"着重表现于：资金和人口等各类生产要素向大城市和（或）城市群不断流动和集聚。从全国整体情况来看，2019年住建部发布的城市建设统计年报显示，中国千万人口以上的城市已有16个。原有的特大城市的积聚日益加强，新兴的大城市发展势头也很好。从世界范围看也是如此，日本的太平洋沿岸城市群，以仅占全日本领土9%的土地，承载了53%的人口，创造的国内生产总值更是达到日本全国的60%。美国的波士顿—华盛顿城市群，以全美国领土2%的土地，承载了17%的人口，创造的国内生产总值达到美国全国的20%。而从我国省级区域情况来看，即便是在中西部欠发达地区，省会城市的动力极化现象也越来越明显，如陕西、安徽等省。

第三，"部分区域发展面临较大困难"主要体现在：东北、西北等北方部分地区发展相对滞后。东北地区经济总量在全国的占比持续下降，人口流失严重，欠发达地区特别是贫困地区的发展基础仍然比较薄弱，发达地区转型发展任务依然繁重。一些城市特别是依靠不可再生资源和传统工矿行业发展起来的城市正面临严重的转型瓶颈。

正是基于我国区域经济发展出现的这些新情况、新问题，党的十九届五中全会审议通过的《中共中央关于制定国民经济和社会发展第十四个五年规划和二〇三五年远景目标的建议》中明确提出，要优化国土空间布局，推进区域协调发展和新型城镇化[①]。

（二）区域协调发展的总思路

随着我国经济不断发展，城市化率不断上升，中心城市和大型城市群积聚了我国大部分生产和发展要素[②]。新形势下想要继续促进区域协调发展，就必

[①] 中共中央关于制定国民经济和社会发展第十四个五年规划和二〇三五年远景目标的建议［EB/OL］.（2020-01-18）［2021-03-16］. https：//www.thepaper.cn/newsDetail_forward_10842982.

[②] 推动区域经济一体化的国际经验［EB/OL］.（2020-12-23）［2021-03-16］. http：//www.china.com.cn/opinion2020/2020-12/23/content_77043517.shtml.

须在尊重经济规律的基础上形成科学的区域体系，进行正确的政策改革，充分发挥中央的统筹作用，同时将各地比较优势发挥到最大，促进各类生产要素合理高效集聚、充分自由流动，有效提升中心城市和城市群等各类区域承载各类生产要素的能力，充分利用经济发展迅速地区的辐射带动能力，形成新时代下的经济发展的新空间、新面貌。

也就是说，我国区域协调发展，第一，必须遵循客观经济规律，区域政策体系和制度安排要顺应经济规律，不能随心所欲或以长官意志来决定。

第二，区域协调发展要注重发挥各区域资源禀赋、历史积淀、产业特色等方面的比较优势，在区域协调发展中应错位竞争，差异发展。

第三，区域协调发展要坚持市场在资源配置中起决定性作用的经济规律，匹配科学的政府调控，有效促进各类生产要素的合理流动、有效聚集，促进资源的有效配置和优化配置。

第四，区域协同发展要注重增强科技创新能力，加强各类重点实验室、工程中心、科技重大装置、技术创新中心等基地和平台建设，强调企业作为创新主体的地位，支持大型企业、行业龙头企业等围绕自身产业上下游自主组建创新联合体，鼓励中小企业积极参与大型企业组创的科技创新联合体，在行业内部一同开展创新活动。

第五，区域协同发展要着力构建和完善高质量发展的动力系统。将科技创新作为经济发展的原动力，强调发展的协调性、发展中环保的重要性，注重开放及共享理念对发展的影响等。同时，应当完善经济数据的采集统计，确保数据的精确，继续推进优化营商环境，提高并保证产品质量，达到经济的高质量发展①。

第六，区域协同发展要进一步发挥中心城市、城市群等经济发展迅速地区的集聚及规模效应。中心城市等除了应保持稳中求进发展趋势，还应当同时带动和促进周边共同发展，从制度层面根本打破行政规划壁垒、产业链与公共服务壁垒等，推进城市群一体化发展，通过利益协调机制，将传统的"中心—边缘结构"转变成"有序网络结构"。

第七，区域协同发展要通过绿色产业发展，切实执行资源税收共享政策、生态补偿政策、财政专项转移支付政策、财政补助政策等，加大基础设施和新

---

① 中国共产党第十九届中央委员会第五次全体会议公报［M］.北京：人民出版社，2020.

基建力度，巩固脱贫攻坚成果，深入推进乡村振兴战略，增强其他地区在保障粮食安全、生态安全、边疆安全等方面的功能。换言之，对这些地区不能简单要求其与发达地区"齐步走"，不单以地区生产总值论英雄，而是走合理分工、优化发展的路子，在发展中实现相对平衡，形成"全国一盘棋"、优势互补的区域协调发展大格局。

（三）区域协调发展的四要求

促进区域协调发展，需要贯彻新发展理念，针对区域发展中出现的新情况、新问题，以新发展阶段区域协调发展总的思路，聚焦尊重客观规律、发挥比较优势、完善空间治理和保障民生底线。区域协调发展的四要求也是促进区域协调发展的四大基本原则。

第一，尊重客观规律。规律和规则无处不在，规律和规则必须遵守。孟子曰："不以规矩，不能成方圆。"挣断线的风筝不仅不会得自由，反而会一头栽向大地，是规律就一定要遵守。在城市化超过50%后，区域空间形态以城市为主是规律制导的现象。在现代区域经济格局中，中心城市和城市群必然会集聚大量生产要素，规模效应必将日益凸显，这就是区域协调发展必须遵循的经济规律。因此，为了最大化凸显城市群的集聚优势，就必须扫清资源流动的各类障碍，保障市场在资源配置中的决定性作用，保证各类要素自主流动。在"十三五"高速城镇化的基础上，促进"十四五"高质量的新型城市化，应该致力于天人合一、产城融合、人地匹配、职住平衡等，所有这些都涉及多尺度空间布局和区际关系。当然，要素流动和空间聚集始终都存在一个合理区间，过犹不及。在一定技术条件下，城市大型化是有限度的。比如，像北京、上海等特大城市要根据资源条件和功能定位，合理有序地管控人口规模和要素聚焦规模，避免超大特大城市出现"单中心""摊大饼"的过度极化现象；中西部省会城市也要注意防止"一城独大"，避免"城市病"和由"虹吸效应"引致的地区间差别过大现象。要通过科学的制度安排，促进人口和资源由东部区域向中西部区域、一线城市向二线城市、发达中心城区向周边远郊的有序扩散和辐射，以中心城市的新极化和强辐射，形成大都市圈和超级城市群的高质量发展增长极和新动力源。

第二，发挥比较优势。根据李嘉图比较成本学说的推论，区域间的资源禀赋、历史积淀、后发优势等是不均衡的，于是劳动生产率的差距并不是在任何产品上都是相等的。各区域都应放弃具有比较劣势的产业而集中配置具有比较优势的产业,以"两优相权取其重,两劣相衡取其轻"的理念,相互协同,错位竞争,如此,各区域均可节省劳动力和交易费用,获得最佳的资源配置绩效。我国国土空间广袤,区域比较优势有很大的挖掘潜力和回旋余地。因此,促进区域协调发展,必须立足区域比较优势和特点,因地制宜地进行产业分工和空间布局,宜山则山、宜水则水,宜农则农、宜工则工、宜商则商、宜文则文,以更好地发挥各区域的比较优势[①]。如四川阿坝虽远离省会成都,但因其丰富的旅游资源,依旧和四川其他城市保持了密切的协同发展。也就是说,经济发展条件好的区域可以进一步争取更多的生产要素流入;而生态资源功能相对强的区域应当在发展的同时更加注意保护。同时,考虑到国家安全的问题,还应当因地制宜地发展边疆区域,保障边疆区域有较为稳定的人口和经济,以此维护国家边防的稳定。在"十四五"时期,区域协调发展的任务更为艰巨、更为紧迫。未来,我国要进一步立足发挥区域特色和比较优势,进行市场化改革和优化营商环境,持续推进区域协调发展,在新发展格局中补齐短板,通过发挥各区域的比较优势实现全国的高质量发展。

第三,完善空间治理。坚持实施区域重大战略、区域协调发展战略、主体功能区战略,必须健全和完善区域协调发展的体制机制,构建新型城镇化战略,构建高质量发展的国土空间布局和支撑体系[②]。"十四五"时期,空间治理体系构建与完善是治理体系与治理能力现代化的重要内容,既是实现向高质量发展转变的必然要求,也是区域协调发展的必然手段。首先,要完善国土空间规划各类法律法规建设,通过立法确立国土空间规划的核心地位,理顺政府各级各部门的职能分工,引入第三方智库建立衔接协调机制;其次,要提升国土空间多目标协同治理能力,落实加强地区统筹、陆海统筹、城乡统筹,建成国土空间有序发展新格局;再次,要建立健全国土空间用途管制体系,构建分区管制思路下空间准入及清单管制规则,针对规划分区设定差异化的空间准入条件,并据此研制与空间分区相匹配的正负面准入清单,明确管制规则和控制指标;最后,要建成规划、编制、实施的全过程监管。注意对重点开发地区、生态脆弱地区、能源资源地区等进行差异化管理,加强空间规划与用途管制的专业技术支撑,健全依法决策机制,提升规划与用途管制科学化决策。

[①] 参见:《求是》编辑部. 新时代推动区域协调发展的科学指导[EB/OL].(2019-12-16)[2021-03-15]. https://politics.gmw.cn/2019-12/16/content_33403271.htm.

[②] 中国共产党第十九届中央委员会第五次全体会议公报[M]. 北京:人民出版社,2020.

第四，保障民生底线。区域协调发展的最终目标，是要缩小我国经济文化发展与各区域人民日益增长的美好生活需要之间的差距。因此，要实现区域协调发展，要着力缩小区域间在基础设施建设、基本公共服务等方面存在的差距，实现基本公共服务均等化、基础设施通达程度均衡化，完善土地、户籍、转移支付等配套政策，提高城市群承载能力，促进迁移人口迁得出、落得下、能安稳，以增强各区域人们的获得感、安全感和幸福感。立足新发展阶段，践行新发展理念，结合实际统筹好疫情防控与经济社会发展工作，牢牢把握深化供给侧结构性改革和注重需求侧管理的战略基点，大力保护和激发市场主体活力，把"六稳""六保"作为重中之重，坚决守住"保"的底线，巩固拓展"稳"的局面，奋力保持"进"的态势，融入新发展格局。

（四）区域协调发展的六举措

促进区域协调发展，不仅要有总的思路引领，要把握一些大的原则，更要通过卓有成效的对策与举措，建立和完善促进区域协调发展的体制机制。

第一，形成全国统一开放、竞争有序的商品和要素市场。促进区域协调发展，优化区域经济布局，必须打破行政区划的"一亩三分地"思维定式，形成让各类要素合理流动和高效集聚的大市场。要巧用善用政府之手，充分利用市场化机制解构行政区划的藩篱和壁垒。所以，促进区域协调发展和城市群的一体化发展，必须构建全国统一的市场准入负面清单制度，消除歧视性的区域市场壁垒，打破行政性垄断，消除地方保护主义。结合现有政策适当放宽城市落户条件，落实配套制度，促进各类人才及劳动力的跨区域优化配置。要让市场机制在区域资源配置中起决定性作用，以产业功能区深化区域合作机制，加强区域间基础设施、环保、产业等方面协同与合作。

第二，尽快实现养老保险全国统筹。我国目前已经建立了"企业职工基本养老保险基金中央调剂制度"，调剂基金筹集比例计划会在实践中逐步提高。在现行企业职工基本养老保险省级统筹基础上，中央政府通过转移支付和中央调剂基金在全国范围内进行补助和调剂，适度均衡省份间基金负担，解决地区间养老保险基金收支不平衡问题，从而在全国范围内实现制度统一和区域间的互助共济。养老保险基金中央调剂制度的实行，是提高统筹层次的第一步；2020年实现了省级统筹，这是提高统筹层次的第二步；在一定条件具备的情况下，就可以迈向第三步，实现全国统筹。这是促进区域基本公共服务均等化的重大改革举措。在"十四五"时期，要按照习近平总书记的要求，进一步加大再分配力度，强化互助共济功能，把更多人纳入社会保障体系，为广大人民群众提供更可靠、更充分的保障，不断满足人民群众多层次、多样化需求，健全覆盖全民、统筹城乡、公平统一、可持续的多层次社会保障体系，进一步织密社会保障安全网，促进我国社会保障事业高质量和可持续发展[①]。

第三，改革土地管理制度。改革开放以来，我国建设用地增速在较长时间内都快于人口增速，但近年来，部分区域的人口增长速度已经快于建设用地增长速度，导致一些地方特别是中心城市建设用地不足，制约了经济社会发展。土地管理制度改革要服务于区域协调发展。所以，要根据发展阶段、资源环境、各个地方人际关系矛盾的不同特征，制定不同区域的土地政策，总的目标是达到供给平衡、科学匹配。因此，要促进区域协调发展，充分发挥中心城市、城市群的规模效应，还需要改革土地管理制度，使国有建设用地资源向中心城市、城市群等经济发展迅速的地区适当倾斜，以提高其人口与资源等发展要素的承载力。省级政府应当更多地负责统筹城乡建设用地的指标供应，以使优势地区有更大发展空间，让中心城市和重点城市群更好地兼顾自然条件的适宜性、经济发展的可行性、社会制度的可容性、生态系统的平衡性和空间布局的合理性，实现土地资源配置绩效的最大化。

第四，完善能源消费双控制度。统筹区域发展与环境保护，实现人与自然和谐相处，既相互促进又有一定的矛盾。"十四五"时期，我们要继续深入贯彻"绿水青山就是金山银山"的理念，遵循自然规律，根据资源环境承载能力、现有开发密度和发展潜力，因地制宜地实施和完善能源消费总量和强度双控制度，既要尽力而为，又要实事求是。我国尚有一部分国土，其生态环境十分脆弱，并不适合也无法大规模地发展集聚经济，不能"一刀切"地大规模推进城镇化与集聚式发展，对于这部分地区执行能源消费双控制度要不打折扣；而对于发展较快的地区，可以在执行能源消费制度时保留适当弹性，以此促进经济发展。

第五，全面建立生态补偿制度。生态补偿制度是为了平衡、协调人类经济发展需求与保护自然生态环境之间的矛盾人为设立的一种政治经济制度。是否需要进行生态补偿，需要综合考虑相应生态系统的自身价值及保护成本，以及

---

① 习近平在中共中央政治局第二十八次集体学习时强调 完善覆盖全民的社会保障体系 促进社会保障事业高质量发展可持续发展[N]. 人民日报，2021-02-28 (1).

其能带来的经济发展机会成本等。生态补偿应适当运用政府和市场等手段，平衡生态保护及经济发展，平衡各个利益主体。例如，因为能源富集地区为各地提供了充足的能源，经济发达地区明显从中受益，在经济发展方面理应予以反哺。新安江水环境补偿试点，就给我国的区际生态环境补偿提供了很多有益经验，应当努力推广相关实践成果，鼓励流域上下游之间自主开展各类生产要素的补偿和流动，尽快建成和完善各类生态环境利益补偿机制，形成"受益者付费、保护者得到合理补偿"的良性局面。

第六，完善财政转移支付制度。一般说来，重点生态功能区、以农业为主业的地区等区域经济发展相对落后，财政收入相对有限，当地政府的财力往往无法支撑其为当地人口提供基本公共服务。因此，必须要通过上级乃至中央政府的财政转移支付制度来适度支持，以缩小区域差距。这是其他任何制度都无法比拟的社会主义制度优越性的重要体现，有利于进一步推动区域协调发展。由此，区域协调发展还需要完善相应的财政政策，建成转移支付制度规则体系，保证重点生态功能区等经济发展相对落后的地区可以通过转移支付方式获得有效、长足的财政支持。同时，要构建相应的配套制度以保障这一制度的有效运行。比如，建立健全基本公共服务与常住人口的挂钩机制，由常住地供给；运用信息化手段建设便捷高效的公共服务平台，方便人员跨区域流动等。

（五）习近平总书记关于区域协调发展的重要论述是涉及面广的理论体系

习近平总书记关于区域协调发展的重要论述的核心内容涵盖了区域协调发展的动力系统、人民为中心的理念、中心城市和城市群等增长极、跨区域合作、对口帮扶与协同、城乡一体、政府与市场、国内国际双循环等方面的核心观念、思路、对策、举措。区域协调发展的不少改革与发展战略、政策等都与习近平总书记关于区域协调发展的重要论述的核心内容具有直接或间接的关联。同时，习近平关于区域协调发展的重要论述的核心内容又与习近平总书记新时代中国特色社会主义思想其他重要篇章相互交织，比如新发展理念始终贯穿于区域协调发展的全过程和各具体举措之中。

第二章
成渝地区双城经济圈建设的时代背景

一、世界正处于百年未有之大变局的重构期

2017年以来,习近平总书记在多个重要场合提出当今世界与中国正处于"百年未有之大变局"这一科学论断,为当前以及未来一段时期内,我们解读、研究国内外局势指明了认识方向,提供了遵循依据。

"百年未有之大变局"的内涵是丰富且深刻的,并具有以下几点特征。

(一)经济地理格局之变

一是西方发达国家与发展中国家经济总量出现扭转,"南增北缓"趋势明显。纵观近代世界经济发展史,可以发现,世界经济重心发生了显著转移。

15世纪以前,世界大部分地区尚处在自给自足的农耕经济时代,商业贸易往来并不频繁,以古代中国为代表的东方国家国内生产总值总量占世界的近一半,世界经济格局呈现"东强西弱"态势。15世纪后,随着欧洲航海时代的来临,地理大发现打开了世界经济的新版图,国际贸易随之兴起,世界经济总量呈现井喷式上涨。但随着航海贸易往来的日益频繁,面对着广袤的市场,单纯的贸易早已不能满足欧洲列强积累财富的野心,他们倚仗先进的军事武器,对美洲、非洲、亚洲等地区的原住民进行残忍屠杀,建立殖民地,进行殖民统治,在拓展海外领土的同时,疯狂地掠夺资源,快速完成资本的原始积累,率先进入资本主义社会,逐步建立起以西方为主导的世界经济秩序与话语体系,并在第一次工业革命时期加以巩固。而中国由于清朝政府腐败无能和贪图享乐,实行闭关锁国的国策,没有赶上第一次工业革命的浪潮,经济由盛转

衰，加之西方列强入侵和财产掠夺，使得世界经济重心从东向西转移①。

第二次世界大战后，美国作为主要战胜国，带领英国、法国等西方国家继续主导着世界发展走向，通过布雷顿森林体系等经济体系的建立，制定和利用规则，掌控着战后世界的经济秩序。由于地理位置的分布，人们习惯将发达国家称为"北方国家"，将经济欠发达的国家称为"南方国家"。这一时期，南北国家经济发展差距不断拉大，发达国家国内生产总值总量占比超过60%，"北强南弱"格局得以确立，并保持了近半个世纪。

20世纪70年代后，由于发达国家自身发展遭遇瓶颈，出现滞胀，加之战后较为平稳的国际局势，发展中国家迎来了充分的发展空间。工业基础设施的建设、廉价的劳动力供给以及经济上的开放政策，都加速了资本向发展中国家的转移，国别贸易往来频繁，发展中国家虽只承接了附加值较低的产业，但其经济总量却由此而增长，为将来以市场换技术以及争取国际话语权打下了坚实基础，经济重心从北向南移动，逐步趋向均衡。

21世纪以来，由于发展中国家基础设施的持续完善、人力资本的不断提升与对外开放政策的加速推进，全球化浪潮势不可挡，社会化大生产、要素禀赋的优化配置和全球价值链分工，使得南北国家都从中受益。然而，随着全球化进程的不断推进，发展中国家凭借自身庞大的人口基数所产生的人口红利以及社会固定资产投资总量尚处较低水平，经济增长仍保持强劲势头，而西方发达国家由于人口出生率的下降以及资本主义的天然缺陷，加之贸易保护主义抬头以及政治事件频发，特别是2020年突如其来的新冠肺炎疫情的冲击和蔓延，发达国家整体经济增长放缓，不确定性加大。总体来看，发达国家与发展中国家经济总量对比扭转已是不争事实，"南增北缓"趋势明显，南北国家经济发展将更加趋于均衡。

二是中美经济差距不断缩小，经济多极化格局不可逆转。美国和中国作为世界排名前二的两大经济体，也是贸易往来最为密切的经济体，经济走势历来引人关注②。

中国经过40余年改革开放的发展，已成为世界第二大经济体。国际经济组织预测，中国经济将继续保持良好的发展势头，中国将于2030年超越美

---

① 胡鞍钢. 中国与世界百年未有之大变局：基本走向与未来趋势 [J]. 新疆师范大学学报（哲学社会科学版），2021，42（5）：1—16.

② 张宇燕. 理解百年未有之大变局 [J]. 国际经济评论，2019（5）：9—19＋4.

国，成为世界第一大经济体。同时，中国还积极参与国际经济事务，主张通过"一带一路"倡议、区域全面经济伙伴关系协定等方式，加强国际经济合作。此外，2016年10月，人民币正式加入国际货币基金组织特别提款权货币篮子，向国际金融交易货币迈进。人民币融入国际货币体系，为国际货币体系多元化提供新舞台，增强了中国在世界经济秩序中的话语权。

反观美国，长期以来，美国作为世界经济秩序的制定者、维护者，一直享受着战后经济全球化所带来的红利，但是特朗普政府上台以后，为兑现"使美国再一次伟大"的竞选口号，改变先前美国的经济政策，实行贸易保护主义，推行单边政策，以期加速制造业回流本国，遏制产业空心化，稳定就业，但实际上并没有达到预期的效果，当然也未得到美国广大选民的支持。2021年1月，拜登政府上台。早在竞选时期，拜登团队就对特朗普政府所制定的一系列经济贸易政策进行过强烈抨击，拜登曾多次在公开场合表达对于美国重返世界经贸舞台的支持，但其经济政策还有待观察。此外，以中国、印度为代表的新兴经济体也在近20年保持着较为高速的经济增长[①]，预计到2030年，发展中国家在世界范围内经济占比将超过60%，欧美等西方发达国家主导半个多世纪的经济秩序将被打破。

总体来看，中美经济差距仍将不断缩小，经济多极化格局不可逆转。

（二）全球贸易体制之变

一是多边贸易体制机制遭遇挑战，规则改革迫在眉睫。大航海时期以来，国际商贸逐步成为世界经济发展的主要载体，20世纪90年代开始，经济全球化下的多边贸易更是成为支撑未来世界经济持续增长的关键点。以世界贸易组织为代表主导的全球多边贸易体制，是维持战后国际经济秩序的主要保障，为全球经济稳定与繁荣贡献了巨大力量。

当前，随着经济全球化的不断深入，先前的多边贸易规则已不能适应复杂多变的国际贸易局势，且机制运行困难重重，世界贸易组织改革势在必行。

首先，美国作为战后多边贸易体制机制的制定者和维护者，多年来一直享受着经济全球化所带来的红利，但是在特朗普政府执政后，认为美国并没有从中获益，反而造成了美国产业的空心化，大量就业岗位流向海外，给美国本土

---

① 杨长湧，刘栩畅，陈大鹏，等. 百年未有大变局下的世界经济中长期走势[J]. 宏观经济研究，2020（8）：5—14.

带来了巨大经济损失，因此威胁要退出世界贸易组织。在全球新冠肺炎疫情尚未得到完全控制，世界各国都在为重振经济而积极努力之时，美国政府却为了所谓的"美国优先"战略，实行贸易保护主义，推行单边政策，为谋求更多的自身利益，加设"贸易壁垒""环保壁垒"以及"技术壁垒"，无疑又为世界经济的恢复蒙上了一层阴影。

其次，大量区域贸易协定的签署，使得世界贸易组织主导的多边贸易体制被架空，名存实亡。由于世界贸易组织改革所牵涉利益方众多，短时间内无法达成使各国都满意的方案，面对来势汹汹的新冠肺炎疫情，各国又都急于摆脱增长困境，经济复苏意愿强烈，这必然会导致双方或区域自由贸易协定的产生，世界贸易组织规则自然被冷落，改革艰难推进。

再次，改革面临的最大阻力在于以美国为首的西方发达国家认为，以中国为代表的发展中国家在世界贸易组织主导的多边贸易机制中受益过多，存在利益不公平分配，且由于新兴经济体的经济实力提升，要求在国家贸易规则制定等方面拥有更多的话语权，这也威胁到了西方发达国家对于世界经济甚至整个世界的统治。可以预见，发达国家与发展中国家阵营之间的博弈将继续存在，改革道阻且长。

最后，由于时代的局限性，世界贸易组织在制定多边贸易规则时，并未预见到国际贸易发展如此之迅猛，因此，当时制定的多边贸易规则存在许多不可预见的盲区，如以跨境电商为代表的新型贸易形式并未在多边贸易体制中体现。这些盲区的存在，会对贸易纠纷的解决造成极大的隐患。

二是全球价值链体系出现危机，区域协同发展大势所趋。20世纪90年代起，世界贸易组织框架下的国际贸易使得国际化社会分工越来越清晰、合理，各国利用自身要素禀赋的比较优势，都从中受益颇多。其中，发展中国家充分利用在要素市场中占据绝对价格优势的劳动力、土地、自然资源等要素，大量承接劳动密集型的代加工产业，吸引外资入境投资建厂，进而完善工业基础设施，为本国工业化进程打下良好基础；发达国家也发挥自身长处，向新兴经济体输出先进的技术、管理等要素，不断累积资本，共享经济全球化所带来的红利。国际分工所带来的企业间、产业间、国家间贸易往来，使得过去的半个世纪世界经济总量爆发式增长，全球价值链不断成熟、完善，全球各经济体关联度不断提高。

然而，经济全球化给各国带来发展机遇的同时，也暗藏危机。全球价值链不断延伸、细化，复杂程度前所未有，由于经济周期的客观存在以及各国经济发展阶段的不一致性，导致多边贸易中出现要素流通不畅等问题，加之全球新冠肺炎疫情目前尚未得到完全控制，各经济体的经济出现负增长，这都助长了贸易保护主义势力的抬头，全球价值链体系出现危机。以美国为代表的西方发达国家企图越过世界贸易组织体系，重新建立符合自身利益的双边或区域自由贸易协定，尽快走出经济衰落的泥潭。

我国作为经济全球化的受益者，自2001年正式加入世界贸易组织以来，一直积极参与国际分工合作，不仅加速了自身经济发展，而且为世界带来了广阔的市场，促进了世界经济的持续繁荣。面对当下世界经济的发展困境，我国一方面积极推动世界贸易组织主导的多边贸易体制改革，为广大新兴经济体谋福利求发展，另一方面，在不违背现有多边贸易框架的前提下，倡导以合作共赢为基础的区域自由贸易协定，构建以"一带一路"以及区域全面伙伴关系协定为代表的新型国际合作平台，与现有的多边贸易体制形成互补，共促世界经济的复苏与繁荣。

（三）科技创新引领之变

放眼全球，回顾历史，世界已经历三次较为成熟的工业革命，每一次的工业革命都极大地改变了经济地理的格局，发起国在快速提升生产力的同时，也为建立和维护符合自身利益的国际秩序打下重要基础。

工业革命并不是随机发生的，而是在满足一定的社会条件后产生的。第一次工业革命前，英国已经通过"圈地运动"完成了封建社会向资本主义社会的转型，新兴资产阶级由此积累了大量的土地和资本要素，农业转移人口因失地而被迫进城，变为无业游民，为成为日后出现的廉价产业工人埋下伏笔。此外，大航海时代的来临以及地理大发现，都为欧洲带来了巨大的海外市场，英国通过殖民统治，疯狂掠夺自然资源，财富迅速累积，这都为科学技术的突破奠定了坚实的物质基础。蒸汽机的出现，标志着第一次工业革命达到顶峰，人类社会进入蒸汽化时代，英国也开始了长达一个多世纪的世界霸主地位，国际秩序由此改变。

第二次工业革命中，英、法等国由于拥有着成熟的工业基础，继续坐享着第一次工业革命所带来的技术红利，因此，科技在电力上的突破并未得到其足够重视。相反，美国、德国则因自身工业发展需要，抢抓机遇，大力推进电气化改造，率先进入电气化时代，生产力水平大幅提升，抢先步入现代化工业国家。随后，第二次世界大战的爆发，促进了美国制造业的加速发展，战后，由于世界急需重建,这也为美国打开了广阔的需求市场,国际格局由此改变,美国成为继英国之后最为强大的世界霸主。

第三次工业革命的到来,在时间上更为紧凑。美国利用先前在科技、人才、工业基础等方面积累的优势,继续加大研发力度,进行科研创新,以微型计算机为代表的电子信息技术的突破,使得美国率先步入"自动化"时代,延续着世界霸主的地位,在国际秩序的制定上拥有绝对的话语权。

前三次的工业革命都由西方国家主导,这些国家利用科技的创新发展,迅速提升生产力的同时,将科技作为核心优势,建立起符合自身国家利益的国际秩序,并延续至今。发展中国家由于自身工业基础设施落后、人口教育水平低下等原因,虽在全球化过程中经济总量大幅增长,但因科技创新所需的前期投入较大,新科技研发周期较长,且要求较高的人口教育基础,所以发展中国家在技术创新领域长期处在劣势地位,容易陷入"比较优势陷阱",处于全球价值链的底层。与其他发展中国家类似,中国由于历史原因也未赶上前三次工业革命。改革开放以来,中国采取"韬光养晦"的发展策略,埋头苦干,大力发展生产,在工业基础设施、人口教育水平等方面加快补齐短板,同时,积极投身国际贸易,在加入世界贸易组织后,市场份额也得到了极大拓展,这都为下一次工业革命的到来积蓄了力量,打下了坚实基础。

当前,以"互联网+"为代表的第四次技术革命浪潮席卷全球,以智能化技术为引领的数字革命将会在人工智能、5G通信技术、生物科技等方面大放异彩[1],而中国经过改革开放40余年的潜心发展,在科技、市场、国际分工等方面积攒了丰富的经验,极有可能实现工业革命在发展中国家取得突破的历史壮举。中国在此次工业革命中惊人的表现,引发了以美国为首的西方发达国家的恐慌,他们搞"科技冷战",对中国全面打压、"围追堵截",实行技术封锁,同时,美国联合其他西方国家,利用在规则制定上的先天优势,使中国企业在国际市场遭受不平等待遇,妄图将科技之争上升为政治之争、意识形态之争,旨在继续维护和保持其在科技领域的世界霸主地位。

总之,相较于以前的三次工业革命,此次技术革命为发达国家和发展中国家提供了相对公平的竞争环境。相信中国在新一轮技术革命中可以突破重围、险中求胜,引领世界创新潮流,并取得丰硕成果。

---

[1] 段光鹏. 马克思世界历史思想视野中的"百年未有之大变局"[J]. 湖南社会科学, 2021(1): 50—56.

（四）全球秩序与治理之变

马克思曾说过："经济基础决定上层建筑。"纵观世界发展，大航海时代的来临以及地理大发现，使得世界开始走向融合。西方国家利用先进的武器装备，在进行常规商业贸易的同时，对美洲、非洲以及亚洲等地区进行殖民扩张，强占当地自然资源，并对原住民血腥压榨，将其变卖为奴隶，实行残酷的殖民统治，为工业发展提供劳动力基础，从而确立世界霸主的地位，建立符合自身利益的国际秩序。与此同时，西方国家还向其他地区推行以"自由民主"为核心的所谓"普世价值"理论，以期别国遵循相同的发展范式，以巩固自身的国际影响力。所谓的以"自由民主"为核心的"普世价值"理论，其本质就是"西方霸权主义"，即标榜西方文明代表着人类文明，忽视除西方文明以外的一切文明，对其他国家或者民族的文明横加干涉，企图把控人类未来的发展方向，现行的国际多边规则、制度中都有其身影。过去的几个世纪以来，由于前三次工业革命都起源于西方国家，西方国家从人力、资本、技术、知识等多维度压倒性统治，不断向其他国家和地区输出身披"自由民主"外衣的"西方霸权主义"思想，垄断对于国际秩序的话语权，形成了一种"西方话语体系"[1]。在"西方话语体系"之下，许多发展中国家常面临不公平对待，民族自豪感丧失，被动接受西方主流思想的灌输，导致自身思想主权意识模糊，成为"西方霸权主义"的支持者、拥护者，助长了"西方霸权主义"的扩大蔓延。

但随着经济全球化进程的不断深入推进，广大发展中国家经济实力显著增强，在谋求经济更快发展的同时，开始觉醒，它们不甘于现状，在国际事务话语权等方面有了更多诉求[2]。西方国家受困于资本主义制度的先天缺陷，疲于应付，深陷经济增长泥沼，在国际事务处理中分身乏术，国际话语权逐步减弱，由西方主导的传统国际秩序面临变革。

国际事务中，最为明显的就是应对气候变化以及应对新冠肺炎疫情这两项议题。工业革命使得人类生产力呈几何式的增长，但与此同时，化石能源的消耗，带来了以二氧化碳为主要代表物的温室气体排放激增，由此引发了全球气

---

[1] 陈向阳. 从世界多重矛盾演变看"百年未有之大变局"[J]. 旗帜，2019（9）：57—58.

[2] 张蕴岭. 百年大变局：变什么（上）[J]. 世界知识，2019（8）：72.

候变暖等一系列环境问题。为此,国际社会对于气候变暖等环境问题给予高度关注,并达成共识,共商治理大计。其中,最值得关注的是于1997年签署的《京都议定书》以及2015年通过的《巴黎协定》,由口头共识变为协议落地,协议制定中,各方虽依据自身利益,进行多次博弈,但终使得"气候治理与减能减排"进入实质操作阶段。然而,从工业发展进程来看,西方发达国家作为全球气候变暖的主要责任方和始作俑者,却在节能减排中要求发展中国家承担更多责任,这显然违背了"自由民主"的国际秩序体制。特别是特朗普政府上台后,为满足自身发展利益,公然背弃公约,单方面退出《巴黎协定》,这使得本就难以调解的全球气候治理更加雪上加霜,国际合作的"信任赤字"不断加深。

2020年初新冠肺炎疫情全球大流行,各国应对疫情的措施以及效果有目共睹。面对突如其来的新冠疫情,中国共产党和中国政府高度重视,将人民生命放在第一位,全国动员,采取封城、交通管控、居家隔离等手段,最终使疫情很快得到有效控制,为全国迅速复工复产打下坚实基础,打赢了一场疫情防控总体战、阻击战。反观以美国为首的西方国家,自以为是,盲目自信,在疫情传播初期不加以控制,没有采取强有力的处置措施,错过了防控疫情的黄金时期,最终惊慌失措,导致疫情的大规模蔓延。此外,还有一些西方的无良政客,不顾世卫组织对于病毒溯源的科学解释,为掩盖本国疫情防控不力的实情,企图转移国内矛盾,对中国进行污名化攻击。这一系列的闹剧,足以体现传统"西方话语体系"下的国际秩序存在严重漏洞,国际事务治理能力亟待提高。

当前,中国所倡导的"不冲突不对抗、相互尊重、合作共赢"的新型大国关系以及共同构建"人类命运共同体"的构想,与特朗普政府提出的"美国优先""唯美独大"的战略展开博弈交锋,正是全球治理体系与国际秩序发生深刻变化的缩影。全球化趋势日益深入的今天,世界早已成为整体,密不可分,"灰犀牛事件"频发、"黑天鹅事件"屡见,更需要各国眼光放长远,拥有大智慧,共同推进建立新型的国家关系与全球治理秩序,携手共创美好未来。

二、中国正处于构建"双循环"新发展格局的发力期

面对复杂多变的国内外局势,以习近平同志为核心的党中央提出实施"双循环"发展战略,加快形成"以国内大循环为主体、国内国际双循环相互促

进"的新发展格局，畅通以国民经济循环为主的"双循环"新发展格局。这不仅是我国身处百年未有之大变局的应对之举，而且是进入新发展阶段的战略之举，更是实现中华民族伟大复兴、开启社会主义现代化建设新征程的康庄大道。"双循环"发展战略已写入"十四五"规划，不仅为我国"十四五"时期的发展指明了方向，而且为我国未来相当长一段时期的发展提供了政策导向。

（一）"双循环"新发展格局的演进溯源

改革开放以来，我国经济发展的政策导向，在不同的发展阶段进行了几次调整，经济循环的主体也发生了几次转移，大致分为以下几个阶段。

一是以国际大循环为主体的外向型经济发展阶段。20世纪80年代，国家计委经济研究所王建副研究员在《经济日报》发表了一篇名为《选择正确的长期发展战略——关于国际大循环经济发展战略的构想》的文章，该文章提出，在当前国内外环境下，我国要想摆脱发展困境，实现经济增长，就必须对外开放，依靠国际大循环，充分运用比较优势，利用廉价的农村剩余劳动力，优先在沿海地区发展代加工型的轻工业，以换取外汇，为今后引进国外先进的人才、技术，向重工业发展转变，实现可持续发展提供保障。文章一经刊登，就得到了中央高层的高度重视以及重要批示，并迅速在沿海地区进行试点以及推广，由此拉开了我国以国际大循环为主体的外向型经济发展模式的序幕。2001年我国加入世界贸易组织后，外向型经济进一步发展，经济总量不断增长，人民生活水平有了实质性的提升，这一点值得肯定。

二是基于供给侧结构性改革，畅通国民经济循环的调整发展阶段。以国际大循环为主体的外向型发展模式，在促进我国经济实力整体提升的同时，也带来了一定的弊端。最为突出的问题就是过度依赖国际市场，抵御外在风险能力较差，国民经济易受外部环境影响，从而出现波动。为此，党中央审时度势，果断进行政策调整，"十一五"规划纲要指出，"立足扩大国内需求推动发展，把扩大国内需求特别是消费需求作为基本立足点，促使经济增长由主要依靠投资和出口拉动向消费与投资、内需与外需协调拉动转变"[①]。这一政策导向的转变，充分说明我国经济结构中的问题已不容忽视，国民经济的循环主体必须从国际大循环向国内大循环转移，积极调整经济产业结构，以内需的扩大

---

① 中华人民共和国国民经济和社会发展第十一个五年规划纲要[M]. 北京：人民出版社，2006：10.

弥补可能到来的外需下降，才能保持国民经济平稳增长。2008年美国次贷危机引起的全球金融危机，也印证了我国经济政策导向转变的重要性，进一步显现了以国际大循环为主体的外向型发展模式的缺陷。经济循环主体由国际大循环向国内大循环转变的政策，在"十二五"规划纲要中得以延续。2015年，中央经济工作会议提出进行供给侧结构性改革①。供给侧结构性改革，是在社会总供需出现结构性矛盾这一背景下提出的，目的不仅在于解决短期经济波动问题，更是为解决我国经济发展的深层次结构矛盾，促使我国国民经济行稳致远而排除阻碍。供给侧结构性改革的提出，要求我们在适度扩大总需求的同时，去产能、去库存、去杠杆、降成本、补短板，从生产领域加强优质供给，扩大有效供给，减少无效供给，使供给体系更好适应需求结构变化。2018年中央经济工作会议认为②，供给侧结构性改革仍是我国经济发展的主要矛盾，"三去一降一补"中"三去"工作已基本完成，要继续在"巩固、增强、提升、畅通"，特别是在"畅通"领域下功夫。同时，会议还首次提出"畅通国民经济循环，形成国内市场和生产主体、经济增长和就业扩大、金融和实体经济良性循环"这一重要战略方针。2019年中央经济工作会议在延续此前会议精神的同时，将改革重心转向"一降一补"，提出要"补短板、强弱项"，这也为"畅通国民经济循环"提供了落脚点与发力点。不论是"供给侧结构性改革"还是"畅通国民经济循环"的政策导向，其目的都是在积极应对国内发展的深层次结构性矛盾以及可能到来的外部环境恶化，做足"政策提前量"，针对产业、技术薄弱点与空白点，攻坚克难，在满足自身需求的同时，加速经济转型发展，牢牢将发展的主动权掌握在自己手中，以改革阵痛换取国民经济发展的长期向好。

三是"双循环"新发展格局的协同发展阶段。2020年，突如其来的新冠肺炎疫情全球性蔓延，中美贸易摩擦持续升级，国际贸易的不确定性陡增。以美国为首的西方国家从多维度对中国实施打击，我国外部环境不断恶化。而在此时，我国国民经济结构转型尚未完成，因此经济发展政策导向亟待进一步调

---

① 中央经济工作会议在北京举行 习近平李克强作重要讲话 [EB/OL]. (2015-12-21) [2021-03-16]. http：//news.12371.cn/2015/12/21/ARTI1450693867270300.shtml.

② 韩洁，于佳欣，刘羊旸，等. 抢抓重要战略机遇期 坚定迈向高质量发展——解读2018年中央经济工作会议 [EB/OL]. （2018-12-22）[2021-03-16]. http：//www.gov.cn/xinwen/2018-12/22/content_5351026.htm.

整。面对着恶劣且复杂多变的国内外环境，2020年5月14日，习近平总书记在中共中央政治局常务委员会会议发表重要讲话，会议指出"要深化供给侧结构性改革，充分发挥我国超大规模市场优势和内需潜力，构建国内国际双循环相互促进的新发展格局"[1]。随后，习近平总书记多次在各大重要场合就"双循环"新发展格局展开论述，其内涵不断丰富完善，不仅为我国遭受新冠肺炎疫情后经济迅速复工复产后指明了发展方向，而且为我国今后相当长一个时期内经济发展提供了政策遵循。

实行"双循环"发展战略，构建"双循环"新发展格局，调整经济社会发展的政策导向，是党中央针对我国当前的国内国际环境，积极主动应对，科学研判决策，可谓应时而出，犹如"定海神针"，体现出以习近平同志为核心的党中央审时度势、驾驭复杂国内国际形势的高超领导能力，是习近平新时代中国特色社会主义思想的重要内容。

（二）"双循环"新发展格局的核心内涵[2]

一个国家或地区经济的"双循环"有"一般"和"特殊"两层内涵。首先，就经济双循环的一般内涵而言，在当今国际分工越发精细、全球价值链不断延伸的经济全球化背景下，任何一个国家和地区的经济都处于国内、国际双循环格局之中，只不过不同国家和地区的经济处在不同时期和阶段，或以国内循环为主，或以国际循环为主。经济全球化深入发展的今天，世界上几乎没有经济完全封闭的国家，国家的经济活动也从来不是纯粹的国内经济循环或纯粹的国际经济循环，而是国内国际经济循环的交织，即国内国际经济的双循环。

其次，"双循环"新发展格局是具有特殊内涵的双循环。其特殊性在于，我国已经由改革开放初期的以国际大循环为主体、国际国内共同发展的旧发展格局，转变为以国内大循环为主体、国内国际双循环相互促进的新发展格局。"双循环"新发展格局并不表明我国过去的经济循环是单一的外向型循环，而是表明，我国要开启双循环的新发展格局，更加注重国内大循环，协调两个循环之间的发展权重。

---

[1] 中共中央政治局常务委员会召开会议 分析国内外新冠肺炎疫情防控形势 研究部署抓好常态化疫情防控措施落地见效 研究提升产业链供应链稳定性和竞争力 中共中央总书记习近平主持会议[N]. 人民日报，2020-05-15（1）.

[2] 张可云，肖金成，高国力，等. 双循环新发展格局与区域经济发展[J]. 区域经济评论，2021（1）：14—29.

当前我国面临的国内国际环境持续发生着深刻复杂变化。自改革开放以来，延续多年的外向型经济模式已不能适应当前的国内外发展环境，劳动力、土地等要素禀赋的价格优势逐渐丧失，先前承接附加值较低的代加工型生产利润越发微薄，产业体系急需转型；同时，逆全球化、单边主义情势、国外新冠肺炎的蔓延恶化以及西方发达国家对我国的技术封堵，也使得国内众多处于全球价值链终端或低端的产业生产受到扼制，国内市场需求得不到有效满足，严重阻碍了我国经济高质量发展的步伐。

因此，按照中国经济发展的阶段性特征和实现中华民族伟大复兴的战略目标，畅通以国民经济循环为主的"双循环"新发展格局，开启社会主义现代化建设新征程，无疑是规律所引、大势所趋、发展所求。构建"双循环"新发展格局，是中国共产党和中国政府顺应时代发展规律，不断调整发展战略的总结、深化和提升。

（三）"双循环"新发展格局的理论逻辑

一是实现我国高质量发展的必由之路。从中国经济"三驾马车"的贡献度看，内需对国内生产总值的贡献率一直高达 2/3 以上，远高于外需的拉动作用，中国高质量发展主要靠内需拉动。中国在迈向世界经济强国的新征程中，具有 14 亿人口的大市场是以国内大循环为主体、国内国际双循环相互促进的新发展格局的"压舱石"。当前全球新冠疫情形势仍较为严峻，世界经济复苏走势低于预期，中美贸易摩擦尚未减小，在这种背景下，以畅通国民经济循环为主构建"双循环"新发展格局，才能增强我国的战略定力，弱化和避免不必要的贸易摩擦；才能抢占经济发展先机，形成新的核心竞争力，才能在激烈的国际竞争中站稳脚跟，从技术壁垒内生中涅槃重生，赢得社会主义现代化建设新征程的发展主动权。高质量发展必须要以高科技为引领，关键核心技术和"杀手锏"武器必须牢牢地掌握在我们自己手中。构建"双循环"新发展格局，必须加大对关键核心技术的研发。这就是"双循环"新格局的高质量发展逻辑。以相对稳定、相对独立、富有效率、良性互动的国内经济大循环为主体、国内国际双循环相互促进的新发展格局已经成为中国经济高质量发展的基本盘。

二是跨越中等收入陷阱的必然选择。中等收入陷阱是指一国的人均国民收入达到中等收入水平后，经济发展模式没有及时调整，仍依赖低收入水平状态下的发展路径，导致国民经济结构性矛盾凸显，经济增长放缓，收入停滞不前。中等收入陷阱是大多数发展中国家在经济发展到一定阶段时都不可回避的战略难题。我国目前已突破低收入重围，正处于跨越中等收入陷阱的攻坚期。众多发展中国家的历史教训告诉我们，造成中等收入陷阱的主要原因在于"迷信"以比较优势为核心的外向型经济发展模式，长期依赖比较优势，只顾眼前经济的"量增长"，忽视以科技创新、产业升级为核心的"质增长"，以劳动密集型代加工产业参与国际分工，经济发展"两头在外"，其脆弱性不言而喻。长此以往造成本国的实际收入水平增速放缓，依靠规模经济和成本优势所取得的增长红利消耗殆尽，进而被其他成本更为低廉的新兴经济体所取代，经济发展主动权丧失。改革开放以来，中国通过深度融入全球价值链，依托加工贸易，实现了经济能量积聚与经济的快速增长。在中国经济转型发展的新阶段，出口导向的外需拉动模式已进入边际效应递减区间。面对贸易摩擦、疫情蔓延造成的动荡和冲击等新的问题，中国应围绕技术创新和内需培育而非传统的要素，参与国际分工模式，以长远眼光谋划产业格局、挖掘内在价值，摆脱全球价值链的站位束缚，形成兼具内生演化与全球合作发展属性的产业分工体系，在开放背景下培育内生发展能力，推动国际分工体系良序演化。"双循环"新发展格局既是中国重塑国内产业体系、力争全球价值链上游的关键，也是脱离比较优势思维、增强自身核心竞争力的关键，更是摆脱中等收入陷阱、实现人民收入与消费水平可持续增长的关键。

三是实现中华民族伟大复兴的重要支撑。改革开放以来，以邓小平同志为核心的党的第二代领导集体提出了"三步走"战略：第一步，到20世纪80年代末解决人民温饱问题；第二步，到20世纪末使人民生活达到小康水平；第三步，到21世纪中叶基本实现现代化，达到中等发达国家水平。十八大以来，以习近平同志为核心的党中央审时度势，提出"两个百年"奋斗目标，即到建党一百年时，实现国内生产总值和城乡居民人均收入比2010年翻一番，全面建成小康社会；到中华人民共和国成立一百年时，建成富强民主文明和谐的社会主义现代化国家。党的十九大面对新的历史起点，对实现第二个百年奋斗目标细化战略部署，即到2035年基本实现社会主义现代化，到20世纪中叶把我国建成富强民主文明和谐美丽的社会主义现代化强国。2021年2月25日，习近平总书记在全国脱贫攻坚表彰大会上，向全世界庄严宣告：我国脱贫攻坚战取得了全面胜利，到2020年底，中国实现现行标准下9899万农村贫困人口全部脱贫，区域性整体贫困得到解决，完成了消除绝对贫困的艰巨任务，创造了又一个彪炳史册的人间奇迹！① 在中国共产党成立一百年这一重要时刻，我国已实现第一个百年奋斗目标，正向着第二个百年奋斗目标奋进。实现中华民族伟大复兴的中国梦，首先就是要维护好、发展好、实现好人民的切身利益，不断提高人民生活水平，满足人民群众对美好生活的向往。为了满足当前和未来人民日益增长的美好生活需要，我们必须以国内经济大循环为出发点和落脚点，疏通国内经济大循环的断点和堵点，解决最为艰巨的需求不足问题，从制度创新、市场经济再生产和扩大再生产层面，寻找到持续、安全、高效、稳定的动力源和支撑面。其次，实现中华民族伟大复兴的中国梦，必须构建价值链自主的现代化产业体系，牢牢将发展的主动权掌握在中国人自己手中。在扩大大循环的同时，注重与外循环的协同对接，构建稳定、高质量的国民经济循环体系。以畅通国民经济循环为主构建新发展格局，既是百年未有之大变局下，我国根据当前国际局势以及自身发展实际所做出的有效调整，也是开启社会主义现代化建设新征程，实现中华民族伟大复兴的康庄大道。

（四）"双循环"新发展格局的本质特征②

一是战略主动性。改革开放以来，我国不断深度融入全球价值链体系，加快与国际接轨，在生产、流通、分配等领域取得了长足发展。我国作为唯一拥有联合国产业分类中全部工业门类的国家，同时拥有基数巨大的中等收入群体以及体量庞大、需求丰富的消费市场，具备构建"双循环"新发展格局的基础条件。"双循环"新发展格局的提出是我国顺应国际国内形势主动做出的战略转型与调整。我国在充分认识到发展实际的基础上，积极作为，努力挖掘国内市场潜力，以国内市场的壮大来弥补国际市场的乏力，保障市场需求的总体稳定。面对复杂多变的国内外发展形势，"双循环"新发展格局是我国防范风险的"先手棋"，也是应对和化解风险挑战的"高招棋"，是开启社会主义现代化建设新征程的主动战略。

二是全面开放性。"双循环"新发展格局强调内、外两大循环之间的良性互动，在经济全球化深度发展的今天，我国的经济发展不可能脱离世界，更不

---

① 全国脱贫攻坚总结表彰大会在京隆重举行　习近平向全国脱贫攻坚楷模荣誉称号获得者等颁奖并发表重要讲话　李克强主持　汪洋宣读表彰决定　栗战书王沪宁赵乐际韩正王岐山出席［N］．人民日报，2021-02-26（2）.

② 张可云，肖金成，高国力，等．双循环新发展格局与区域经济发展［J］．区域经济评论，2021（1）：14—29.

会走上"闭关锁国"的老路。在经济全球化深度发展的今天,国内大循环与国际大循环早已相互融合,两者缺一不可。从本质上来说,国内大循环是一个国家经济发展的根基,具有强劲的生产能力和广阔的消费场景。同时,国际大循环也为开拓国际市场,吸收和借鉴先进的管理、技术经验创造了可能。中国的发展绝不是经济循环的"单选题",而是国内循环与国际循环相互促进的双循环关系,二者相互啮合的齿轮,共同为中国经济高质量发展持续助力。

三是发展高质性。我国必须提升进出口商品与服务的质量和效率,提高单位外贸依存度的"价值含量"。要通过科技创新,吸收借鉴国外先进的管理经验和科学技术,不只是简单依附全球价值链的"全球加工工厂",而要力争向价值链上游转移,降低产品的同质性,通过高质量的产品,牢牢占据市场份额,增强发展稳定性。同时,积极打造以我为主的生产供应体系与流通消费平台,吸引全球优质资源,掌握发展主动权,促进国内经济高质量发展。"双循环"的新发展格局,是促进以中低端产业为主转向以中高端产业为主的结构转型的新发展格局,是促进我国经济发展焕发新活力、迈上新台阶的新发展格局。

四是区域差异性。"双循环"新发展格局是体现区域差异性的双循环。总体说来,我国经济恢复的基础较好、潜力较大、韧性较强,稳中向好的基本面没有改变,但是在如火如荼地构建"双循环"新发展格局进程中,也会催化国内各区域之间的新型竞争。沿海地区由于对外开放程度较高,学习了许多国际先进的管理经验和技术,对于市场的改变也更为敏锐,可以更快调整生产方向,抢占国内市场。对于内陆地区,由于本身外贸依存度较低,受到国际市场的需求变化的波及较小,基于"一带一路"建设步伐的加快、"中欧班列"的顺利开通等多重叠加的国家战略机遇,外贸增速实现反超。同时,内陆地区省份"内循环"的韧性强,市场回旋余地大。这些地区可能会以市场空间优势,吸引东部地区把产品由长距离输送变为在内地就近生产销售;以更有利的营商环境吸引外资到中国腹地开辟新市场;以进口替代战略攻克"卡脖子"技术,把部分产品进口的外循环转变为进口替代的内循环。

五是多元嵌套性。"双循环"新发展格局不是国内循环和国际循环两个循环简单的"物理组合",而是"物理组合"与"化学反应"的多元复杂排列组合。其中,有不同产业之间的循环、地区之间的循环,各种样式的交织循环、复杂循环等;在"双循环"新发展格局下,不排除有个别的产业存在以"外循环"为主的现象。

三、成渝地区正处于国家区域发展层级的上升期

（一）我国区域发展战略的历史演进

一是"六五"计划至"八五"计划时期。1978年中国共产党十一届三中全会胜利召开，作出了把党和国家工作中心转移到经济建设上来、实行改革开放这一具有历史性伟大意义的战略决策，区域发展战略也从以国防战略安全为导向的"三线建设"发展模式，调整为以"经济建设为中心""东部沿海地区优先发展"模式。

"六五"计划延续了十一届三中全会所提出的以经济建设为中心的发展战略，以对外开放为抓手，充分利用地理区位优势以及工业基础设施，优先发展东部沿海地区，打开发展突破口，加快融入国际市场，实现经济总量增长。同时，在坚持"全国一盘棋"的原则下，推动沿海地区与内陆地区的优势互补，东部沿海地区要把在对外开放政策下充分吸收和掌握的国外先进管理经验和科学技术，积极向内陆地区传递，带动内陆地区发展；内陆地区也要充分发挥在矿产资源、能源储备等方面的优势，积极修建交通基础设施，将基础原材料运送至东部沿海地区，实现资源禀赋交互，相互支持，协同发展。此外，"六五"计划还富有远见地提出"中心城市"的发展策略，即以经济较为发达的城市为支点，建立附属经济区，以点带面，促进和带动周边地区经济振兴，实现区域协同发展。

"七五"计划是我国区域发展政策的一次重要转变，为今后区域发展政策的制定奠定了基础。首先，"七五"计划首次依据地理区位，将我国分为东部、中部、西部三大经济板块；其次，延续了"六五"计划中优先发展东部沿海地区的发展方针，政策继续向沿海地区倾斜，鼓励先富带后富，以东部地区的成功发展经验，带动中部以及西部地区共同发展；再次，"七五"计划突出了以中心大城市为依托，科学规划，建立不同层次、不同规模、各有特色的三级经济区网络，找准定位，有序发展；最后，"七五"计划还针对战时背景下所建立的"三线"工厂、企业，根据实际生产能力以及现状，进行转型转产，更好地支持经济建设。

"八五"计划是我国区域发展政策的一次重要调整。改革开放以来近十年的区域政策倾斜，导致了东部沿海地区和西部内陆地区的经济总量差距悬殊等

问题,"先富带后富政策"在客观上促进我国部分地区经济腾飞的同时,间接扩大了东部沿海地区与中部、西部地区的经济发展差距,加之因为存在中央财政与地方财政的划分,滋生了地方保护主义。为及时遏制地区发展不均衡势头,"八五"计划将区域发展的重心转移到了缩小地区间的发展差距上,实行全国统筹规划,促进地区间优势互补,积极改善和优化地区生产结构与布局,打通流通交易壁垒,体现社会主义共同富裕的本质特征。

二是"九五"计划至"十五"计划时期。"九五"计划是我国区域发展政策的又一次重要转变。计划提出了区域协同发展战略,为今后我国区域发展战略奠定了总基调。计划明确指出,要充分意识到当前我国地区发展差距扩大以及居民收入水平差距悬殊的现实问题,要有大局意识,统筹谋划,在东部地区经济持续高质量发展的同时,摒弃地方保护主义观念,积极支援内陆地区建设,实现区域协同发展。"九五"计划继续沿用了东中西三大经济地理分区,要求统筹兼顾,因地制宜,充分发挥各地区的资源禀赋优势,形成独具特色的地方产业。同时,要求处理好中央与地方的经济发展权责划分,调动各地区经济生产积极性,依托现有交通基础设施网络,鼓励探索建立跨省经济区,打通阻碍地区经济发展的行政壁垒,强化区域协同理念,实现可持续发展。

"十五"计划在延续原有区域发展战略的基础上,提出新的区域重点发展方向,即西部大开发战略。"十五"计划提出,借助西部大开发战略,加快经济发展较好地区与经济发展相对落后地区的协同发展步伐,利用较短时间,补偿西部"生态欠账",补齐基础设施短板,缩小各地区间的发展差距。

三是"十一五"规划至"十三五"规划时期。作为我国区域发展战略的重要转折点,"十一五"规划提出了区域发展总体战略以及主体功能区战略,确立了区域发展政策走向和国土空间格局。首先,区域发展总体战略包括推进西部大开发、促进中部地区崛起、鼓励东部地区率先发展以及振兴东北地区等老工业基地。我国依据各地区发展实际,制定差异化的区域发展方针,强调各地区间发展协作,建立起有序、合理的多层级区域发展局面。其次,主体功能区战略依据资源环境承载力、现有开发密度和发展潜力等自然条件以及人口分布走势、经济和城镇化布局等社会发展,综合考量我国国土开发利用能力,将国土空间区分为优化开发、重点开发、限制开发与禁止开发四类主体功能区,各地区严格执行主体功能区划分标准,并以此标准为遵循,制定符合自身发展的区域发展政策,形成规范、有序的国土利用格局。此外,"十一五"规划还首次对城镇化建设提出具体要求，要以循序渐进、节约土地、集约发展以及合理布局的原则，积极稳妥推进城镇化，并依托城镇化政策，优化城乡二元结构，形成高效协调可持续的城镇化建设布局。

"十二五"规划延续了"十一五"规划有关区域发展的战略导向，在促进区域经济协调发展的基础上，以人为核心，更加注重人民需求和生活，构建区域经济优势互补、主体功能定位清晰、国土空间高效利用、人与自然和谐相处的区域发展格局。

"十三五"规划在坚持区域发展总体战略和主体功能区战略的基础上，对于重点地区进一步细化发展目标，提出以"一带一路"建设、京津冀协同发展以及长江经济带发展三大战略为政策导向，构建具有中国特色的新型区域发展格局。

四是"十四五"规划时期。"十四五"规划站在新时代阶段，面临新发展格局，明确提出要优化国土空间布局，推进区域协调发展和新型城镇化。区域发展总体战略作为社会经济发展的重要空间载体，是社会主义现代化建设中举足轻重的关键环节。改革开放以来，我国区域发展进程快速推进，区域发展途径绝无他例可以模仿，走出了一条具有中国特色社会主义的区域发展道路，已经并将继续为中国乃至世界的经济发展贡献力量。

（二）成渝地区区域发展战略的历史演进

一是成渝全国统筹城乡综合配套改革试验区建设。20世纪五六十年代，中苏关系破裂，我国面临着严峻的国际局势，为保证工业发展、避免和减少可能到来的外部影响甚至战争打击，党的第一代领导核心毛泽东主席领导全国人民开始了一场规模空前的重大经济建设，即"三线建设"。在以攀枝花、绵阳、成都、重庆为代表的川渝地区以及其他内陆地区开工建厂办所，开展以国防工业为重点的经济建设，从此确立了川渝地区在我国西南地区的经济核心地位。改革开放后，国家一直强调区域协同发展，并在"十五"计划中提出了西部大开发战略，成渝地区依靠地理区位优势以及多年的工业发展基础，自然成为西部大开发的重点地区。2007年6月，国家发展改革委下发《国家发展改革委关于批准重庆市和成都市设立全国统筹城乡综合配套改革试验区的通知》，正式批准重庆和成都两市为全国统筹城乡综合配套改革试验区。此前，国务院已先后在上海浦东新区、天津滨海新区设立国家综合改革试验区，成渝两地为全国第三个、西部地区首个国家综合改革试验区。在成渝两地设立全国统筹城乡综合配套改革试验区，重点在于统筹城乡发展机制，目的是依托两地长期以来的交流合作，在体制机制上大胆探索创新，在实现区域经济协同发展的同时，优化城乡二元结构，形成全国统筹城乡发展的示范区。

二是成渝经济区建设。2011年5月，国务院批复实施《成渝经济区区域规划》。《成渝经济区区域规划》作为一部聚焦成渝两地的综合性区域发展规划，是国家在成渝两地设立全国统筹城乡综合配套改革试验区后，又一次国家级的区域发展战略升级，为成渝两地构建要素禀赋优势互补、城乡二元结构优化、国土空间高效利用、人与自然和谐相处的区域发展格局指明了发展方向，提供了政策导向。

三是成渝城市群建设。2016年4月，国务院批复实施《成渝城市群发展规划》。在《成渝城市群发展规划》中，重庆和成都两地的中心极核地位更加凸显。城市作为人类生存发展的主要承载区，也是新型城镇化建设、区域协调发展与国土空间优化的主战场。《成渝城市群发展规划》旨在发挥重庆和成都两市的极核带头作用，以点带面，对接西部大开发、长江经济带发展、"一带一路"建设等国家战略和倡议，实现区域社会经济的协同发展。

四是成渝地区双城经济圈建设。2020年1月3日，中央财经委员会第六次会议提出推动成渝地区双城经济圈建设这一战略部署，开启了成渝地区发展新征程。成渝地区双城经济圈建设的提出就是要将"推进新型城镇化""推进区域协调发展"与"优化国土空间布局"相结合，就是要探索在"城镇"这同一空间场景下，使"生活空间""生产空间""生态空间"三种用途的土地协调发展，改变以前低密度、松散型的城镇化扩张模式，构建高密度、紧凑型的集约化用地布局，在为城镇开发边界、永久基本农田保护红线和生态保护红线三根控制线腾出空间的同时，以"人"为纽带，促进"人—产—地"的有机耦合，打造具有"生活""生产""生态"特色新型城镇的集约化用地范例，实现高效率、可持续的区域发展格局。2020年初，新冠肺炎疫情的全球性蔓延，中美贸易摩擦持续升级，国际贸易的不确定性陡增。以美国为首的西方国家从多维度对中国实施经济制裁、"科技围剿"、军事挑衅和政治打压，使我国外部环境不断恶化。面对着复杂多变的国内外环境，党中央提出要"推动构建以国内大循环为主体、国内国际双循环相互促进"的新发展格局。在此背景下，10月16日，中共中央政治局召开会议，审议通过《成渝地区双城经济圈建设规划纲要》。构建新发展格局的重点在于扩大内需体系，而成渝地区双城经济圈建设，推动了农村人口向城镇集聚和农业人口进城就业，直接提高了人们经济收入水平，促使城乡收入差距缩小，这为扩大内需提供了坚实保障。农业人口消费基数十分庞大，在农业转移人口市民化背景下，城镇为农业转移人口提供了新的消费场景和消费选择，有力地激发了消费主体活力。同时，城镇人口的集聚导致了社会公共物品的需求激增，这为政府支出和民间投资打开了广袤市场，拉动了社会整体投资，推动了内循环。同时，成渝地区双城经济圈建设以产城融合化为目标，以人民日益增长的美好生活需求为导向，改变产城之间的不匹配，因地制宜，以产兴城，以城邀人，以人促产，推动形成良好的"人产地"互动关系，构建价值链自主的现代化经济体系。

第三章

成渝地区双城经济圈建设的战略意义

一、推动西南传统"安全腹地"的现代化转型升级

（一）国家战略大后方的"安全腹地"区位显著

三线建设是20世纪60年代中后期至70年代中期我国为应对国际局势恶化所进行的一次重大国民经济布局调整，本质是一场以国防战备为核心的经济建设运动，规模历史罕见。川渝地区作为国家战略大后方，在三线建设时期地位凸显，这与中央决策支持以及川渝地区地理资源区位优势和工业基础设施完善密不可分。

一是党中央对于西南地区三线建设的决策支持。党中央的决策支持为四川成为三线建设重要战场提供了有力支撑。从战略地位分析，20世纪60年代，我国的周边局势日趋严峻，地缘政治不确定性因素激增。中苏关系破裂，苏联与我国在我国东北地区与西北地区形成军事对峙，我国国防安全受到严重威胁；东南沿海地区，由于美国的政治、经济支持，国民党蒋介石统治集团长期对大陆进行空袭骚扰；西南中印边境，中印发生了局部战争，两国关系持续紧张。三线建设战略实施初期，毛泽东主席就一直挂念西南地区尤其是川渝地区的发展，党中央委派邓小平同志前往川西地区进行调研，确定了"两点一线"的西南三线建设布局。党中央在资源调度、政策倾斜等方面给予大力支持，促进成渝地区在三线建设时期建立起后方战略基地，成为国家稳固的战略大后方，可靠的"安全腹地"。

二是地理资源区位优势明显。首先，川渝地区地处我国内陆腹地，与东北重工业地区和东部沿海地区相隔万里，且崇山峻岭众多，地势崎岖，地貌复杂多变，形成了天然的地理屏障。其次，自然资源丰富。川渝地区气候温热，常

年雨水较多，适合农业作物生长，更有"天府之国"的美誉，农林牧资源丰富，是农林牧业建设基地，这为发展具有地方特色的轻工业打下坚实的自然基础；川渝地区成矿条件良好，矿产资源丰富，并且都是大型或特大型矿床，以攀西地区的大型钒钛磁铁矿为典型代表，其他非金属资源特别是煤炭资源的储量也稳居全国前列；川渝地区地形以山地为主，地势落差较大，水利条件良好，适宜筑坝建站，从而使能源自给自足成为可能。

三是工业基础设施完善。早在抗战时期，国民政府就对西南地区进行了整体开发，自然资源已初步探明并开始小范围开采，城镇建设初具规模。中华人民共和国成立后，"一五"计划和"二五"计划中，明确以四川为支点，在西南地区开展多项大型骨干项目，川渝地区工业基础设施进一步得到完善。同时，四川省内交通路网不断建设，"三横五纵"铁路规划将川渝地区纳入其中，路网的完善为人员往来、物资运输提供快捷便利的保障。

（二）国际安全形势背景下的地缘政治影响凸显

一是中美关系持续紧张。首先，美国主导的"印太战略"逐步升级，已由务虚的概念性战略转变为美日印澳四国实质性的多边安全防务对话和具体动作，并且还吸引诸如越南、韩国等与我国国土相邻、相望的盟友加入，"印太战略"阵营不断"壮大"，我们必须高度警惕。"印太战略"是继美国奥巴马政府提出"亚太再平衡战略"之后，特朗普政府对于美国重返亚太地区所采取的军事安全战略，其目的是联合以印度为主要参与国的各盟国联手压制中国，维护美国的世界霸主地位。2021年1月，拜登政府上台，通过其竞选总统时的言论判断，中美关系走向尚不明朗，在未来一段时期内将会持续紧张，不会明显改善。

二是"台独"势力不断抬头。台湾自古以来是中国领土不可分割的一部分，世界上只有一个中国。然而，近年来以蔡英文为首的民进党人士，毫不顾忌中华民族根本利益和台湾同胞切身福祉，为谋一己之私，挟洋自重，倚美抗陆，倚美谋"独"，企图使台湾问题国际化，加剧了台海局势紧张复杂的状况。

三是中印边境军事摩擦时有发生。中印边境领土问题由来已久。1962年，印方悍然入侵我方领土，我方被迫实施自卫反击，一举将来犯印军歼灭，取得完全胜利。近年来，中印边境局势持续紧张，印方在边境领土争议地区悄然修建居民建筑和军事设施，妄图单方面造成既成事实，改变边境领土主权。

当前，世界正处在百年未有之大变局之中，面对着日益严峻的国家安全局势，我们更应立足长远。成渝地区应依托所处战略大后方"安全腹地"的区位优势，加快构建价值链自主的现代化经济体系，构建"双循环"新发展格局，为我国经济可持续发展贡献力量。

二、形成中国高质量发展重要增长极与新动力源

（一）胡焕庸线横跨川渝

胡焕庸线横跨川渝地区，成渝双城经济圈中的大部分国土空间分布在胡焕庸线以东地区，经济地理区位优势明显。首先，胡焕庸线以东地区按照以成都、重庆两大中心城市主城都市区为"双核"、以众多次级城市为支撑的发展模式，加快农业转移人口向城镇的大规模迁移，强化人口集聚效应，打造成为以人为核心的新型城镇，形成区域竞争新优势。同时，注重县城在新型城镇化建设中的关键作用，将其作为城乡协同发展的重要载体和关键纽带，推进以县城为载体的新型城镇化建设。一方面，县城作为相当一部分农业人口的原生居住地，具有天然发展优势，就地城镇化既节约了建设成本，也有效利用了国土资源；另一方面，与大中城市毗邻地区的县城，可以分担缓解大中城市的承载压力，为在区域形成中心城市与城市群，优化城镇化空间布局做出贡献。其次，立足川渝地区国土利用的实际情况，对胡焕庸线东西两侧地区实施差异化的发展战略。甘孜藏族自治州、阿坝藏族羌族自治州、凉山彝族自治州作为胡焕庸线以西地区，占四川省总面积61%、总人口7.7%，经济总量5.2%（2019年）。从长远看，三州是成渝双城经济圈的"发展后备军"。三州在按照生态保护、均衡发展思路支持就地嵌入式依附开发利用国土空间的同时，突破胡焕庸线，与胡焕庸线以东地区深度融合，促进人口向资源环境承载力较好的城市群、都市圈集中，突出"成都平原都市圈"的极核带动作用，加快区域性中心城市建设。强化成渝双城经济圈建设任务，以胡焕庸线东西两侧地区的协同发展，促进经济圈要素配置。

（二）国家战略机遇多重叠加

成渝地区虽然地处我国内陆腹地，与东部沿海发达地区和东北重工业地区相隔万里，但却是诸多国家级重大改革战略的发源地和实践地。从"土地改革"到"三线建设"，成渝地区始终是我国重要的后方战备基地，在国家的经

济建设中，多次发挥了"改革排头兵"的带头作用。近年来，成渝地区先后承担了西部大开发、统筹城乡综合配套改革试点、自贸试验区等国家重大改革项目，形成了以改革促发展，以发展推改革的良性发展循环。在构建"双循环"新发展格局的过程中，党中央、国务院高度重视成渝地区双城经济圈的建设和发展，成渝地区在新一轮产业区域布局调整中再一次成为改革的前沿阵地，成为多项国家发展重大战略的交汇点。首先，成渝地区作为新一轮西部大开发的重要承载地，是承接东部产业转移并辐射西部腹地的交汇点；其次，成渝地区作为"一带一路"的重要节点，是中欧班列的西部始发点和西部最为繁忙的国际航空枢纽；最后，成渝地区作为长江经济带的重要组成部分，是连接长江中下游经济发展的关键纽带。成渝地区通过建设成为具有全国影响力的重要经济中心、科技创新中心、改革开放新高地、高品质生活宜居地，为国家经济的发展带来澎湃动力，形成立足西部、辐射全国的重要增长极与新动力源。

三、建设内陆改革开放新高地

（一）打造西部陆海新通道的枢纽型大支点

成渝地区双城经济圈应围绕引领省内循环、支撑区域、国内循环、推动泛欧泛亚循环、促进国际循环的基本思路，依托成渝综合交通枢纽，构建西部陆海新通道。2021年2月24日，中共中央、国务院印发《国家综合立体交通网规划纲要》[①]，作为2021—2035年我国交通发展的纲领性文件，为当下以及今后一段时期内构建成渝地区交通网络提供了政策引领。《国家综合立体交通网规划纲要》明确了成渝地区双城经济圈在我国经济发展中的战略地位，确立了成渝地区为继京津冀、粤港澳、长三角三大世界级城市群之后的第四个国家区域经济发展极。具体来看，首先，《国家综合立体交通网规划纲要》从整体出发，提出加快建设以6条主轴、7条走廊、8条通道为主体的高效率国家综合立体交通网主骨架。其中，加强成渝地区与京津冀、长三角以及粤港澳的主轴联系，拓展极核间交通辐射配置能力；同时，构建西部陆海走廊，成渝昆走廊与厦蓉通道，优化协调以成渝为中心的综合交通网络。其次，《国家综合立体

---

① 中共中央、国务院印发 国家综合立体交通网规划纲要[N]. 人民日报，2021-02-25（1）.

交通网规划纲要》以四极为统领，提出建设多层级一体化国家综合交通枢纽系统。成渝地区以成都、重庆为国际性交通枢纽城市，建设国际铁路枢纽和场站，构建综合交通枢纽。铁路建设方面，发展以中欧班列为重点的国际货运班列，促进国际道路运输便利化。水路建设方面，建设东西畅通、南北辐射、有效覆盖、立体互联的长江经济带现代化综合立体交通走廊。总体来看，成渝地区双城经济圈的交通网将以提升对外连通水平为引领，强化门户枢纽功能，着力构建一体化综合交通运输体系。

（二）构建空中丝绸之路的重要航空枢纽

航空产业作为现代化综合交通体系的关键一环，也是加快成渝双城经济圈建设、实现区域互联互通的重要组成部分。从产业发展角度来看，天府国际机场的投入使用，标志着成渝地区航空产业进入新发展阶段。成渝地区将以成都天府国际机场、双流国际机场与重庆江北国际机场为主要载体，打造川渝临空共建经济带。继续深化临空经济供给侧结构性改革，以三大机场为中心，发展具有高附加值的航空以及关联产业，服务成渝，放眼世界，全面建设国家示范级的航空港经济圈。从国家战略角度来看，将成渝地区双城经济圈作为新一轮西部大开发的重要承载地和"一带一路"的重要节点，意在通过发展航空产业，构建西部空港新枢纽，打造空中丝绸之路，以提高内联外通水平为导向，完善国际航空通道网络布局，推进"两场一体"运营，打造亚欧大陆航空枢纽、洲际航空中转中心和货运中心，扩大包括第五航权在内的国际航权开放，积极融入"双循环"新发展格局。应充分发挥成渝双城作为国际门户枢纽、西部地区极核以及国家中心城市的重要作用，积极融入世界，将成渝双城打造成为内陆改革开放前沿阵地和畅通国内、国际双循环的国际区域供应链枢纽。

成渝地区双城经济圈应以提升现代互联互通水平为抓手，建设以国际机场和国际铁路港为核心、"海陆空"三位一体的综合交通枢纽，进一步强化人员往来交流能力，提升货物与服务集散功能，构建联通国内外、多渠道立体开放的口岸体系，建设"立足西部、辐射全国、影响全球"的蓬勃发展新高地。

四、构建长江上游生态保护示范样板区

(一) 筑牢长江上游重要生态屏障区

成渝地区是长江上游重要的生态屏障区和水源涵养地,在保障长江中下游地区生态安全中起到了举足轻重的作用,对维护国家生态安全至关重要。长江流经四川、横贯重庆全境,流域面积 50 平方千米以上的支流共 510 条。具体来看,首先,四川省地处长江和黄河上游,贡献了长江 27% 的水量,当前又进一步划出川西北生态示范区,示范区包含阿坝藏族羌族自治州和甘孜藏族自治州两个州,区域面积 23.26 万平方千米,占全省的 47.9%。其次,三峡库区地处四川盆地与长江中下游平原的结合部,是我国重要的淡水资源战略储备库,淡水资源总量约 300 亿立方米,维系着全国 35% 的淡水资源,直接为长江中下游 3 亿多人提供饮水保障。重庆市下辖两大库区城镇群,分别为渝东北三峡库区城镇群和渝东南武陵山区城镇群。渝东北三峡库区城镇群地处三峡库区水土保持生态功能区和秦巴生物多样性生态功能区,渝东南武陵山区城镇群地处乌江、沅江水系生态廊道和武陵山、大娄山山系生态屏障,属于武陵山生物多样性与水土保持生态功能区的重要组成部分,两者皆为长江上游重要生态屏障的核心功能区和重要组成部分。

推动成渝地区双城经济圈建设,支持建设沿江生态廊道、加强三峡库区水土流失综合治理,一方面有助于成渝地区补齐生物种群减少、水土流失等生态短板;另一方面,统筹推进山水林田湖草系统保护,紧抓"山""水""林"三大关键词,进一步促进成渝地区生态优先、绿色发展,构建长江流域重要绿色廊道,形成优势区域重点发展、生态功能区重点保护的新格局,使成渝地区更好地维护长江经济带生态大局,承载建设长江上游生态屏障的重大使命。

(二) 打造具有"三生"特色的新型城市群

成渝地区处于长江上游,是维护国家生态安全的主战场。当前,成渝地区已形成以成都、重庆两大中心城市主城都市区为"双核"、以众多次级城市为支撑的城市群,经济总量、常住人口规模均占西部地区的 36% 左右,以不到全国 2% 的土地集中了全国 7% 的人口、贡献了全国 6.4% 的经济总量。推动成渝地区双城经济圈建设,将使得西部地区生态功能区人口进一步向城市群集

中，城镇化进程加快。由于人口等要素的空间集聚，"城镇"这一空间场景客观上被赋予了更多内涵。以往的城镇化发展为追求工业社会的极致效率，往往以牺牲生态环境为代价，而成渝地区双城经济圈建设，将深入贯彻落实以人为核心的新型城镇化理念，处理好"国土空间布局""区域协调发展"与"新型城镇化"三者关系，确保成渝地区在发展经济的同时，贯彻绿色开发理念，修复保留自然生态，将绿水青山交还城镇，实现"山""水""林""田""湖"的和谐共生。同时，宜居生活街区、工业规模生产、绿化生态景观将在成渝地区双城经济圈有机结合，使得"生活空间""生产空间""生态空间"三者和谐统一，一改以前低密度、松散型的城镇化扩张模式，构建高密度、紧凑型的集约化用地布局，破碎化的国土资源得到集约化利用，为"城镇开发边界""永久基本农田保护红线""生态保护红线"三根控制线腾出空间，促进国土空间格局的优化改善，提高土地使用效率。成渝地区双城经济圈将打造具有"生活""生产""生态"特色新型城市群，成为凸显集约化用地的新范例和重点保护生态功能区的新样板。

第四章

成渝地区双城经济圈建设的挑战和机遇

一、城市群是区域空间的新层级

城市群是城市化发展到成熟阶段出现的独特形式。理解城市群可以从地域空间和社会空间两个维度展开。其一，经济社会发展是城市群出现的基础，城市群地域空间内的城市之间的经济发展存在紧密联系；其二，城市群以一个或多个中心城市作为核心；其三，城市群由其地域空间内的不同等级、不同规模的城市构成；其四，中心城市与周围城市相互依存、相互制约，最终实现一体化发展。

笔者认为，城市群有以下基本特征：空间集聚性、跨行政区划、具有核心城市、区域整体性和高水平城市化。第一，空间集聚性。城市群中的诸多城市不是相互独立的，中小规模城市围绕一个或多个核心（中心城市）发展，从而形成一种空间集聚的特征。第二，跨行政区划。跨行政区划是推动城市群发展的一项重要保障。城市群里的城市保持其行政职能的独立，须借助城市群一体化协调发展机制才能实现城市群的发展。第三，具有核心城市。城市群至少有一个核心城市。由中小规模城市围绕一个或多个核心（中心城市）形成一种空间集聚，在这个空间范围内，核心城市具有较强的辐射作用和集聚作用。第四，区域整体性。城市群的中心城市与其周围城市的发展是相互依存、相互制约的，城市群内部存在紧密的经济关系。最初，城市与城市之间缺少联系，几乎是单个城市独立发展；之后，随着经济活动空间形态的演化，城乡之间联系开始增多，城市集聚作用、扩散作用逐渐增强；最后，城市化不断发展，城市之间经济社会互融互通，趋向一体化发展。第五，高水平城市化。城市化进程发展到成熟阶段会产生城市群。高水平城市化要求中心城市的高水平城市化，更要求城市群整体的高水平城市化。

（一）经济区、城市群、都市圈

随着经济社会的发展，世界各国的城市规模、城市与周边区域的联系在不断变化，单一的行政划分不能全面反映城市发展趋势，世界各国基于自身行政建制特色，提出不同的城市地域概念，如英国的 Conurbation，德国的 Urban Ballunsraume，法国的 Urban Agglomeration，美国的 Metropolitan Area，日本的都市圈等。区域经济本身就是地域范围的特色经济，我们应该考虑如何运用概念来解释当下中国城市群发展的问题。

都市区（Metropolitan Area，MA）概念首先由美国提出，都市区是由核心城区和邻近社区构成的一片区域，都市区人口总数不低于 10 万，核心城市人口不低于 5 万。判断一个邻近社区是否在都市区内，主要看邻近社区与核心城区的往来人口比例和其人口密度。比如，邻近社区往来于核心城区人口比例超过 50%、人口密度达到了每平方英里（1 平方英里≈2.59 平方千米）25 人以上，则认为这个邻近社区在都市区内。

都市圈具备一个或多个核心城镇，相邻城镇与核心城镇具有一体化倾向。核心城镇与相邻城镇组成的区域具有突出的圈层式特点，即相邻城镇将核心城市包围起来，形成一个类似于圆形的结构。在都市圈内有频繁的物流、资金流、信息流等。都市圈内的城市具备当日往返通勤的交通条件。都市圈的概念常用于描述我国平原城市群的发展变化[①]。

城市带是指位置邻近的城市沿交通路线形成一个带状城市群。城市带的经济活动集中在城市中心，而交通路线的两侧分布着大量的产业群[②]。

都市区、都市圈、城市带都是城市群形成的初始特征，具有各自独特的空间分布特征。大都市圈由若干个单核都市圈组合而成，具有多个核心城市，更接近现阶段的城市群概念。多个都市区、都市圈、城市带借助现代化先进交通技术互联互通，城市之间、城乡之间的联系极大增强，达到一定规模时就形成了城市群。

（二）城市群的形成和演变

世界经济发展具有全球化、区域化两大特征。世界各国的城市群在全球化

[①] 张京祥，邹军，吴启焰，等. 论都市圈地域空间的组织[J]. 城市规划，2001(5)：19—23.

[②] 戴宾. 四川区域发展战略的新思路[J]. 经济学家，2004（1）：120—121.

和区域化的推动与促进中形成和演变。

1. 全球化

人类的发展过程就是人类不断努力改善生活、满足需求的过程。这一过程,促进了城市的兴起与发展。城市具备的资源优势能够为人类实现自身发展提供难以替代的优势。随着经济社会发展,越来越多农村居民投身城市发展,这既是经济社会发展对人力资源配置的要求,也是人们满足自身发展理性选择[1]。美国公布了一项题目为"世界城市化前景展望"的研究报告,联合国公布了一项调查世界人口问题的研究报告。两项报告都充分反映出了人类生活方式在逐渐由农村生活方式转变到城市生活方式。调查结果显示,18世纪只有3%的人口在城市中生活,到19世纪提高到14%。随着人口大幅度增长和人类生活方式的转变,到2004年,全世界已有接近50%的人口在城市生活,到2007年,全世界城市人口则首次超过了农村人口。根据这个发展趋势,到2030年时,世界城市人口会达到60%。

发达国家和发展中国家的城市化进程与模式是存在差异的。在19世纪到20世纪初这段时间里,发达国家的城市化进程主要取决于工业化,随着工业化的推进,农村人口逐渐搬迁到了城市。换句话说,即城市人口的增长主要是因为移民增多,这就叫做人口转移城市化。对于发展中国家而言,移民是影响城市化进程的诸多因素之一。本文侧重于讨论城市化进程中的经济社会结构的转换。

2. 区域化

全球化与区域化并行不悖。全球化通过资本、人力、技术的共享,促进了资源的合理配置,推动各国经济的开放和市场化,提升各国经济之间的依赖度。部分国家和地区基于地理区域接近,组成了区域经济合作组织,为了区域的共同利益而开始实行经济联合,这是经济的区域化。关于全球化、区域化的关系,观点各异,笔者认为,经济区域化是通向经济全球化的必要发展阶段和过程。两者可能存在一些矛盾,但并非不可调和,可以协调发展。

经济全球化与经济区域化的主要区别在于范围和程度的不同。两者都需要人力、资本、技术等要素的跨国流动,从而使世界市场在一定程度上相互联系。因区域经济组织而形成的区域市场,也是国家之间通过区域要素的自由流

---

① 季曦,刘民权. 以人类发展的视角看城市化的必然性[J]. 南京大学学报(哲学·人文科学·社会科学版),2010,47(4):46—53+158.

动和优化配置而进行的经济合作。由于具备地理位置接近的优势，与世界市场相比，生产要素更容易在区域合作成员国之间自由流动。区域化不仅可以促进区域合作范围内国家间的经济合作，而且可以促进全球化的发展。经济区域化是经济全球化的基础。无论是全球经济合作还是区域经济合作，都要求国家经济主权在一定程度与范围的让渡。与经济全球化相比，区域化更注重一体化，可以有效地解决国家独立与市场全球化之间的矛盾，弥补经济全球化中贸易谈判体制多变的缺陷。

3. 城市区域化及城市群的出现

随着经济全球化，生产经营逐步网络化。在此基础上，全球城市和世界城市正在逐步崛起。区域经济发展到高级阶段，必然会出现城市区域化。城市之间的竞争日趋激烈，单个城市凭借自身资源难以在激烈竞争中占据优势地位，从而必然需要与周边城市紧密联系形成合力，逐步实现经济一体化。随着城市聚集能力不断增强，空间集聚趋势日益突出，大都市数量也迅速增加。大都市在经济社会发展中发挥着重要作用，其空间集聚作用越来越明显，在此过程中，城市空间组织形式发生了变化，城市群出现。

城市群的形成是在中心城市形成的基础上发生的。在中心城市集聚效应和辐射效应下，中心城市与周边城镇形成一定范围的数量和空间集聚，随着中心城市与周边城镇、城镇与城镇间的配合与联系的加强，城市群逐渐形成。

城市群是集聚效应和辐射效应共同作用的结果。一个城市的经济发展状况和功能类型直接影响着其自身在城市群中的地位。经济全球化的发展与城市群的发展是密切相关的。借助城市群来提高本国在国际竞争中的实力已经成为一种为各国广泛采用的手段。城市群的发展会给一个国家的国际竞争实力、国际地位造成相应的影响。

在经济全球化过程中，世界级城市有着不可或缺的作用。世界级城市能够实现区域内各个城市的有机结合，从而构建一个广阔的区域。世界级城市城市化水平高，在世界经济中发挥着关键性作用。其具有的辐射效应、集聚效应，能够使其所在的整个区域成为世界级核心。如以纽约、巴黎、芝加哥、上海等世界级城市为核心的城市群，现在都已经逐渐发展成了全球性的重要城市群。

（三）世界六大城市群的形成、演变与启迪

从城市群形成演化的角度看，城市群的区域空间结构取决于区域经济的发展。城市群的出现与城市化、工业化、经济全球化、世界经济中心转移等诸多因素密切相关。城市群最早形成于西欧、美国、日本等工业化国家和地区。

工业化与城市化最早发端于西欧。19世纪中期，英国是世界上经济最发达的国家。城市群最开始形成的地方就是伦敦地区，以伦敦为核心的城市群最后也毋庸置疑地成为世界级城市群。19世纪末期，美国逐渐在世界经济中崭露头角，到20世纪初，世界经济增长重心转移到了美国。在制造业崛起的背景下，美国出现了大片大片的城市群。19世纪六七十年代，世界经济增长中心转移到了亚太地区，日本依托跨越式城市群发展模式，在太平洋沿岸形成了典型的城市群。

目前，全球主要有6个大型城市群，分别在北美五大湖、日本太平洋沿岸、美国大西洋沿岸、中国长江三角洲、欧洲西北部和英国伦敦地区。美国大西洋沿岸的城市群，涵盖了5个主要城市，占地面积达到了138万平方千米，共有6500万人，城市化水平超过了90%。北美五大湖城市群中共有35个城市。日本太平洋沿岸的城市群主要由3个城市圈构成，涵盖了310个城市，人口高达7000万人，日本的国民收入也大部分来源于此。英国的城市群以伦敦为核心城市，包括英国最大的4个城市以及其他十几个中小城市在内，占地面积约45万平方千米，人口超过了3600万人。欧洲的西北部城市群，有40个城市的人口都超过了10万。其中法国城市群以巴黎为中心，其城市群分布成带状。荷兰的城市群呈环状分布，包括了3个大城市、3个中等城市以及其他各个小城市，城市之间的距离都不远，不超过20千米。

我国的长江三角洲城市群，其核心城市为上海，由2016年国务院发布的《长江三角洲城市群发展规划》可知，长江三角洲城市主要包括了以下这些城市：上海、南京、无锡、常州、苏州、南通、扬州、镇江、泰州、杭州、宁波、嘉兴、湖州、绍兴、舟山、台州、盐城、金华、合肥、芜湖、马鞍山、铜陵、安庆、滁州、池州、宣城等26市。通过查阅公开资料可以得知，长江三角洲城市群的面积为中国总面积的2.3%，共有2.25亿人，其地区生产总值为我国国内生产总值的25%，年研发经费支出和有效发明专利数均占全国1/3左右。长江三角洲城市群是我国"一带一路"和长江经济带交汇的地方，对于我国现代化建设有着关键性的作用，是我国进行国际竞争的一个重要平台，也是推动我国社会进步的主要动力，在长江经济带的发展中扮演着领头羊的角色，也是我国城镇化进程最快的地方。长江三角洲城市群的经济影响范围非常广，空运发达，而且具备了现代化的港口群，高速公路网四通八达。

二、城市空间、区域空间发展过程与特征

中国城镇体系伴随着城市空间和区域空间的转型而发展,城市群成为推动城镇化进程、促进社会经济增长的主要动力。城市群对于社会经济、区域产业布局、区域资源优化配置具有重要意义,对重塑区域经济发展方式具有深远影响,已成为推动国民经济和社会发展的重要引擎[①]。截至2019年,京津冀、长三角、珠三角、成渝等城市群以8%国土面积,集聚了全国32%人口总量,创造了44%的国内生产总值。

表4-1 四大城市群区域生产总值、常住人口、土地面积(2019年)

	区域生产总值(亿元)	常住人口(万人)	土地面积(平方千米)
成渝	65 060.44	10 070.94	239 550.00
长三角	197 349.33	15 533.48	213 795.00
珠三角	86 899.05	7 790.77	54 770.21
京津冀	83 765.51	11 051.84	214 859.03
全国	990 865.00	140 005.00	9 634 057.00

我国"十三五"规划明确提出,要推动城市群的构建,尽最大努力建设和长三角、珠三角一样的世界级城市群,除此之外,还要在全国范围内完成建设19个城市群的目标,将城市群的经济效果发挥到极致。2021年2月24日,中共中央、国务院印发了《国家综合立体交通网规划纲要》,对未来15~30年我国交通网络的建设目标和布局进行了规划。该文件首次把成渝地区双城经济圈和长三角等世界级城市群相提并论,提出构建包括成渝地区在内的国家综合立体交通网络和国际综合交通枢纽群的"四极"主体框架。根据规划,未来成渝地区的战略地位和交通状况将得到进一步改善。交通是发展国民经济的重要基础,这也意味着作为中国唯一的"内陆极",成渝地区在未来有很大的发展潜力。

随着城市化进程的加快,城市群之间的竞争逐渐激烈,开始出现资源配置不合理等问题,并由此而影响城市群的发展。为了使城市群能够得到一体化发展,《国家新型城镇化规划(2014—2020年)》明确指出提升东部城市群质

---

① 杨海华. 尺度重组视角下中国城市群空间重构探究[J]. 区域经济评论,2019(2):140—146.

量，同时对中西部地区的城市群进行合理的规划，使城市群的发展能够得到规范和优化。深入了解城市空间和区域空间的发展历程并总结心得，掌握城市群的发展趋势，从而掌握城市群的发展规律，有利于提高城市群的可预测性，促进城市群一体化发展。本节主要运用尺度重构理论探讨城市空间和区域空间的发展过程和特征。

（一）城市群的空间重构与尺度重组

国家、区域和城市是不同维度的空间尺度。在经济全球化的背景下，国家作为一个空间单位的作用被弱化，而区域和城市在经济全球化和区域化进程中的作用日益突出。梳理已有文献发现，Smith（1992）在对美国北部核心城市进行研究的时候就注意到了空间重构这一问题。随后，Brenner（1999）着眼于欧盟城市治理，借助案例分析法对全世界范围内的空间重构和地域化关系进行了研究。中国学者借用尺度重组框架初步探讨中国城市体系空间重构及中国区域发展特征[1][2][3]。罗小龙等（2009）探讨了南京都市圈构建主体和管治的问题。研究认为，从参与主体来看，南京都市圈管治结构是由政府主导、非政府部门及私营部门共同参与的多主体结构。庞玉萍等（2014）对中原经济区的形成与发展进行了深入的探究，他们认为，与国外空间重建不同，中国空间重构的主要特点是以国家区域发展战略为指导。马学广等（2016）对山东半岛蓝色经济区构建和发展模式展开了分析。以尺度重组理论和政治学观点为基础进行空间重构研究已经成为目前学术界的一个热潮。

1. 空间重构、尺度重组及两者之间的关系

（1）空间重构

所谓空间重构，实际上就是地域空间重构，指的是对物理空间范围或者距离进行合理的完善。随着这一层面的空间重构，以物理空间为基础的经济关系也需要进行重组，经济社会关系也会随之对地域空间产生相应的影响。当经济社会关系被影响和发生变化之后，权利也就需要重新进行合理的配置，形成了

---

[1] 王博祎，李郇. 深港边界地区的尺度重组研究——以前海地区为例 [J]. 人文地理，2016，31（3）：88—93.

[2] 魏成，沈静，范建红. 尺度重组——全球化时代的国家角色转化与区域空间生产策略 [J]. 城市规划，2011，35（6）：28—35.

[3] 罗小龙，沈建法，陈雯. 新区域主义视角下的管治尺度构建——以南京都市圈建设为例 [J]. 长江流域资源与环境，2009，18（7）：603—608.

治理结构的重构。可见，空间重构主要包含了两大内容，那就是社会空间的重构和区域空间的重构。所谓空间重构，指的是先去区域化，然后再区域化。去区域化是指人力、资金、技术等要素发生变化，从而使得流动空间的流动性加强，社会空间与区域空间开始一分为二，区域空间逐渐被替换成要素流动空间，最后导致行政界线逐渐模糊，最后界线消失。这里所说的再地域化，指的是通过调整之前的、稳定的空间结构，在新的经济空间和社会空间中建立一个崭新的空间。

（2）尺度重组

尺度可以判断某个地理景观的分化情况，以识别特定的区域空间。也就是借助尺度测量去判断区域空间中的地理分化情况，同时准确刻画地理景观中的权利秩序，从而使该区域空间区别于其他空间，成为一个特定的空间。就社会科学研究的理论而言，尺度不仅是衡量空间的尺度，也可以用来对其他经济社会关系进行测量。因此，从社会科学研究角度来看，尺度包含两个层面的功用，一方面，尺度可以衡量某一个区域内的物理层面的空间；另一方面，尺度还可以衡量经济社会关系层面的空间。

尺度重组借助尺度去对空间进行重新构建，解读区域空间中的制度、权力和社会关系，并从尺度的特点、边界的划分、管理模式、权力配置等方面进行分析。Brenner认为根据维度不同，尺度重组可以划分成两种，一种是国家尺度重组，另一种是城市尺度重组。前者指的是权力在国家空间层面的重组和分化，最后会迎来两种局面：一种是把一些权力分配给欧盟或者世界银行这种国际组织；另一种是把一些权力分配给地区政府和城市政府。城市的尺度重组指的是城市给全球经济造成影响，从而推动城市群形成，并使城市群以及世界城市体系能够得到合理的调整。

（3）空间重构与尺度重组的关系

随着经济全球化的进行，空间重构和尺度重组这两种现象是肯定会发生的。空间重构引发尺度重组，紧接着尺度重组也会对空间重构产生相应的影响。两者紧密联系、交织在一起，一起贯穿于空间发展的整个过程中。城市的尺度重组主要包含了这几个步骤：先是形成区域，然后城市体系得到相应的发展，从而促进城市空间结构的优化和转型；城市的尺度重组有效推动了区域空间的重组速度。国家的尺度重组通常包括了制度重组和权力重组，通过尺度重组，国家可以有效地进行空间治理。

2. 城市群：一个新的尺度重组的过程

随着经济全球化的快速发展和资本的扩张，城市组织和构建了新的区域空间，形成了类似城市群的新的区域结构。目前，城市群已成为区域经济发展的新动力，并成为各国参与国际合作国际竞争的重要平台。城市群一方面是城市的尺度重组，另一方面也是国家的尺度重组。

（1）城市群是城市的尺度重组

城市是资本、技术及人力资源等多种生产要素区域化发展的重要表现形式及载体。城市以基础设施为基础，提供从生产到消费的外部条件，促进生产要素发展的区域化。随着资本的积累和扩张，城市空间（物质空间、社会治理空间）的局限性已不能满足聚集到一定程度的资本的进一步扩张。城市若想持续发展及扩张资本，去区域化及再区域化就是很有必要的选择。所以，去区域化及再区域化促进了城市群的产生。

城市空间的局限性不仅包括城市地域空间的局限性，还包括城市社会治理空间的局限性。因此，城市群去区域化及再区域化的范围还应包括城市群的区域空间和社会治理空间。

从地域空间的角度看，对城市的功能按区域来进行优化和配置，将城市的空间开辟得更广阔，打破行政区域划分的限制，也是城市群出现的基础。从社会治理空间的角度看，城市群的形态是一种在城市的政治、社会及经济空间之中重新建构的形态，它表示某些地区的经济社会关系将获得再次组合，对权力的安排将再次获得优化，社会资本网络将同其逐渐地相互适应，从而促进城市群的发展，打造新的格局，促进城市的区域化发展。

（2）城市群是国家的尺度重组

城市群的出现与发展是对社会空间的治理进行再次构建的表现，在如今的经济发展全球化及区域发展一体化的背景下，城市群的发展受到越来越广泛的关注，其在国家的发展中起到不可忽视的作用，可以说，推动城市群发展是促进国家发展的一条重要的途径。我国的城市群朝着空间范围内规模化的方向发展，譬如通过成立相关的委员会等，对城市群的发展进行规划发展，进而打造一种一体化、区域性的经济社会发展的框架结构。在对城市群的政府关系进行治理方面，我们不仅注重中央及地方政府在职能及权力方面的分工和协作，也十分注重通过打造地方政府联席会议等形式，在行政方面建立协调机制，从而促进地区的协调发展，打造有助于城市群发展的权力运行机制。

（二）中国城市群地域空间形态的重构

城市群是对城市的一种良好组合，它的发展是同城市的运行机制相联系的，随着我国经济的发展，我国城市在社会治理的区域及空间等方面都出现了不同以往的变化。此时出现的尺度重组，可分为三个层次。首先是在城市内部，城市的空间结构及形态方面都出现了改变；其次是我国城市体系逐渐同世界体系相联系；最后是世界范围的城市体系在全球范围内的竞争越来越激烈。

尺度重组使城市从单一空间变成"全球—国家—区域"一体化空间。城市内部尺度、国家尺度和全球尺度的重组，将推动形成不同的组织形式，完成生产发展任务。在城市内部尺度方面，城市将继续区域化，多中心城市区域和新工业区将不断出现，城市发展的最终模式是城市群；在全国尺度方面，城市群的发展将不断成熟并不断培育新型次区域性的城市群，从而打造不同的城市群发展圈，形成我国国家层别的城市群，并在条件具备下跃升为世界级城市群；在全球尺度方面，众多城市群的出现将促进一体化发展需求的出现，同时，由城市群发展而形成的经济带将对国家及世界经济的发展格局产生重要的影响。

在城市尺度重组的基础上，不断明确城市区域化发展的规律，也就是从城市发展到城市群，再发展到群经济带的过程，但是需要不断明确的是，要通过对城市群发展的分析，了解城市群的发展所经历的裂变及聚变过程。裂变的过程代表某个城市群不断走向成熟，裂变出次级的、全新的、区域化的城市群。而聚变的过程表示众多的城市群根据当地的发展需求结合成经济带进行发展，城市群逐渐体现出朝向经济带或次城市群的发展趋势，城市发展的框架及多尺度、重叠式的发展格局愈发突出。

1. 从城市到城市群：一个由量变到质变的过程

生产要素相互结合是促进城市发展的内部驱动力，但是也应注意到，城市中经济的聚集水平并非越高越好，假若城市发展的规模不能同空间的承载力相匹配，尤其是超出城市空间的承载力，城市则会出现各种弊病，譬如交通堵塞、环境治理难度增加以及社会治安难度提高等，城市空间边界没有秩序地扩张将造成一系列城市病的出现，人口的无限增长以及资源的有限性之间的矛盾将制约城市的发展。城市群是城市发展到特定阶段的产物，其具有很强的发展普遍性。自"十一五"以来，我国的发展重心不断变化，空间政策逐渐从沿海向内陆倾斜，发展趋势也逐渐从条状向块状变化。城市群的发展具有密度高、增长速度快及强度大的特性。我国城市在发展过程中逐渐向周围农村扩张，城市内部的区域发展也出现了质变，外加城市群中各个城市在资源禀赋及经济社会发展方面的基础存在差异，便造成了城市的发展在空间上出现越来越大的差异，从而导致城市群的空间分化。在这种状况下，城市群的一体化发展越来越符合我国经济发展的需求。

2. 从城市群到次区域城市群：一个成熟型城市群的裂变

在城市群走向成熟的过程中，城市群往往朝着由成熟城市群和次区域城市群构成的多层次空间嵌套结构的方向发展。次区域城市群离不开成熟的城市群，因为它是成熟城市群发展到一定阶段的产物，但是成熟的城市群在长期整合、分化并不断孵化的过程中，是一个相对封闭的城市有机系统。并非所有的城市群都会经历形成全新的次区域城市群的过程，这些次区域城市群需要特定的生成要素。从我国城市群发展的过程及程度来看，除了长江三角洲城市群、珠江三角洲城市群等发展程度较为成熟的城市群外，绝大多数的城市群都不具有分化出次区域城市群的基础。拿长江三角洲城市群举例，长江三角洲城市群是最先发展成为世界级别城市群的中国经济区域，其所打造的网络格局以上海为中心，扬子江及杭州湾城市群都是我国长江三角洲城市群的次区域城市群，这些城市群的平均城市化水平在70%以上。扬子江城市群同杭州湾城市群不管是在城市的级别方面，还是在规模或者数量上，都在其经济圈内发挥着重要的作用。

3. 从城市群到经济带：多个城市群的聚合

经济带是由众多城市群联合而成的带状经济区域。经济带的出现，加强了城市群的整合，促进了城市之间关系的优化，有助于打造更高水平的发展平台，促进城市群之间的功能与利益互补，从而推动区域内城市的共同发展，经济带这一概念可以追溯到"点一轴理论"，该理论为陆大道于20世纪提出。经济带和城市群的发展均要求跨行政区划及交通空间网络，二者在概念上存在很强的同一性。但是，经济带的发展同城市群的发展亦存在差异，其具有很明显的自身特性。

经济带是由多个城市群发展而来的，其体现出城市群空间尺度上的转变。城市带更为关注规模不同的城市群的发展向一体化发展，所以，其在地理方面存在很强的跨越区域限制的特点，具有更为广阔的外延。譬如长江经济带的范围包含11个省（市），其所占的土地面积超过200万平方千米，为我国国土总面积的20%以上。长江经济带将我国内陆中经济发展最好的武汉及成都地区同沿海区域连接起来。长江经济带腹地覆盖全国近一半地区，资源丰富，经济基础殷实，其交通运输方式为包含水运在内的综合性运输方式，发展潜力巨大，其经济发展水平为除我国的沿海经济带以外的其他地区所不能比拟的[①]。

从发展水平看，几个城市群彼此间形成合力，有助于缩小区域内的发展差距，促进城市群之间的一体化发展，从而对一个国家的经济地理格局进行重塑，进而推动地缘政治经济格局的转变。长江经济带集合了长江沿线几个城市群的发展能量，可以有效加强几大城市群之间的互动与合作，全方位促进我国沿海、沿边和沿江地带向更深层次发展，更进一步推动区域内经济的发展，促进我国经济朝向更高质量发展。

(三) 中国城市群社会空间治理的重构

在对权力进行配置时，要对行政区划及管理体制等进行适当的调整，以经济带等为主要模式的发展框架，其实质就是将不同的空间进行重叠和互相嵌入。在城市发展的过程中，一定要注意对"城市病"进行解决，城市病出现的根源在于区域内经济社会关系的结构变得零散、相互交织，导致不和谐及不能适应经济社会发展的需要。因此，要对城市群的社会空间治理进行重新建构，打造同这一区域发展模式相符合的经济社会关系，从而使城市的社会空间治理具有稳定性及可持续性，同城市群发展的阶段相吻合。城市群在社会空间治理上具有多方面的特点，譬如一体化治理及融合治理等，我国很多城市群的发展阶段不同，将发展程度不同的城市群同时加入某一发展空间，可以加快城市群的发展速度，但也会加大城市社会空间治理的重构难度。

1. 从城市到城市群：行政区治理

行政区的经济是我国城市群出现和发展的重要基础，其很大程度上影响了我国城市群发展的特点。首先，政府在城市群的发展过程中具有主导性作用，是我国城市群在较短时间内获得快速发展的重要推动力。但是，城市群的出现及发展都具有很强的规律性，假如政府对城市群的发展严加干涉并忽略城市群发展的规律，单纯为促进城市群的发展而过度扩张，那么，城市群的发展就会出现一些问题，譬如发展水平较低、综合开发程度低、再次建设、对资源的耗费、环境的恶化等。其次，在如今的行政区域经济模式下，政府在城市群的发展中发挥特定的作用，其能够在一定的地理范围中管理本辖区的事务。政府的决策能够在很大程度上影响地方利益，如此将在很大程度上造成城市群内

---

① 陆大道. 建设经济带是经济发展布局的最佳选择——长江经济带经济发展的巨大潜力 [J]. 地理科学，2014，34 (7)：769—772.

各级政府的不良竞争。行政边界可以影响要素流动及市场统一，在城市群中存在众多独立的政府机构，其能够同我国城市群发展的初始阶段相吻合。但是，随着我国城市发展的水平越来越高，政府的不当管理将造成行政区及经济区之间的矛盾发生，使得行政区域经济模式的弊端愈来愈明显。由此而生的经济社会问题，都将对城市群中社会问题的解决造成困难。

2. 从城市群到次区域城市群：区域融合治理

随着城市群中公共事务的多样化及复杂化，单一的行政区政府不能够达成城市群治理的目标。所以，区域之间的融合发展是同城市群的发展现实相适应的。但是，区域的融合发展需要同行政区划有所分离，这是城市群发展所面临的一个很现实的问题。如此，城市群的各行政区划之间便存在一定的利益障碍。所以，只有增加城市群各级政府在其中的协调性，对城市群内部的竞争及合作关系进行优化，才能在很大程度上促进城市群之间的联合发展，进而摆脱掉行政区划在其中的束缚。政府在其中是否具有很好的协调性，关键在于突破行政区划的限制及以往的碎片化治理模式。若要理顺不同行政区划的政府之间的关系，就要促进地理、行政、经济等便捷的联合。区域之间的融合治理将推动城市向成熟化进发。

城市群政府功能主要是通过对政府进行合并和对政府的职能进行整合这两方面来实现的。首先，在对行政区划重新组合的同时合并相应的地方政府，传统的区域主义主张通过对市及县进行划片重组，打造区域内的新的政府，从而降低原有的各地政府之间的不良竞争。区域性政府在公共服务方面存在一定程度的经济效益，可以更好地推动城市群经济的发展。对行政区划进行重新组合被认为是促进我国城市群发展的关键力量，有学者以我国的京津冀以及长三角等地区为例来进行验证分析，采用实证的方式进行检验，认为对区域进行合并有助于在一定程度上弥补城市群零散化发展的不足。以我国城市群发展的实践为基础，对行政区域进行重新划定是一种较为基础的行政手段，新的行政区划基本上是同我国的城市群的发展相吻合的。尽管这种方式具有一定的阻力及成本，存在许多负面影响，可是在如今的经济模式下，其依然是解决城市群发展过程中空间不协调问题的重要手段。其次，政府职能的统一，表明这种方式仅仅是改变了政府的行政模式，也就是对城市群的政府进行重新配置和分工。所以，对这种方法进行推广，其成本是较小的，所面临的阻力也是比较小的。

3. 从城市群到经济带：区域一体化治理

城市群一体化是城市群发展的高级阶段。通过城市群一体化，在城市群内部和城市群之间形成区域利益共同体，利用整体化的思维，对城市群的发展框架进行构造，优化各个区域的发展主体的利益，从而促进城市群的整体化发展。如今，我国城市群的发展就是以整体化为发展目标，以带串群的发展模式，更加强调城市群发展的系统、整体及层次性。

经济带的发展通常是具有导向性的，其更加地依附于政府在其中的主导性，中央政府在经济带的发展过程中具有重要的作用，其通过政策的制定与调整，可以保障经济带中各个城市群发展的一致性。我国经济带的发展尚处于初始阶段，对经济带的职能定位尚有不清晰之处，在这方面的引导性是较为薄弱的。

以我国的长江经济带举例。在长江经济带的发展过程中，政府的导向发挥着非常强大的作用。从城市群的发展来看，长江经济带的许多城市在发展规划方面存在很大的相似性，其治理思路是相似的，但缺少对不同城市发展的差异性及阶段特征的思考，在规划的过程中时常出现盲目竞争的状况。鉴于此，在城市的建设过程中，一定要发挥中央政府的宏观调控作用，通过设置一个整体性目标，将区域内经济同环境及社会等因素进行整体考量，来打造特色鲜明的城市发展模式。譬如，首先，要注重长江三角洲在全球范围内的影响程度及其在长江经济带中的带头作用；其次，要充分地考虑长江经济带中各城市群发展的差异及特点，从宏观角度把握好城市群的发展，最大限度地避免城市群发展过程中同质化竞争及一体化发展不相协调的状况出现。

三、成渝地区双城经济圈与国内外城市群的比较分析

（一）成渝地区双城经济圈与国外城市群的比较分析

目前世界上已经形成六大世界级城市群。包括以纽约为中心的美国东北部大西洋沿岸城市群、以芝加哥为中心的北美五大湖城市群、以东京为中心的日本太平洋沿岸城市群、以巴黎为中心的欧洲西北部城市群、以伦敦为核心的英国东南部城市群、以上海为中心的长三角城市群。

世界级城市群涉及多个国家、地区和城市，由于各国数据统计口径不同、标准不一致，数据可获得性较差。本节遵循数据的可获得性、可靠性、代表性

原则，借鉴已有研究①，从城市分布密度、人口规模、经济地位、国际影响力、内部联系五个方面分析成渝地区双城经济圈与国外五大世界级城市群的差距。

从城市分布密集指标看，世界级城市群的城市建成区面积不低于 5 万平方千米。从人口规模指标来看，世界级城市群城镇人口规模大于 2500 万人且人口全国占比达到 15% 以上。从经济指标来看，世界级城市群地区生产总值大于 2 万亿美元、占本国国内生产总值总量的 15% 以上、人均生产值达到 3 万美元以上。从国际影响力看，世界级城市群包括 1 个或 1 个以上全球城市、1 个或 1 个以上国际贸易大港、核心城市的"福布斯全球企业 2000 强"企业总部集聚度在 50 以上②。从内部联系看，利用人均地区生产总值的标准差变异系数③，衡量城市群内部一体化程度，根据对世界级城市群的测算结果，取一般值 0.36 为标准。

根据 2019 年数据估算，成渝地区双城经济圈主要指标如下④：（1）总面积超过 18 万平方千米。（2）常住人口超过 11 000 万人，占全国 8%。（3）地区生产总值为 1.03 万亿美元，占全国 7%，人均地区生产总值为 8980 美元。（4）成都正在向"世界城市"冲刺。（5）内部联系密切度⑤约为 0.35。

将成都、重庆与国外的世界五大城市群的核心城市纽约、东京、巴黎、伦敦、芝加哥比较来看。（1）从经济总量上看，成都、重庆的地区生产总值不足五大核心城市均值的一半。（2）根据中国社会科学院和联合国人居署联合课题组联合发布的《全球城市竞争力报告（2020—2021）》《全球城市竞争力报告

---

① 王利伟. 京津冀距离建成世界级城市群有多远——基于熵值模型方法［J］. 宏观经济研究，2019（9）：142—152.

② 唐子来，李粲. 迈向全球城市的战略思考［J］. 国际城市规划，2015，30（4）：9—17.

③ 标准差系数是将标准差与相应的平均数对比的结果。标准差和其他变异指标一样，是反映标志变动度的绝对指标。它的大小，不仅取决于标准值的离差程度，还决定于数列平均水平的高低。因而对于具有不同水平的数列或总体，不宜直接用标准差来比较其标志变动度的大小，而需要将标准差与其相应的平均数对比，计算标准差系数，即采用相对数才能进行比较。

④ 数据来源：《中华人民共和国 2019 年国民经济和社会发展统计公报》《2019 年四川省国民经济和社会发展统计公报》《2019 年重庆市国民经济和社会发展统计公报》。

⑤ 内部联系密切度指标根据 2019 年成渝双城经济圈人均地区生产总值计算获得。

（2019—2020）》，从经济竞争力①的角度来看，成都、重庆与纽约、东京、巴黎、伦敦、芝加哥差距较大。在全球城市经济竞争力排名中，纽约排名第1、东京第3、伦敦第4、巴黎第8、芝加哥第32、成都第107、重庆第196。

综上所述，成渝地区双城经济圈与国外的世界级城市群的差距主要体现在：经济总量不够、人均产值差距较大、城市群一体化程度有待提高、缺乏具有国际影响力的核心城市。

（二）成渝地区双城经济圈与国内城市群的比较分析

1. 指标体系、研究方法与数据来源

（1）指标体系构建

本节拟从经济发展水平、城市发展水平、创新能力、金融服务、服务规模、交通便利度、对外开放、共享福祉等8个方面构建成渝地区双城经济圈发展评价指标体系，体系包含24个二级指标，见表4-2所列。

表4-2 成渝地区发展能力评价指标体系

一级指标	二级指标及单位	属性
经济发展水平	地区生产总值总量（亿元）	正向
	地区生产总值增长率（%）	正向
	人均产值（元）	正向
	经济密度（亿元/平方千米）	正向
城市发展水平	年末常住人口（万人）	正向
	城镇化率（%）	正向
创新能力	研发投入（亿元）	正向
	每万人专利授权数（项/万人）	正向
	每万人发明专利授权数（项/万人）	正向
	每亿元研发经费的专利授权量（项/亿元）	正向
	规模以上工业企业数量（个）	正向
	普通高等院校数（个）	正向
	"双一流"高校数量（个）	正向

---

① 城市经济竞争力是指在经济全球化发展过程中，城市凭借以自身资源禀赋、要素、生态为基础所形成的相对经济优势，不断吸引、控制、转化资源及占领、控制市场，更多、更高效、更快地创造价值，从而不断为其居民提供福利的能力。

续表

一级指标	二级指标及单位	属性
金融服务	金融机构本外币存款余额（亿元）	正向
	金融机构本外币贷款余额（亿元）	正向
	原保险保费收入（亿元）	正向
服务规模	第三产业占比（%）	正向
交通便利度	全年货物周转量（亿吨千米）	正向
	全年旅客周转量（亿人千米）	正向
对外开放	实际使用外商直接投资额（不含银行、证券、保险领域）（亿元）	正向
	进出口总额（亿元）	正向
共享福祉	城镇职工基本养老保险参保人数（万人）	正向
	卫生技术人员数（万人）	正向
	高速公路里程（千米）	正向

（2）研究方法

结合对特定地区进行发展能力评价的研究目的，本文选取熵值法对成渝地区的发展能力进行分析，具体步骤如下。

第一步，对指标进行标准化，由于指标均为正向指标，标准化公式为式（1），X_j 表示第 j 个指标，$\max\{X_j\}$ 表示指标 j 中的最大值，$\min\{X_j\}$ 表示指标 j 中的最小值，$X_{i,j}$ 表示标准化以后的第 j 个指标中的第 i 个样本。

$$x_{ij} = \frac{\max\{X_j\} - X_j}{\max\{X_j\} - \min\{X_j\}} \quad (1)$$

第二步，计算第 j 个指标中，第 i 个样本标志值的比重，如式（2）：

$$p_{ij} = \frac{x_{ij}}{\sum_i x_{ij}} \quad (2)$$

第三步，计算第 j 个指标的熵值，如式（3），其中 m 表示指标 j 共有 m 个样本量。

$$e_j = -\frac{1}{\ln m} \sum_i (p_{ij} \times \ln p_{ij}) \quad (3)$$

第四步，定义第 j 个指标的差异程度，如式（4）。

$$d_j = 1 - e_j \quad (4)$$

第五步，定义权重，如式（5）。

$$w_j = \frac{d_j}{\sum_j d_j} \tag{5}$$

最后,计算出综合评分,如式(6)。

$$DE_j = \sum_j w_j p_{ij} \tag{6}$$

(3)数据来源

长三角、珠三角和京津冀是我国综合实力最强的三大城市群,将成渝地区与三者的发展能力进行比较,有助于成渝地区认清差距,识别短板。因此,选取 WIND 数据库、《中国统计年鉴》、《中国城市统计年鉴》及各地发布的国民经济和社会发展统计公报中成渝地区、长三角、珠三角和京津冀 2019 年的相关数据作为样本,旨在将成渝地区双城经济圈与长三角城市群、珠三角城市群、京津冀城市群对比,分析成渝地区双城经济圈的比较优势及短板、挑战与机遇。

2. 评价结果与分析

(1)发展能力比较

根据上述计算步骤,对成渝地区、长三角、珠三角、京津冀 24 个指标的数据进行相关处理,依据熵值法计算子系统各个指标权重(见表 4-3),计算出各城市竞争力子系统得分,得到各地区城市发展能力综合得分(见表 4-4)。

表 4-3 成渝地区、长三角、珠三角、京津冀发展能力评价指标及权重

一级指标	二级指标及单位	二级指标权重			
		成渝地区	长三角	珠三角	京津冀
经济发展水平	地区生产总值总量(亿元)	0.043 0	0.033 7	0.040 1	0.046 4
	地区生产总值增长率(%)	0.004 2	0.003 2	0.008 8	0.004 1
	人均产值(元)	0.013 4	0.015 3	0.018 5	0.024 9
	经济密度(亿元/平方千米)	0.074 4	0.034 5	0.039 9	0.028 7
城市发展水平	年末常住人口(万人)	0.010 7	0.023 4	0.033 3	0.018 9
	城镇化率(%)	0.012 4	0.009 5	0.009 6	0.006 9

续表

一级指标	二级指标及单位	二级指标权重			
		成渝地区	长三角	珠三角	京津冀
创新能力	研发投入（亿元）	0.048 0	0.051 7	0.042 1	0.070 3
	每万人专利授权数（项/万人）	0.027 6	0.015 2	0.024 5	0.047 1
	每万人发明专利授权数（项/万人）	0.039 9	0.016 9	0.027 3	0.057 9
	每亿元研发经费的专利授权量（项/亿元）	0.009 1	0.073 2	0.066 9	0.017 6
	规模以上工业企业数量（个）	0.036 1	0.020 6	0.027 4	0.019 3
	普通高等院校数（个）	0.043 4	0.049 2	0.066 6	0.031 8
	"双一流"高校数量（个）	0.082 4	0.125 2	0.131 1	0.095 5
金融服务	金融机构本外币存款余额（亿元）	0.051 3	0.055 1	0.044 4	0.063 6
	金融机构本外币贷款余额（亿元）	0.058 2	0.046 2	0.047 6	0.055 5
	原保险保费收入（亿元）	0.036 2	0.042 7	0.044 2	0.038 3
服务规模	第三产业占比（%）	0.013 5	0.023 1	0.034 3	0.010 8
交通便利度	全年货物周转量（亿吨千米）	0.067 6	0.115 7	0.096 6	0.017 8
	全年旅客周转量（亿人千米）	0.071 3	0.059 1	0.032 9	0.082 3
对外开放	实际使用外商直接投资额（不含银行、证券、保险领域）（亿元）	0.084 0	0.043 9	0.037 6	0.034 1
	进出口总额（亿元）	0.071 6	0.065 3	0.037 4	0.071 1
共享福祉	城镇职工基本养老保险参保人数（万人）	0.023 2	0.037 8	0.031 0	0.051 5
	卫生技术人员数（万人）	0.043 2	0.030 7	0.036 4	0.037 4
	高速公路里程（千米）	0.035 2	0.008 8	0.021 2	0.068 1

表 4-4 成渝地区、长三角、珠三角、京津冀发展能力综合得分

成渝地区		长三角				珠三角		京津冀	
地区	得分	地区	得分	地区	得分	地区	得分	地区	得分
成都	0.449 1	上海	0.273 5	泰州	0.015 2	广州	0.441 2	北京	0.529 1
重庆	0.302 1	南京	0.122 5	镇江	0.013 5	深圳	0.226 4	天津	0.214 0
绵阳	0.044 1	苏州	0.074 1	湖州	0.013 3	佛山	0.070 0	石家庄	0.058 7
德阳	0.026 7	杭州	0.069 1	芜湖	0.012 4	东莞	0.066 4	唐山	0.040 3

续表

成渝地区		长三角				珠三角		京津冀	
地区	得分	地区	得分	地区	得分	地区	得分	地区	得分
南充	0.022 5	宁波	0.053 0	马鞍山	0.010 4	肇庆	0.062 7	保定	0.027 2
泸州	0.020 7	合肥	0.047 0	安庆	0.008 0	珠海	0.045 5	沧州	0.022 1
宜宾	0.020 2	无锡	0.041 3	滁州	0.007 6	惠州	0.035 3	秦皇岛	0.021 4
乐山	0.016 2	扬州	0.039 7	池州	0.004 9	中山	0.027 6	廊坊	0.018 0
雅安	0.015 8	金华	0.038 1	宣城	0.004 7	江门	0.025 0	邯郸	0.017 6
达州	0.015 5	南通	0.025 2	铜陵	0.002 7			邢台	0.016 1
眉山	0.014 1	台州	0.024 6					张家口	0.016 1
自贡	0.013 8	绍兴	0.022 1					承德	0.010 7
内江	0.012 5	常州	0.021 9					衡水	0.008 7
遂宁	0.010 7	嘉兴	0.020 5						
广安	0.009 0	舟山	0.017 8						
资阳	0.007 0	盐城	0.016 6						

注：各区域之间按照城市得分降序排列。

根据表4-4的发展能力综合得分，各个区域内部大致可以分为四类城市，即强发展能力城市（>0.1）、较强发展能力城市（0.04~0.1）、一般发展能力城市（0.02~0.04）、较弱发展能力城市（<0.02），见表4-5所列。

表4-5 成渝地区、长三角、珠三角、京津冀城市分类情况

城市类别	成渝地区	长三角	珠三角	京津冀
强发展能力城市	成都、重庆	上海、南京	广州、深圳	北京、天津
较强发展能力城市	绵阳	苏州、杭州、宁波、合肥、无锡	佛山、东莞、肇庆、珠海	石家庄、唐山
一般发展能力城市	德阳、南充、泸州、宜宾	扬州、金华、南通、台州、绍兴、常州、嘉兴	惠州、中山、江门	保定、沧州、秦皇岛

续表

城市类别	成渝地区	长三角	珠三角	京津冀
较弱发展能力城市	乐山、雅安、达州、眉山、自贡、内江、遂宁、广安、资阳	舟山、盐城、泰州、镇江、湖州、芜湖、马鞍山、安庆、滁州、池州、宣城、铜陵		廊坊、邯郸、邢台、张家口、承德、衡水

综合成渝地区、长三角、珠三角、京津冀发展能力得分和城市分类情况，可以看出，成渝地区双城经济圈区域内部的发展差距很大。毋庸置疑，成都、重庆是成渝地区双城经济圈发展的龙头，但是较强发展能力城市仅有绵阳市一个，而较弱发展能力城市占成渝地区双城经济圈的大多数，这些地区由于历史、地理、文化等各方面因素导致的经济社会发展较为滞后。相比成渝地区双城经济圈，长三角、珠三角、京津冀城市群区域内部的发展差距明显较小，各区域内，除了发展龙头城市以外，较强发展能力城市均不止一个，并且一般发展能力城市较多。在四个区域中，珠三角城市群发展差距最小，区域内并没有较弱发展能力城市。

（2）发展能力分维度比较

对成渝地区、长三角、珠三角、京津冀发展能力进行分维度比较，见表4-6所列。

表4-6 成渝地区、长三角、珠三角、京津冀发展能力分维度比较

发展能力维度	成渝地区	长三角	珠三角	京津冀
经济发展水平	0.135 1	0.086 7	0.107 4	0.104 2
城市发展水平	0.023 1	0.032 9	0.042 9	0.025 8
创新能力	0.286 7	0.352 0	0.386 0	0.339 6
金融服务	0.145 6	0.143 9	0.136 2	0.157 2
服务规模	0.013 5	0.023 1	0.034 3	0.010 8
交通便利度	0.138 9	0.174 8	0.129 5	0.100 1
对外开放	0.155 6	0.109 2	0.075 0	0.105 2
共享福祉	0.101 6	0.077 3	0.088 6	0.157 0

从分维度指标来看，成渝地区的优势是经济发展水平和对外开放两个方面，金融服务、交通便利度和共享福祉是发展的相对优势，劣势是城市发展水平、创新能力、服务规模。

第四章 成渝地区双城经济圈建设的挑战和机遇

从经济发展水平上看（见表4-7），成渝地区的地区生产总值和人均产值远不及其他三个区域，长三角的地区生产总值最大，达到197 349.3亿元，珠三角的人均产值最大，达到122 740.4元，成渝地区的经济密度在四个区域中位列第三，仅为0.83亿元/平方千米，说明成渝地区单位土地经济产出较低下，而珠三角地区达到3.11亿元/平方千米，是成渝地区双城经济圈的约3.7倍。但是成渝地区的发展水平得分排名第一，其原因在于2019年的地区生产总值增长率高于其他三个区域，说明成渝经济发展潜力巨大。成渝地区、长三角、珠三角、京津冀的地区生产总值平均增长率分别为7.7%、6.7%、5.6%、6.6%。

表4-7 成渝地区、长三角、珠三角、京津冀的经济发展水平

地区	地区生产总值（亿元）	地区生产总值增长率（%）	人均地区生产总值（元）	经济密度（亿元/平方千米）
成渝	65 060.44	7.70	51 868.56	0.83
长三角	197 349.30	6.70	112 268.80	1.08
珠三角	86 899.05	5.62	122 740.80	3.11
京津冀	83 765.51	6.62	59 025.26	0.47

从对外开放上看，由于地理位置的限制，成渝地区的进出口总额在四个区域中排在最后，但是外商直接投资额位列第一，说明成渝地区的优势在于吸引外资的能力强。成渝地区应该充分利用该优势，积极吸引外资，扩大对外开放能力，为建设成为世界一流的经济区打下良好的基础。

表4-8 成渝地区、长三角、珠三角、京津冀的对外开放水平

地区	外商直接投资额（亿元）	进出口总额（亿元）
成渝	6 876.60	12 499.16
长三角	4 750.15	107 672.10
珠三角	1 459.98	68 218.79
京津冀	347.34	40 180.76

从金融服务、交通便利程度和共享福祉上看，成渝地区的金融服务和共享福祉得分仅次于京津冀地区，交通便利程度得分仅次于长三角地区，说明金融服务、交通便利程度和共享福祉也是成渝地区发展的相对优势，也说明成渝地区的公共基础设施建设与公共服务方面发展态势相对较好，金融服务、交通、养老、医疗等方面是其发展的优势。

从城市发展水平、创新能力和服务规模上看，成渝地区城市发展水平和创新能力在四个区域中排行最后，服务规模仅略高于京津冀地区。服务规模由第三产业占地区生产总值的比重来衡量，实际上，京津冀地区第三产业占国内生产总值的比重在四个区域中最高，达到54.7%，成渝地区、长三角和珠三角分别为47.3%，50.6%，50.5%。但是在衡量京津冀地区的发展能力综合得分时，服务规模的权重较低，说明服务规模对京津冀地区的发展能力的贡献度较低。而成渝地区相比于长三角和珠三角，第三产业占比确实不足。城镇化发展水平由年末常住人口和城镇化率衡量，成渝地区的城镇发展水平不足，主要是由于城镇化率相比于其他三者较低，区域内，除了成都和重庆的城镇化率大于60%，其他城市均徘徊于50%上下，而长三角、珠三角、京津冀的大部分城市的城镇化率都大于60%，深圳市的城镇化率甚至达到了99.52%。最后，创新能力体现了一个区域的科技水平、研发水平和教育水平，从得分上看，成渝地区的创新能力远远落后于其他三个区域。在四个地区中，珠三角的创新能力最强，长三角和京津冀紧随其后。说明相比于长三角、珠三角和京津冀，创新能力是成渝地区发展的最大劣势，成渝地区未来的发展要着力于提高科技创新能力和研发能力，加大对科技研发的投入，提高教育质量。

（3）成渝地区双城经济圈内部比较

最后，对将测算出的成渝地区双城经济圈各个城市发展能力的每项得分进行排名。

毋庸置疑，成都、重庆是成渝地区双城经济圈发展的龙头，在人力、资本等要素资源集聚、产业集群和政策倾斜上有着其他城市难以企及的优势，其发展能力在成渝地区各城市中雄踞首位。

根据上文的评测，成渝地区较强发展能力城市仅有绵阳市一个，绵阳是成渝经济圈七大区域中心之一。绵阳的发展优势在于城市发展水平、创新能力、金融服务、对外开放和共享福祉，因为绵阳是党中央、国务院批准建设的中国唯一的科技城，是重要的国防科研和电子工业生产基地，因此创新能力是绵阳发展的最大优势。绵阳发展的劣势是交通便利程度和服务规模，但是相较于成渝地区的其他城市，绵阳的交通便利程度和服务规模相对较好。

另外，发展能力一般的德阳和南充位于成都平原城市群东北部，是生态环境支撑区，分担了巨大的资源环境压力，成为绿色生态屏障，植物、动物和矿产资源丰富。但是德阳的共享福祉严重不足，说明公共服务需要提升，南充的创新能力严重不足，且两市的活力不够，城市发展水平和服务规模均不足。泸州和宜宾位于成渝地区双城经济圈南部，两者都是以酒文化闻名，以五粮液和泸州老窖为特色，但是两者的服务规模严重不足，说明第三产业占地区生产总值的比重不足，两市的产业结构需要进一步优化升级。

最后，乐山、雅安、达州、眉山、自贡、内江、遂宁、广安、资阳由于地理位置、经济、文化等各方面原因，发展能力薄弱。其中，资阳的发展能力最低，主要是由于经济发展水平、城市发展水平、创新能力等各方面均有不足，但是资阳的服务规模却在成渝地区中排行第三，说明资阳可以继续发挥第三产业的优势，并在其他各方面进行改善。同样，雅安服务规模位列前五，也可以继续发挥第三产业在地区生产总值中的优势，雅安的创新能力较强，但是经济发展水平、金融服务、交通便利程度、对外开放和共享福祉均较低。达州的城市发展水平、金融服务、交通便利程度和共享福祉都是其发展优势，但经济发展和创新能力却相对较低。另外，自贡的经济发展水平和创新能力较强，广安和资阳的服务规模较好，眉山、内江、遂宁这三个城市各方面均有待提高。

表 4-9 成渝地区各城市各项发展能力得分和排名情况

城市	发展能力		经济发展水平		城市发展水平		创新能力		金融服务	
	得分	排名	得分	排名	得分	排名	得分	排名	得分	排名
成都	0.449 1	1	0.076 8	1	0.002 6	1	0.126 9	1	0.057 6	2
重庆	0.302 1	2	0.021 6	2	0.002 1	3	0.074 3	2	0.057 9	1
绵阳	0.044 1	3	0.003 7	5	0.002 5	2	0.022 9	3	0.004 6	3
德阳	0.026 7	4	0.004 9	3	0.001 3	10	0.012 6	4	0.002 8	8
南充	0.022 5	5	0.002 6	9	0.001 5	9	0.004 1	11	0.003 6	5
泸州	0.020 7	6	0.002 8	7	0.001 7	6	0.004 8	7	0.002 8	7
宜宾	0.020 2	7	0.003 9	4	0.001 7	5	0.004 1	10	0.003 7	4
乐山	0.016 2	8	0.002 8	8	0.001 7	4	0.006 5	6	0.002 1	9
雅安	0.015 8	9	0.001 0	15	0.001 6	8	0.010 3	5	0.000 0	16
达州	0.015 5	10	0.002 0	13	0.001 7	7	0.002 3	15	0.002 9	6
眉山	0.014 1	11	0.002 2	12	0.000 9	14	0.004 8	8	0.001 9	10
自贡	0.013 8	12	0.003 2	6	0.001 1	11	0.005 2	6	0.001 3	12
内江	0.012 5	13	0.002 5	11	0.001 3	13	0.002 9	12	0.001 5	11
遂宁	0.010 7	14	0.002 5	10	0.001 0	12	0.002 8	13	0.001 0	14
广安	0.009 0	15	0.001 8	14	0.000 4	16	0.002 5	14	0.001 2	13
资阳	0.007 0	16	0.000 7	16	0.000 4	15	0.002 1	16	0.000 7	15

续表

城市	服务规模		交通便利度		对外开放		共享福祉	
	得分	排名	得分	排名	得分	排名	得分	排名
成都	0.002 7	1	0.052 6	2	0.105 9	1	0.023 9	2
重庆	0.001 4	2	0.068 7	1	0.035 3	2	0.040 7	1
绵阳	0.001 0	6	0.001 5	8	0.003 7	3	0.004 2	4
德阳	0.000 0	15	0.001 3	10	0.002 4	4	0.001 4	12
南充	0.000 3	12	0.001 9	6	0.001 0	7	0.007 5	3
泸州	0.000 2	13	0.002 8	3	0.001 4	6	0.004 2	5
宜宾	0.000 0	16	0.001 6	7	0.002 4	5	0.002 8	7
乐山	0.000 5	11	0.002 0	4	0.000 9	8	0.001 8	11
雅安	0.001 2	4	0.000 4	14	0.000 0	16	0.001 3	14
达州	0.001 0	8	0.001 9	5	0.000 2	13	0.003 7	6
眉山	0.000 9	9	0.000 8	12	0.000 5	10	0.002 4	8
自贡	0.000 7	10	0.000 8	11	0.000 4	12	0.001 0	16
内江	0.001 0	7	0.001 4	9	0.000 1	15	0.002 1	9
遂宁	0.000 2	14	0.000 7	13	0.000 5	9	0.002 0	10
广安	0.001 2	5	0.000 1	16	0.000 5	11	0.001 3	15
资阳	0.001 2	3	0.000 4	15	0.000 2	14	0.001 4	13

3. 小结

总的来说，本节从经济发展水平、城市发展水平、创新能力、金融服务、服务规模、交通便利度、对外开放、共享福祉八个方面构建成渝地区双城经济圈发展评价指标体系，采用熵值法，计算出成渝地区、长三角、珠三角、京津冀等经济圈的各城市竞争力子系统得分，以及四个区域的发展能力综合得分。在分析过程中，首先，对四个区域进行综合比较，将每个区域的城市分为强发展能力城市、较强发展能力城市、一般发展能力城市和较弱发展能力城市，可以看出，成渝地区双城经济圈区域内部的发展差距很大，而长三角、珠三角、京津冀城市群区域内部的发展差距明显较小。其次，对四个区域的发展能力进行分维度比较，得出以下结论：（1）从经济发展水平上看，相比其他三个区域，成渝地区双城经济圈单位土地经济产出较低下，但是经济增长快，经济发展潜力巨大。（2）从对外开放上看，由于地理位置的限制，成渝地区双城经济圈的进出口总额在四个区域中排在最后，但是外商直接投资额位列第一，说明成渝地区双城经济圈的优势在于吸引外资的能力强。成渝地区应该充分利用该优势，积极吸引外资，扩大对外开放能力，为建设成为世界一流的经济区打下良好的基础。(3) 从金融服务、交通便利度和共享福祉上看，成渝地区双城经济圈的金融服务和共享福祉得分仅次于京津冀地区，交通便利度得分仅次于长三角地区，说明金融服务、交通便利度和共享福祉也是成渝地区发展的相对优势，成渝地区双城经济圈的公共基础设施建设与公共服务方面发展态势相对较好。(4) 从城市发展水平、创新能力和服务规模上看，相比于其他三个区域，成渝地区双城经济圈的服务规模相对较低、城镇发展水平相对较低，成渝地区双城经济圈发展的最大劣势是创新能力的严重不足，成渝地区未来的发展要着力提高科技创新能力和研发能力，加大对科技研发的投入，提高教育质量。最后，对成渝地区双城经济圈的内部城市进行比较，对成渝地区双城经济圈每个城市的各项发展能力进行了排序，可以直观地看出各个城市发展的优劣势，便于每个城市积极发挥自身的优势，弥补自身发展的劣势，缩小成渝地区双城经济圈区域内部的发展差距。

第五章
成渝地区双城经济圈建设的总目标

中央高度重视成渝地区双城经济圈建设,多次召开会议专题研究。2020年1月3日,习近平总书记主持召开中央财经委员会第六次会议,首次将建设成渝地区双城经济圈上升为国家战略。会议指出,推动成渝地区双城经济圈建设,有利于在西部形成高质量发展的重要增长极,打造内陆开放战略高地,使成渝地区成为具有全国影响力的重要经济中心、科技创新中心、改革开放新高地、高品质生活宜居地,助推高质量发展。2020年10月16日,习近平总书记主持中共中央政治局会议审议《成渝地区双城经济圈建设规划纲要》,此次会议再次明确了要将成渝地区双城经济圈建设成为具有全国影响力的重要经济中心、科技创新中心、改革开放新高地、高品质生活宜居地"两中心两地"的战略定位,正式确立了"打造带动全国高质量发展的重要增长极和新的动力源"的成渝地区双城经济圈建设总目标。

一、打造全国高质量发展的重要增长极和新动力源

打造带动全国高质量发展的重要增长极和新的动力源,这一建设总目标有着非常丰富的内涵。"重要增长极"主要指在发展过程和发展成果上,成渝地区作为区域发展的"一极",是国家发展大局的重要组成部分,成渝地区区域影响力不断增强,已在西部地区形成经济社会高质量发展的高地,要以"一极"的发展成果带动全局的发展质量提升;"新的动力源"主要指成渝要创新发展方式,不断提升生产力发展水平,以成渝地区新的经济增长模式为本地区和全国经济的发展带来更多创新活力和发展动能;"重要增长极"和"新的动力源"互为作用、互相影响,两者有机地统一在带动全国高质量发展的根本要求中。

（一）建设成渝地区双城经济圈是我国区域发展的历史抉择

成渝地区地处长江上游，农业开发历史悠久，成都平原自古以来就有"天府之国"的美称，是我国粮食主产区之一。回溯历史，成渝地区历来是华夏大地上重要的区域之一。唐安史之乱之后，随着社会生产力的提高，长江流域得以不断发展，百姓安居乐业，物产极大丰富，社会繁荣安定，"扬一益二"之说充分体现了成都平原当时的经济地位和社会地位；北宋时期，成都诞生了世界上最早的纸币——交子，早于西方1000年；南宋时，四川人口就曾达到1000多万，成为当时整个王朝的倚重；清初"湖广填四川"后，四川依然保持了较高的政治经济地位，从清朝在四川专设总督，可见清政府对四川的高度重视。抗战时期，成渝地区因其物产丰富、人口众多而成为全国抗战的大后方，为前方战事提供源源不断的人力物力，为夺取抗战的最后胜利发挥了非常重要的作用。

20世纪60年代初期，国际形势出现新的动荡，我国周边形势日趋紧张。1964年，党中央作出了开展三线建设、加强备战的重大战略部署。在三线建设战略的强力推动下，成渝地区逐步成为我国重要的工业基地，所建设的工业门类涵盖了经济社会生活的诸多方面，形成了以机械制造、汽车、摩托车、电子信息、天然气和盐化工、航空航天、轻纺食品等为主的较为齐全的工业门类体系。我们可以看到，三线建设在特定的历史发展阶段推动了我国中西部城市的现代化进程，实现了一次我国城市区域空间布局结构和功能的全局性重构，成渝地区由此成为我国内地工业化和城市化发展的先导区域，其在全国经济社会发展中的地位和作用得到了显著提升。三线建设是中国国防工业和经济建设布局的一次重大战略调整，是推进我国现代化进程的重要步骤，大大增强了中国的国防能力，并推进了我国内地经济社会的现代化发展进程，对于提高国家的国防能力，改善我国国民经济布局，推动中西部落后地区的经济社会发展等各方面都具有重要意义。

改革开放以来，国家在宏观发展战略中将成渝地区作为整个经济发展的重要一极进行布局，制定和出台了一系列鼓励和支持成渝地区高速发展、先行先试的重大政策。比如，四川成为我国农村改革的重要策源地、重庆成为国有企业改革的先锋，这些重大政策在成渝两地创造了很多发展奇迹，形成了丰富的改革成果。成渝地区日益成为我国经济发展的重要阵地及政策改革的试验区。1995年9月，党的十四届五中全会指出，要更加重视支持中西部地区经济的发展，逐步加大解决地区差距继续扩大趋势的力度。1999年，根据邓小平同志"两个大局"的战略构想和我国当时发展面临的形势和任务，国家作出实施西部大开发的重大战略决策，明确将成渝地区作为引领西部发展的核心引擎，由此拉开了新一轮成渝地区经济社会快速发展的大幕。2007年，设立成渝统筹城乡配套改革试验区。2011年，国务院批复实施《成渝经济区区域规划》，明确要求把成渝经济区建设成为西部地区重要的经济中心。2016年，国务院批复《成渝城市群发展规划》，提出到2020年成渝城市群要基本建成经济充满活力、生活品质优良、生态环境优美的国家级城市群。这些区域发展战略的实施，为成渝地区经济社会发展持续注入动力。

（二）建设成渝地区双城经济圈是我国高质量发展的现实要求

2020年1月，中央财经委员会第六次会议明确提出，推动成渝地区双城经济圈建设，在西部形成高质量发展的重要增长极。建设成渝地区双城经济圈，是我国高度重视区域经济协调发展，不断提升成渝地区经济社会发展能级的历史必然，更是以习近平同志为核心的党中央把握大势，统揽全局，为进一步优化我国区域协调发展战略布局作出的重大战略部署。成渝地区发展层级和重要性的不断提升，意味着成渝地区在全国区域发展中的战略地位不断上升，未来有望完成由国家级城市群向世界级城市群的历史性跨越。

建设成渝地区双城经济圈有助于实现我国经济高质量发展。党的十九大报告首提高质量发展这一新表述，其前提在于中国特色社会主义进入新时代这一重要历史判断，其本质在于我国经济社会发展主要矛盾已经转化为人民日益增长的美好生活需要和不平衡不充分的发展之间的矛盾。伴随着社会主要矛盾的发展变化，我国经济结构出现重大变化，居民消费加快升级，创新进入活跃期，必然要求我国经济发展从高速增长阶段向高质量发展阶段转变，以更好地适应新时代新阶段生产力发展和生产关系协调的要求。高质量发展将成为"十四五"乃至更长时期我国经济社会发展的主题，关系着我国社会主义现代化建设全局。

成渝地区有着近1亿的人口规模，直接辐射西部三四亿人口的大市场，在地理区位上将直接带动占我国国土面积2/3的西部地区共同发展。与此同时，除成都和重庆达到万亿级体量外，成渝地区仅有8个市、区的地区生产总值突破2000亿元。而京津冀、长三角、粤港澳三大城市群中不仅极核城市实力超强，苏州、杭州、南京等副中心城市的地区生产总值也将近1.5万亿元，还有一批万亿级或 5000 亿级的重点城市。成渝城市群的经济密度只达到了粤港澳大湾区的 4/25、长三角城市群的 3/8；城乡人均收入也只有全国平均水平的 80% 左右。我国当前所推进的高质量发展，既要求发展方式的高质量，也要求区域经济均衡发展的高质量。成渝地区双城经济圈的建设，不仅是我国推进高质量发展的重要组成部分，也是实现区域均衡发展、高质量发展的内在需求。

（三）建设成渝地区双城经济圈是我国高质量发展的重要支撑

成渝地区双城经济圈是以成、渝两个中心城市为引领的区域经济圈，其最明显的作用就是为新一轮西部大开发塑造了支点优势，进而影响和带动全国的高质量发展。成渝地区双城经济圈战略不仅要推动西部城市"补短板"的抱团发展，而且要担负起"打造带动全国高质量发展的重要增长极和新的动力源"的历史使命。

建设成渝地区双城经济圈牢牢把握供给侧结构性改革这条主线，提高经济发展质量和效益。成渝地区双城经济圈是在开启全面建设社会主义现代化国家新征程、向第二个百年奋斗目标进军的重要历史时期中央的一项重大决策，要深入贯彻落实新发展理念，统筹推进"五位一体"总体布局、协调推进"四个全面"战略布局，以深化供给侧结构性改革为突破口，通过创新动能、创新体制机制，为实体经济和产业现代化注入新的活力，以大区域经济载体和经济带，带动区域协调和持续发展，为打开我国经济增长之"锁"提供成渝作为、成渝担当和成渝实践[①]。

建设成渝地区双城经济圈要加快现代化经济体系建设，推动形成优势互补、高质量发展的区域经济布局。建设现代化经济体系的核心和基础就是要建设现代化产业体系。习近平总书记在中央财经委员会第六次会议上明确提出，建设成渝地区双城经济圈要着重加快现代产业体系建设。在此基础上，要建立起统一开放、竞争有序的市场体系，体现效率、促进公平的收入分配体系，彰显优势、协调联动的城乡区域发展体系，资源节约、环境友好的绿色发展体系，多元平衡、安全高效的全面开放体系和能够充分发挥市场作用、更好

---

① 杨继瑞. 深化供给侧结构性改革 构建成渝产业大生态圈的思考 [J]. 西部经济，2018，28（1）：71—75.

发挥政府作用的经济体制[①]。要建设形成高质量发展的重要增长极，就必然要求大力提升成渝地区双城经济圈的产业分工协作水平，对产业链、供应链、价值链、创新链进行重新布局，进而实现融合发展，以创新推动经济发展结构迈向中高端水平，合力打造特色产业集群和国家战略性新兴产业集群。

建设成渝地区双城经济圈，加快构建新发展格局，需要提升产业链供应链现代化水平。2020年10月中央政治局召开会议，审议了《成渝地区双城经济圈建设规划纲要》，会议明确指出，推动成渝地区双城经济圈建设，有利于拓展市场空间、优化和稳定产业链供应链。构建新发展格局，就必然要提升产业链供应链现代化水平，发展战略性新兴产业。当前，成渝地区产业链供应链总体稳定，但缺少核心配套和关键环节支撑。要进一步支持成渝地区现有产业集群高质量发展，四川致力于以培育全球重要的电子信息、高端装备和食品饮料三大产业集群，以及全国领先的先进材料、绿色化工产业集群，同时，明确实施产业链填缺补短工程，进一步提高产业链供应链稳定性和竞争力；重庆加快培育建设一批战略性新兴产业集群，推动新一代信息技术、新能源及智能网联汽车、高端装备、新材料、生物医药、节能环保、软件信息服务等领域集群化、融合化、生态化发展，全力构筑经济发展新优势。促进成渝地区产业协同发展，加速构建汽车、电子、装备等世界级产业集群。以构建现代化产业集群为基础，分清行业，摸清底数，区分治理结构类型、产业优势基础、驱动力量差异，抓住主要矛盾点，找准发力点，精准施策，不断提升产业链供应链现代化水平。

建设成渝地区双城经济圈要坚持对内开放和对外开放相结合，以更高水平开放促进更高质量发展。开放是成渝地区发展的最大变量和最强动能。在当前我国的9个国家中心城市中，成都和重庆就占据了2个席位，这意味着，成都和重庆不仅在国内大循环中至关重要，而且在促进国际大循环中大有可为。成渝地区处于亚洲大陆地理区位的中心，"一带一路"、"西部陆海新通道"重要交汇点。2021年新年伊始，全国首个两地合作开行的中欧班列品牌——中欧班列（成渝）号开出，翻开了中欧班列发展新篇章，为成渝地区双城经济圈建设注入新动力。"蓉欧""渝新欧"等国际物流大通道串联欧亚，成渝城市群机场群的国际航空枢纽功能正在强化。成渝地区双城经济圈在我国所有国家级城市群中最靠近未来增长潜力巨大的东南亚和南亚市场。随着中国经济规模不断

---

① 刘志彪. 把握现代化经济体系的内涵和重点［N］. 人民日报，2020-6-24（5）.

扩大，全国经济重心由东向西迁移，成渝城市群有条件、有能力变区位优势为发展优势，带动西南乃至整个西部的对外开放，开拓我国未来发展外部空间，形成新的区域发展引擎和对外开放支点，建强畅通国内大循环的经济腹地，打造支撑国内国际双循环的门户枢纽。在国家战略机遇的叠加下，成渝地区双城经济圈将加快建设成为我国经济增长"第四极"，开启成渝对外开放新格局，支撑和带动我国经济更高水平、更高质量发展。

二、建设成渝地区双城经济圈：优化生产力布局的抉择

（一）优化生产力布局是遵循发展规律的必然选择

成渝地区双城经济圈建设是我国进入新的发展阶段，在新发展理念指导下，构建新发展格局的一项重要战略，是我国平衡区域发展、畅通要素流动、激活创新资源进而优化生产力布局的一项重要举措。遵循经济规律，首先就是要把握发展的大局，认真分析当前国家经济社会整体发展形势及成渝地区双城经济圈发展的基础和条件，要从中华民族伟大复兴战略全局和世界百年未有之大变局的角度来分析和把握成渝地区双城经济圈的建设和发展规律。经过改革开放40余年来的发展，2020年四川和重庆经济总量分别为4.86万亿元、2.5万亿元，排名全国第6和第17，两省市经济总量之和也仅与山东大体相当，与排名第1、2位的广东和江苏还有较大差距，人均产值排名更为靠后一些。当前，全球应对新冠肺炎疫情还有很长的路要走，贸易保护主义、逆全球化有所抬头，全球产业链、供应链遭受冲击，不确定、不稳定因素增多，我国也不可避免地受到冲击和影响。这些因素加剧了投资和出口等传统经济发展动力的衰弱，依靠政府高负债和资源粗放开发的增长模式难以为继，对于生产力发展水平相对于国内成熟经济区较低的成渝地区来说，这一矛盾将更加突出。发展经济学的理论认为，传统经济向现代化经济转轨的过程中，经济增速将出现回落的状况。习近平总书记准确把握这一经济社会发展规律，提出了百年未有之大变局的历史判断，我国经济已由高速增长阶段转向高质量发展阶段，建设成渝地区双城经济圈顺应了这一发展大势，从区域发展均衡的角度构建了新发展模型，推动我国发展方式的转变。与此同时，作为重要增长极和新的动力源，成渝地区双城经济圈成为发展结构调整的强力支撑，进而最大限度地培育和发挥竞争优势。

从全球经济社会发展的现实状况看，发展动力极化现象日益突出。这表现为经济和人口向大城市及城市群聚集的趋势愈发明显，以大城市群为极核形成区域性的增长极和动力源，进而带动更广大范围的发展。美国大西洋沿岸城市群、日本太平洋沿岸城市群、英国伦敦城市群、欧洲西北部城市群等，以及我国的京津冀、长三角、粤港澳，都是以大城市群为极核带动区域发展的典型范例，这些城市群的共同特点都是建立以中心城市引领城市群发展、以城市群带动区域发展的新模式，从而推动区域板块之间融合、互动与发展，有效发挥了极核带动区域整体发展的作用。我国在经济由高速增长阶段转向高质量发展阶段，对区域协调发展提出了新的要求。经济发展的过程中，不能简单要求各地区在经济发展上达到同一水平，而是要根据各地区的条件，走合理分工、优化发展的路子。我们要认识到，不平衡是普遍现象，需要在发展中形成相对的平衡状态，而从不平衡到平衡、进而达到更高发展阶段不平衡的循环状态，正是促使生产力不断进步发展的规律性过程。建设成渝地区双城经济圈正是这一区域协调性发展的辩证法实践。

遵循发展规律、把握发展大局的核心，就是要通过建设成渝地区双城经济圈带动区域高质量发展。2021年3月7日，习近平总书记在参加十三届全国人大四次会议青海代表团审议时，围绕"高质量发展"进行了详细阐释，他指出，高质量发展不只是一个经济要求，而是对经济社会发展方方面面的总要求①。建设成渝地区双城经济圈，优化生产力布局，将对经济、社会、文化、生态等各领域的高质量发展都产生积极的促进作用。建设成渝地区双城经济圈，要紧紧把握"高质量发展"这一总要求，把握进入新发展阶段、构建新发展格局的使命任务，立足成渝发展本底和优势，要加快提升产业竞争力，调整产业结构和市场格局，推动传统工业转型升级，坚持高端切入，培育和壮大新兴产业；要加快提升区位竞争力，构建现代立体交通网络建设，发挥枢纽节点带动作用。加快西部陆海新通道建设，充分发挥成渝地区连接"一带一路"和长江经济带的纽带作用，推动形成陆海内外联动、东西双向互济的开放格局，全面提升现代物流业发展水平和产业配套能力，提升各类生产要素成本竞争力。要加快提升营商环境竞争力，建设在全国乃至全球具有竞争力的政务服务和营商环境，加强创新创业文化建设、诚实诚信文化建设、合作共赢文化建

---

① 习近平参加青海代表团审议[EB/OL].（2021-03-07）[2021-03-20]. http：//www.china.com.cn/lianghui/news/2021－03/07/content_77282281.shtml.

设。成都要加紧推进"建设践行新发展理念的公园城市示范区",重庆要从"大开发"到"大保护",增绿长江生态底色,形成生态良好、生活宜居、社会文明、绿色发展、文化繁荣、开放包容的社会氛围。

(二)优化生产力布局是改善发展不平衡不充分短板的重要举措

改革开放40多年来,我国区域经济发展取得显著成就,东部地区率先取得发展优势,中西部地区的发展水平明显提高,东北地区经济逐步复苏。但从各区域占全国的比重来看,1978—2017年,东部和西部占比分别从43.56%、13.98%变为52.56%、19.98%。[1]虽然两者之间的差值有所减小,但差距仍然很大,发展不平衡不充分的问题仍然十分突出,没有得到有效解决,并且已经上升为我国社会的主要矛盾。当前,我们正处在"两个一百年"历史交汇期的关键节点,新冠肺炎疫情加剧了逆全球化的趋势,也加速了全球产业链的进一步调整。在国际国内形势变化的双重作用下,我国原有的区域发展结构已经不能很好地适应新时期高质量发展的要求,亟须有所调整。我国当前主要矛盾的新表述,正是以习近平同志为核心的党中央基于对当前形势的清醒分析和判断而得出的科学结论。发展的不平衡不充分,有发展质量方面的问题,同时也有发展区域不平衡方面的问题,归根到底是现有的生产力布局不均衡的问题,发展区域的不平衡进一步导致发展质量较低,这已经成为制约我国发展的主要问题之一。长期以来,我国东部地区走在改革开放的前列,生产力发展较快,处于产业链的上游,西部地区为东部对外开放提供了强有力的资源、劳动力供给和广阔的市场空间。建设成渝地区双城经济圈是新时期我国西部大开发战略的又一次冲锋号,是党和国家关于解放和发展生产力的一项重大决策,将历史性地形成以成渝两个西部地区中心城市为牵引的区域生产力发展新布局,强化承接国家重大生产力布局功能,增强成渝地区经济和人口承载能力,从而在我国东西南北各个方向实现生产力布局的优化和调整。

成渝地区双城经济圈与京津冀、长三角、粤港澳等经济区共同组成我国以中心城市群为增长极、呈菱形分布的区域经济社会发展格局,从而进一步优化生产力发展布局。我国进入新发展阶段,东部地区将逐步进入城镇化和工业化发展后期,经济发展将转为追求稳增长、提质量,经济的增速也将逐步放

---

[1] 赵弘. 区域蓝皮书 中国区域经济发展报告 2018—2019 [M]. 北京:社会科学文献出版社. 2019.

缓,体制机制方面的深层次改革将不断推进各区域更加协调发展,东部与西部的发展差距将进一步缩小。随着"一带一路"倡议和长江经济带战略的深入推进以及西部陆海新通道建设不断取得新进展,成渝地区基础设施及交通基础条件将得到极大改善,为地区经济社会发展提供重要支撑。由于东部地区劳动力、土地等生产要素价格上涨,部分产业也将逐渐向中西部地区转移,从而为成渝地区双城经济圈经济增长注入新的发展动力。

(三)优化生产力布局是构建新发展格局的有力支撑

促进区域协调发展并形成高质量发展的区域经济布局,是推动高质量发展的必然要求,也是构建现代化经济体系的必然要求,更是构建以国内大循环为主体、国内国际双循环相互促进的新发展格局及优化生产力布局的必然要求。建设成渝地区双城经济圈本质上是促进区域协调发展的国家重大战略,需要在以国内大循环为主体、国内国际双循环相互促进的新发展格局的背景下准确把握我国区域经济发展的新特点和新趋势,打造更加符合经济社会发展规律的体制机制,以更加优化的生产力布局确保我国"十四五"规划、2035年远景目标和第二个百年目标的实现。

构建以国内大循环为主体、国内国际双循环相互促进的新发展格局将很大程度上改变我国现有的生产力布局状况。东部地区以资金、技术、人才等方面的优势,成为我国与发达国家在高新科技和前沿技术等领域进行竞争和高水平合作的主要区域;西部边境地区将作为我国向西、向南开放的桥头堡,成为与中南、东南亚和欧洲地区贸易的门户。成渝地区双城经济圈所在的西部地区将凭借相对较低的生产成本、良好的产业基础、充足的劳动力人口,成为在新时期支撑我国发展生产力、更加深度融入新一轮国际竞争和对外经贸合作的重要基石。

从经济发展规律看,建设成渝地区双城经济圈是优化西部生产力布局的重大战略。成渝地区双城经济圈确立了"一极两中心两地"的目标定位,"一极"需要"两中心两地"来支撑,"两中心两地"要"一极"来统揽;"两中心两地"是一个相辅相成的有机整体,使成渝地区双城经济圈成为具有全国影响力的科技创新中心的发展目标是实现其他所有目标的重要基础。2021年2月25日,科技部印发了《关于加强科技创新促进新时代西部大开发形成新格局的实施意见》,将支持成渝科技创新中心建设排在了首位。根据该文件,国家将支持在成渝地区布局一批大科学装置、建设一批基础科研攻关基地和平台,推进成渝地区双城经济圈在技术进步和科技创新方面取得重大突破。科技创新和技术进步是生产力发展的决定性因素,是经济社会发展的主导力量,也是成渝地区加快推动产业链提档升级、打造高质量发展强大引擎的重要抓手。

三、建设成渝地区双城经济圈:以创新引领高质量

打造高质量发展的重要增长极,提高发展质量是关键。必须坚持高端引领、强化创新驱动,加快提升产业发展能级和科技创新水平,率先实现质量变革、效率变革、动力变革。

(一)激发各类主体创新活力

高质量的发展需要高水平的创新作为支撑。以科技创新驱动高质量发展,是贯彻新发展理念、破解当前经济发展中突出矛盾和问题的关键,也是加快转变发展方式、优化经济结构、转换增长动力的重要抓手。[1] 创新无处不在、无时不在,最具有驱动能力的是高端创新,其体现在围绕高端问题、高端人才、高端成果、高端产业而开展的创新创造活动。谋划成渝地区双城经济圈之时,中央就明确了"两中心两地"的发展目标定位,建设具有全国影响力的科技创新中心是其核心要义。成渝地区双城经济圈是自上而下开展的,是一项应对百年未有之大变局、新一轮科技革命和产业变革、国际分工体系面临系统性调整的重大国家战略,以创新、协调、绿色、开放、共享为核心内容的新发展理念是成渝地区双城经济圈建设的指导理念。高质量发展本质上是体现新发展理念的发展,是创新成为第一动力、协调成为内生特点、绿色成为普遍形态、开放成为必由之路、共享成为根本目的的发展。发展理念和指导思想决定了成渝地区双城经济圈以高端引领驱动创新的发展特质。

高质量的发展需要以创新作为增长驱动力。推动高质量发展是当前和今后一个时期确定发展思路、制定经济政策、实施宏观调控的根本要求。习近平总书记在党的十九大报告中明确提出:创新是引领发展的第一动力,是建设现代化经济体系的战略支撑。要瞄准世界科技前沿,强化基础研究,实现前瞻性基础研究、引领性原创成果重大突破。当前,我国高质量的发展就是要满足人民

---

[1] 郭广生,任晓刚. 以科技创新驱动高质量发展[N]. 人民日报,2019-6-27(13).

群众日益增长的美好生活需要的发展,同时也是创新成为主要驱动力的发展。习近平总书记强调,科技创新是核心,抓住了科技创新就抓住了牵动我国发展全局的牛鼻子。重庆和四川都明确表示要在"十四五"时期坚持以创新驱动发展,合力建设具有全国影响力的科技创新中心。以科技创新驱动高质量发展,是贯彻新发展理念、破解当前经济发展中突出矛盾和问题的关键,也是加快转变发展方式、优化经济结构、转换增长动力的重要抓手,加快推进以科技创新为核心的全面创新,才能为经济社会发展注入源源不竭的发展动力。

创新激活各类主体的活力。进入新的发展阶段,我国发展环境和条件都发生着深刻变化,需求端和消费端都快速升级,人民日益增长的美好生活需要对供给的质量和水平都提出了更高的要求。习近平总书记指出,要全面深化科技体制改革,提升创新体系效能,着力激发创新活力。充分激活政府、企业、科研机构、高校等主体的创新活力,构建充满活力的创新生态是建设成渝地区双城经济圈的重要组成部分。要加强顶层设计,为科技创新营造良好生态环境,让各类创新主体的创造活力竞相迸发。要深入实施人才优先发展战略,按照高质量发展的要求,深化人才发展体制机制改革,探索符合科技创新规律的人才管理机制,完善人才评价考核体系,建立起以创新能力、质量、贡献为导向的科技人才评价体系,为各类人才充分施展才华搭建舞台。要优化创新环境,营造鼓励创新的浓厚氛围。成渝地区拥有丰富的高等教育、科研院所及高新技术企业资源,科技和产业资源门类也比较齐全,拥有近万家高新技术企业和数百家科研院所,在电子信息产业、汽车产业、先进轨道交通、新能源和新材料产业、高端装备制造产业、生物产业等方面具有较强优势。建设成渝地区双城经济圈将加速打破两地资源要素壁垒,加快两地科技产业、人才等资源的系统整合,增强各类主题创新活力,对培育成渝地区新的发展动能、打造西部地区增长极具有重要的促进作用,有利于成渝地区构建以创新驱动为引领的核心竞争力。

(二)推进各类领域深度融合

建设具有全国影响力的重要经济中心、科技创新中心是建设成渝地区双城经济圈的目标定位。科技进步和经济发展呈现着强烈的正相关性,科技是第一生产力,经济的发展推动科技进步,经济中心是科技中心的外在表现,科技中心是经济中心的有力支撑,我们要充分认识这两者间的内涵关系。实体经济是国民经济的基础,对提供就业岗位、改善人民生活、实现经济持续发展和社会稳定都具有重要意义。党的十九大报告指出，建设现代化经济体系，必须把发展经济的着力点放在实体经济上，并强调要推动互联网、大数据、人工智能和实体经济深度融合。振兴实体经济是建设现代化经济体系、实现高质量发展的根本要求。建设成渝地区双城经济圈一定要用好高质量发展的科技创新引擎，抓住振兴实体经济的"牛鼻子"，围绕提升产业发展能级和科技创新水平，大力促进科技进步和经济发展的深度融合。

　　用好成渝科技创新优势，催生发展新业态。当前，以工业互联网、大数据、云计算、人工智能为代表的信息技术创新蓬勃发展，催生了一大批新产业、新业态、新模式，为社会经济和人民生产生活带来深刻变革。成渝地区信息技术产业在全国有着较明显的比较优势，重庆的笔记本电脑产量已经占到全国的 2/3 左右。近年来，成渝地区在软件业和电子元器件生产领域的发展突飞猛进。2020 年成都电子信息产业规模达到 10 065.7 亿元，同比增长 19.8%，成为成都首个产值破万亿的产业。其中，规上电子信息产品制造业营收同比增长 30.7%。随着信息技术和人类生产生活的融合日益紧密，数据将对未来经济社会发展产生越来越重要的影响，围绕数据的开发处理也将形成更多的新兴产业。四川省委十一届七次全会明确，支持在雅安建设成渝地区大数据产业基地和成都都市圈重要功能协作基地。建设成渝地区双城经济圈要共享数据库，共建大数据产业集群，政府牵头，带动高校、科研院所、企业等不同主体，实现技术共研共享，培育壮大数字经济，更好服务经济社会发展和保障民生。

　　坚持科技创新与产业发展相结合。建设成渝地区双城经济圈，要加快推动成渝地区科技成果转化和产业化。2020 年 4 月，川渝两地共同签署《进一步深化川渝科技创新合作　增强协同创新发展能力　共建具有全国影响力的科技创新中心框架协议》，明确了双方将以"一城多园"模式合作共建西部科学城，依托西部科学城共同推进综合性国家科学中心建设，构建成渝协同创新共同体。双方将携手开展职务科技成果所有权或长期使用权等改革试点，促进科技成果转化和产业化；联合培育发展人工智能、新材料、轨道交通、生物医药和节能环保等战略性新兴产业集群，推进产业链、创新链在区域统筹布局、高效配置；打造一体化的技术交易市场，共建技术转移服务平台联盟，推动两地科技成果双向转移。

（三）激励各类主体主动参与

　　突破核心技术的瓶颈，解决"卡脖子"问题，行之有效的路径就是发挥市场经济条件下举国体制优势，集中力量、协同攻关，为攀登战略制高点、提高我国综合竞争力、保障国家安全提供支撑。成渝地区打造具有全国影响力的科技创新中心，重点和特色在于协同，目标和路径也在于协同，通过协同创新体系的构建，汇聚各方科技创新资源，以共建、共享、共赢的方式共同争取国家重大政策、重大平台、重大基地、重大工程在本区域布局，研究制定增强协同创新发展能力行动方案，以高新产业功能互补、设施平台互联、人才技术互通、政策制度互惠为核心，联手面向全球争取创新资源、参与科技合作和市场竞争，这是建设成渝地区双城经济圈服务国家区域发展战略大局的题中之义。

成渝共建区域协同创新共同体。按照共同打造具有全国影响力的科技创新中心要求，立足成渝科技创新基础优势，建设好区域系统创新平台，按照"一城多园"模式，加快重庆科学城、成都科学城、绵阳科技城、两江协同创新区等建设，共建成渝科创走廊，打造西部创新高地。着重建设一批创新型城市，建设一批产业创新中心、技术创新中心、制造业创新中心、工程研究中心等创新平台和综合性检验检测平台，以创新主体的创新活力带动区域整体的创新实力。大力推动科技资源社会开放共享，建设大科学装置和科研设备共享服务平台。鼓励引导高校、实验室、科研机构、企业等载体成立创新联盟，加快交叉合作，共建联合实验室或新型研究机构。围绕重大科技创新问题"揭榜挂帅"，共同开展关键核心技术联合科研攻关，开展实施高分卫星、载人航天、大型飞机、长江上游生态环境修复等国家重大科技任务，共担科技项目、共享科技成果。制定实施好成渝科技创新合作发展计划，围绕信息技术、航空航天、先进制造、生物医药、新材料等领域提前规划布局，充分发挥科技创新对区域产业转型升级的引领带动作用。

建设成渝地区双城经济圈要特别强化创新链与产业链协同，围绕产业链部署创新链，围绕创新链布局产业链，坚持以企业为主体、以产业为核心、以市场为导向，不断健全产学研、用深度融合的科技创新协同体系，建设产业创新高地，将创新的"力"转化为推动经济社会健康快速发展的"果"。要强化系统思维，打破成渝两地协同创新壁垒，着重构建科技创新产业集群和产业生态，充分发挥市场在资源配置过程中的作用，更好发挥政府作用。要打通创新链与产业链之间的隔阂，建立起"双链"融合的体制机制，提升产业能级、创新能级，塑造更多依靠创新驱动、发挥先发优势的引领型发展，加速内外科技企业和产业要素聚集，让创新成为推动高质量发展的强大动能。

四、建设成渝地区双城经济圈：促进区域协同与要素流动

（一）畅通要素自主有序流动渠道

成渝地区双城经济圈位于"一带一路"和长江经济带交汇处，是西部陆海新通道的起点，连接西南西北，沟通东亚与东南亚、南亚，地理区位和经济区位都十分重要。成渝地区双城经济圈在国家发展大局中具有独特而重要的战略地位，将成为位于西部、支撑和带动全国高质量发展的重要增长极和新的动力源，在构建以国内大循环为主体、国际国内双循环相互促进的新发展格局中发挥重要的作用。建设成渝地区双城经济圈，畅通区域要素流动，不仅要求在成渝两地内部促进要素自主有序流动，提高要素配置效率，更加需要通过增强成渝地区人口和经济承载能力，打造内陆开放战略高地和参与国际竞争的新基地，形成内外联动、东西双向互动的开放新格局，进一步激发全社会创造力和市场活力，推动经济发展质量变革、效率变革、动力变革，促进各类要素在双循环的新格局中更加顺畅地流动。

引导各类要素科学高效聚集，促进区域协调发展。各类生产要素对生产力发展形成推动作用，归根结底是在各类要素在有序流动后汇聚到一起，形成合力，从而创造财富。成渝地区双城经济圈与长三角、京津冀和粤港澳形成菱形发展布局，并各形成了以中心性城市群为代表的增长极，这将有利于要素的区域内部流动和区域间流动，更好地解决东西部发展不平衡的问题，加快推进区域协调发展。四川和重庆资源禀赋、区位条件大致相当，加之历史原因，两地都形成了以电子信息、装备制造为主导的工业体系，产业发展存在较为严重的同质化竞争。建设成渝地区双城经济圈将破除地方保护主义，避免资源的浪费和要素的低效流动，构建起成渝两地协同发展的利益共同体，资源共享、产业共谋、利益共赢，对内合理竞争，促进生产力水平提升，对外抱团发展，争取更大发展利益。

伴随着交通方式的变革，世界正从海权时代向陆权、航空权时代发生着转变。"一带一路"和西南陆海新通道在成渝地区交汇，成渝地区双城经济圈将成为我国不同于东部沿海的开放门户。2020年，成都、重庆进出口总额分别为7154.2亿元、6513.4亿元，同比增长22.4%、12.5%。这一成绩从总量来看并非全国前列，但受逆全球化和新冠肺炎疫情的双重影响，成渝地区是我国率先实现进出口由负转正的地区，且增长的幅度是全国最高的区域之一。2020

年,东盟首次成为我国最大的贸易伙伴,成渝地区双城经济圈作为中国距离东盟最近的国家级城市群,在推动中国—东盟命运共同体建设过程中,责无旁贷。推动中国—东盟命运共同体建设,也将有利于促进成渝地区区域协调发展,拓展全国经济增长新空间。

(二)构建要素科学统筹协调机制

构建要素的统筹协调机制,首先要树立起成渝一体化发展理念。建设成渝地区双城经济圈一个很重要的目标就是要解决两地过度竞争问题,实现两地优势互补错位发展。这方面,京津冀、长三角、粤港澳都有很好的经验可以借鉴。实现两地优势互补,错位发展,最为关键的就是建立健全两种机制,一种是要素自由流动的机制,另一种是利益共建共享的机制。目前成渝两地在一体化发展方面还存在很多问题:行政壁垒使得地方保护存在,市场割裂现象严重;产业分工、空间布局、信息资源和其他生产要素的调配尚缺少一个统一有力的顶层协调机构;两地合作缺乏制度性的保障,难以高效率地开展;省级层面已实现常态化沟通,但市县层面特别是毗邻地区的沟通机制还需加快推进完善;两地一体化协同发展成果评价的体制机制还亟待建立。这些体制机制都是要素流动的指挥棒,对要素流动的速度和质量都有着至关重要的影响,成渝两地政府要构建好经常性的、长效合作的顶层设计,建立起共同处理日常事务性工作的管理机构,确保要素自由流动顺畅和利益共建共享。

成渝地区要素的统筹协调机制要站在"五位一体"总体布局的全局性高度进行构建。要建立起生态环境保护的沟通协调机制,加强环境信用体系建设,实现污染联防联控,建立起"一张负面清单管两地"的生态环境保护机制。推进两地环保评价标准的统一和环境信用信息的共享。成渝地区双城经济圈建设要注重人口和经济的承载能力,在承接东部地区产业转移的过程中要充分考虑环境的承载能力和产业环境之间的匹配程度,在双城经济圈发展伊始就要把保护生态环境放在突出位置。要建立起便捷顺畅的营商管理机制,以成渝地区营商政策一体化为目标,对项目的管理由事前监管向事中事后监管调整,特别是要分行业建立起事中事后监管的机制。此外,还需要做好"新基建"的建设工作,提高投资效率,促进城市现代化水平的不断提升,用好"新基建"契机,培育好新经济、新技术和新产业,特别是要加快5G应用场景的探索,推进川渝两地大数据资源的整合开放和共建共享,发掘好这座"富矿",推进高质量发展。

（三）实现要素高效合理配置

一是要促进人才在川渝地区的合理流动和高效聚集。发展是第一要务，人才是第一资源。如果将成渝地区双城经济圈比作"心脏"，那么各类要素就是机体循环的"血液"，是建成增长极和动能源的重要保障。人才是推动发展的核心要素，高素质人才是成渝地区双城经济圈高质量发展的重要保障。川渝两地可以适当放宽城市落户的限制，消除阻碍劳动力要素流动的户籍障碍，采用准入积分制等有一定基础的区域户籍准入办法，降低人才流动的成本。户籍障碍背后是社会保障、福利政策的差异，要从这一关键环节入手，探索建立区域内社会保障体系，力争实现养老保险、医疗保险、失业保险、最低生活保障等制度的相互连通，使同一行业的每位劳动者所享有的保障与福利在种类和数量上趋于一致。要建立起人才服务的高效机制和一体化的劳动力市场管理信息系统，准确掌握劳动力流入和迁出动态信息，搭建起人才的自由流动和高效聚集。

二是要加强地区协同，破除技术创新要素壁垒。川渝两地有着较好的科技创新平台基础，成渝地区双城经济圈又被赋予了建设科技创新中心的使命，重庆科学城、成都科学城、绵阳科技城和两江协同创新区等重大平台是开展科技创新活动的重要依托，成渝地区应围绕生物医药、航空航天、人工智能、高端制造、数字经济等新兴领域开展协同科技攻关，积极争取国家实验室、国家科学中心在成渝地区双城经济圈落地，积极申请大科学装置和平台在川渝设立，研究重大科学问题，以科技创新带动整个产业升级。发挥川渝两地高等院校和科研院所优势，引导建立"成渝地区双城经济圈高校联盟"等常态化合作平台和交流机制，鼓励高校、科研机构、企业、地方政府发挥各自优势，建立起解决重大科学问题的规则办法，特别是高度重视加强"从0到1"原始创新工作，注重解决和当下国计民生息息相关的问题，同时为解决面向未来的、具有战略意义的问题做好基础研究和应对准备。

三是要深化资本要素改革，保障资金畅通流动。以建设改革开放新高地为牵引，成渝地区双城经济圈要进一步扩大对外开放，吸引更多直接投资。重视向西向南发展，用好"西博会"等高端开放平台，买全球、卖全球、引进来、走出去，鼓励本土企业参与国际研发活动。增加川渝有效金融服务供给，发展普惠金融，帮扶中小企业发展。建立健全成渝农村金融服务体系，以新型农村金融服务助力乡村振兴。发挥成渝地区双城经济圈后发优势，依托数字经济和信息资源优势，吸引更多现代金融要素流入。持续深化区域金融改革，做好绿色发展金融支持工作，支持经济绿色复苏和低碳转型。花大力气共同防范和抵御金融风险，共建不良资产处理平台，更大力度支持区域实体行业发展，助推经济社会高质量发展。

从 2020 年 1 月 3 日中央财经委员会第六次会议正式确立建设成渝地区双城经济圈重大战略，到 2020 年 10 月 16 日中共中央政治局专门召开会议审议《成渝地区双城经济圈建设规划纲要》，成渝地区双城经济圈建设总目标的确定经历了一个不断深化和递进的过程。这一总目标前提是"高质量"发展，目标内容增加了"新的动力源"，成渝地区双城经济圈建设"一级一源"的总目标就此形成。这一变化更加凸显了中央对成渝地区双城经济圈建设的高度重视，进一步丰富了成渝地区双城经济圈的建设内容，深化了成渝地区双城经济圈的建设使命，凸显了成渝地区双城经济圈的建设地位和重要功能。成渝与京津冀、长三角、粤港澳并列的国内经济发展区域布局态势逐步形成。

第六章

成渝地区双城经济圈建设的支撑定位

一、战略定位：引领成渝地区双城经济圈未来发展方向

2020年1月3日，为助力中西部经济高质量发展，成渝地区双城经济圈建设上升为国家战略，成渝地区迎来了新时代的发展"大礼包"。从2011年的《成渝经济区区域规划》，到2016年的《成渝城市群发展规划》，再到2020年的《成渝地区双城经济圈建设规划纲要》，成渝地区一直处于稳步发展状态，而成渝地区双城经济圈建设是新时代新发展格局下又一次重大改革，目的在于推动中西部经济高质量发展，进而带动"国内大循环"和"国内国际双循环"，对助力我国社会主义现代化建设和中华民族伟大复兴而言意义重大。

（一）"一极一源"统揽下的"两中心两地"

1. 何为"一极一源两中心两地"

"一极一源两中心两地"是党中央赋予成渝地区双城经济圈建设的目标定位，即要突出重庆、成都的协同带动功能，以点带面连片发展，立足自身优势和区域特色，落实协调发展理念，使成渝地区成为具有全国影响力的重要经济中心、科技创新中心，改革开放新高地、高品质生活宜居地，打造带动全国高质量发展的重要增长极和新的动力源[①]。

[①] 中共中央政治局召开会议 审议《成渝地区双城经济圈建设规划纲要》 中共中央总书记习近平主持会议［EB/OL］．（2020-10-06）［2021-03-23］．http：//www.xinhuanet.com//politics/2020－10/16/c_1126620405.htm.

表 6-1 针对成渝地区发展的战略升级路径

战略名称	战略定位
2011年《成渝经济区区域规划》	"一中心一基地三区":西部地区重要的经济中心,全国重要的现代产业基地,深化内陆开放的试验区、统筹城乡发展的示范区、长江上游生态安全的保障区
2016年《成渝城市群发展规划》	"两地三区":全国重要的现代产业基地、内陆开放型经济战略高地,西部创新驱动先导区、统筹城乡发展示范区、美丽中国的先行区
2020年《成渝地区双城经济圈建设规划纲要》	"一极一源两中心两地":带动全国高质量发展的重要增长极和新的动力源,具有全国影响力的重要经济中心、科技创新中心,改革开放新高地、高品质生活宜居地

2. 成渝"双城记"助力推动"大循环、双循环"新发展格局

2020年7月30日召开的中共中央政治局会议明确提出,"牢牢把握扩大内需这个战略基点"。这是面对发展环境突变的一次战略调整,将加快形成以国内大循环为主体、国内国际双循环相互促进的新发展格局,预示着中国进入新发展阶段。这种战略调整无疑会促使区域协调发展战略作出相应的调整。"双循环"新发展格局的形成需要我们审视成渝地区发展阶段特征和发展环境的变化,理解国家战略意义,思考成渝地区双城经济圈高质量崛起的发展使命与任务。成渝双城经济圈建设是一次西南内陆的新的改革开放,以双国家中心城市带动城市群发展,打造既合作又竞争的区域一体化发展格局。成渝两地要以合作和一体化为前提,以"动车组"观念探索经济区与行政区适度分离的体制机制,从而解决好"亲兄弟明算账"的竞合新机制问题。

北有京津冀、东有长三角、南有粤港澳大湾区,成渝双城经济圈建设丰富了中国区域一体化发展的大格局,是走好协调发展的关键一步。在国际经济疲软的后疫情时代,经济高质量发展必须抓住扩大内需这个战略基点,而扩大内需就必须落实好"循环"二字,应时代而生的新发展格局即在于打通内循环和外循环。从这个意义上看,成渝地区双城经济圈建设应时而生,通过发挥成渝特有的产业优势,改善创新流、资本流、人流、物流、信息流,利用成渝特有的区位优势,增强枢纽功能,助力助推打通国内大循环、国内国际双循环,助推形成新发展格局,抓牢内需这个战略支点,为我国新时代经济高质量发展安上"发动机"。

（二）强化成渝地区在"国内大循环"中的内陆中心枢纽功能

1. 增强成渝科技创新能力，改善国内创新流大循环

创新是当今社会经济发展的第一动力，当今社会，谁拥有更多的创新技术，谁就扼住了发展的咽喉。成渝地区双城经济圈的重要战略定位之一就是打造成具有全国重要影响力的科技创新中心，目的就是弥补我国西部地区发展动力不足的问题，让我国西部拥有更多的创新流与前进动力。在推动形成"国内大循环"新发展格局过程中，打通循环，带动内需，是成渝地区双城经济圈建设的核心，而要实现内需循环就必须先实现创新流循环。成渝地区近年的经济发展和产业布局为实现科技创新中心战略定位打下了基础，该战略定位能助力成渝地区电子信息等产业转型升级，为实现"国内大循环"充足电。

2. 完善成渝资本市场结构，改善国内资本流大循环

区域一体化发展的"第四极"以经济增长"第四极"为基础，经济增长"第四极"又需要金融"第四极"配套。成都和重庆两个中心城市利用较好的区位和政策优势，迅速崛起，以西部地区1%的地理面积和13%的人口，创造了西部地区20%的经济总量，培育了广阔的国内市场，为畅通内需循环做出重大贡献。而资本是市场经济体制的血液，我国传统的金融格局是东强西弱、南强北弱，为助推西部大开发和乡村振兴，成渝地区双城经济圈致力于打造金融"第四极"。截至2020年，成都金融科技企业数量居国内前五。成都打造的交子金融梦工场是全国首个、全球最大的金融科技双创平台，汇聚了阿里云、中金认证、普林科技等一大批金融创新发展团队。成渝地区的产业结构也正在重构，多个"供应链＋金融"先行示范区稳步运行，为成渝地区城市群及西部乡村振兴提供了经济发展的优质资本流，补西部短板，促进西部资本流循环，进而推动"国内大循环"。

3. 构建成渝水陆空交通体系，改善国内人流物流大循环

交通是现代经济发展的基础，从"成渝经济区"到"成渝城市群"，再到"成渝地区双城经济圈"，成渝地区发展模式的转型升级得益于现代化交通体系的构建。成都以陆路运输和航空运输为主，重庆的长江航运发达，成渝地区双城经济圈将成都、重庆各自的交通优势结合，形成水陆空立体化交通体系，为畅通"国内大循环、国内国际双循环"架构运输通道，将人流物流迅速集散，完善中国经济高质量发展的供应链、价值链。可以说，不断完善的交通体系是成渝地区双城经济圈建设的重要基础。

（三）强化成渝地区在"国内国际双循环"中的内陆开放枢纽功能

1. 引领成渝地区成为中国区域一体化发展的第四增长极

成渝地区地处四川盆地，位于长江上游，北接陕甘，南连云贵，西邻青藏，东连湘鄂[①]，具有承东启西、贯通南北的独特区位优势，是西部大开发的战略支点，更是长江经济带和"一带一路"的重要联结点。在区域一体化大格局上，北有京津冀、东有长三角、南有粤港澳大湾区，而西部地区一直是我国改革开放和经济发展的滞后地带，更是区域一体化发展的空白地带。成渝地区双城经济圈将成为我国区域一体化发展的第四增长极，成都、重庆作为区域中心辐射成渝城市群，进而联动西南、西北、东部城市群，从而承担国内经济发展的中心枢纽功能，为我国经济高质量发展补充新动力。

2. 助力成渝地区双城经济圈由国家级成长为世界级

从2011年的《成渝经济区区域规划》，到2016年的《成渝城市群发展规划》，再到2020年的《成渝地区双城经济圈建设规划纲要》，成渝地区发展规划不断升级。如今，成渝地区双城经济圈建设上升为国家战略，也标志着打造国家级城市群上升为国家战略；而在推动形成"国内国际双循环"的新发展格局下，成渝城市群仅仅止步于国家级是远远不够的，我们国家必须要"走出去"，和世界接轨、与世界协同发展，因此成渝城市群在将来必须走向全球，成为世界级城市群，也只有立稳国内再走向国外，才能真正实现全球协调发展，服务好人类发展共同体。因此成渝双城经济圈的定位必须考虑长远，此次"一极一源两中心两地"的定位，将带来中国区域一体化发展的突破，同时也将推动城市群由国家级走向世界级，因此，这个定位意义重大。

二、建设具有全国影响力的重要经济中心

（一）建设成渝地区双城经济圈的核心目标

建设具有全国影响力的重要经济中心是成渝地区双城经济圈发展的核心目标。

---

① 徐邓耀，雷舒砚，吴亚敏，等. 空间变化视角下成渝经济区县域经济发展研究［J］. 青岛科技大学学报（社会科学版），2017，33（3）：21—28.

改革开放 40 余年来,我国城市群的发展进入正轨。全国各地各个城市群迅速崛起,并形成了以城市群为代表的高度城市化和高度一体化的地区。其中,长三角、粤港澳大湾区、京津冀三个城市群,由于经济总量大、增长速度快、一体化水平高,成为我国东部地区的三大经济增长极。

长三角城市群在我国城市群的发展中处于第一梯队。根据《长江三角洲城市群发展规划》,长三角城市群由江苏、浙江、安徽和上海等地共 26 个城市组成(2019 年新增温州市),长三角城市群位于我国东部沿海地区,面积仅占全国总面积 2.3%,但总人口达 2.25 亿,经济总量占到全国的 1/4 左右。

粤港澳大湾区城市群是我国发展水平最高的城市群之一,其发展水平仅次于长三角城市群。粤港澳大湾区由香港特别行政区、澳门特别行政区以及广东省的 9 个市组成,总面积 5.6 万平方千米,总人口达 7000 万,被誉为全球第四大湾区。

京津冀城市群包括北京、天津以及河北的一些城市,是首都经济圈的升级版,发展水平仅次于长三角城市群和粤港澳大湾区城市群。京津冀城市群拥有显著的政策优势和科教优势,同时也是中国的传统工业基地,未来潜力巨大,代表了现阶段中国北方发展的最高水平。

值得注意的是,长三角、粤港澳大湾区、京津冀三大经济增长极均位于我国东部沿海地区,在促进东部地区的经济发展方面发挥了巨大的作用,也在一定程度上导致了东西部地区的经济水平悬殊。而在我国广大的西部地区却缺乏一个相对完整的、具有经济支撑力的、能同以上三大经济增长极相提并论的区域。因此在西部地区建设一个具有全国影响力的重要经济中心是一件至关重要的大事,是全面贯彻新发展理念,促进区域经济协调发展的关键一步。

成渝地区为西部地区战略地位重要、经济发展水平最高、发展潜力也最大的区域,其具备在短时间内上升到在全国具有影响力的重要经济中心地位的基础条件。因此,习近平总书记在中央财经委员会第六次会议上赋予成渝地区"具有全国影响力的重要经济中心"这一战略定位。这一战略定位更有利于推动成渝地区的一体化发展,促进西部地区经济的崛起,进一步激发西部地区经济发展潜能。

(二)助推国家经济高质量发展

"重要经济中心"是成渝地区双城经济圈作为中国西部高质量增长极的具体表现和基础。巨大的经济影响力是经济高质量发展的前提条件,没有经济实力的支持，经济的高质量发展就无从提起。

改革开放以来，我国经济持续高速发展，创造了世界奇迹。但是近年来，我国经济的发展遭遇了来自国际和国内的双重的严峻的挑战。一方面，从国际环境看，世界经济复苏缓慢，贸易保护主义和单边主义盛行，国际贸易摩擦愈演愈烈，根据世界银行的相关数据，自2011年以来全球经济增速已经连续8年低于4%，到2019年世界经济增速更是跌到了2.3%（详见图6-1）。在这种情况下，我国改革开放前期依靠较低的劳动成本推动经济快速发展的模式受到了不小的阻挠，我国经济受到了不容忽视的影响，与此同时，新冠肺炎疫情的爆发对全球经济产生的剧烈冲击更是加剧了国际环境的不确定性和不稳定性。另一方面，从国内环境看，我国经济快速发展的同时伴随着高消耗与高排放，造成了自然资源存量降低、环境压力加剧等一系列后果，我国发展不平衡不充分的矛盾日益突出，东西部地区之间的发展仍然存在差距。

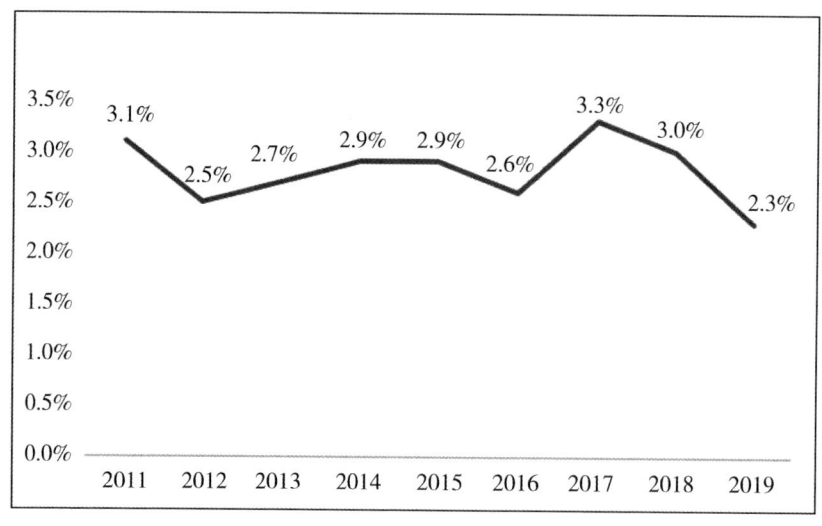

图6-1　2011—2019年全球经济增长情况①

一方面，东西部地区经济发展的差异使得西部地区成为制约我国社会经济持续高效发展的主要因素；另一方面，西部地区广阔的市场和优良的资源禀赋为我国经济高质量发展提供了巨大的回旋空间。在西部地区打造具有全国影响力的重要经济中心为形成与国家重要经济区功能互补的区域经济布局提供了新的战略支撑，也将有力助推新时代国家经济高质量发展。

---

① 数据来源：根据世界银行网站"世界发展指标"绘制而成。

长期以来，成渝地区作为我国西部地区经济发展的"领头羊"，位于西部地区经济发展的核心经济增长地域，在我国西部地区社会经济发展中发挥着举足轻重且不可替代的作用。成渝地区被中央赋予全新的战略定位，其肩负着发挥西部经济龙头的作用和带动西部地区经济发展与助力国家经济高质量发展的重大使命。"重要经济中心"的战略定位是国际国内形势对中国经济发展的新要求，更是推动国家经济高质量发展的关键举措。

（三）改善传统二元经济结构

1. 利用后发优势打破东西部二元经济结构

改革开放以来，中国经济社会快速发展，在各方面都取得了巨大的进步，综合实力明显增强。然而，中国作为世界上最大的发展中国家，在经济快速发展的同时，发展不平衡不充分的问题日益突出，东西部地区经济发展水平差距明显。

改革开放之初实行向东倾斜的非均衡发展战略，东部沿海地区利用其得天独厚的区位条件以及率先改革开放的政策优势，吸引了丰富的资金和资源，经济持续高速的增长，致使中国东西部地区的经济发展水平差距逐渐扩大，导致了东西部二元经济结构的形成。

成都和重庆作为西部地区的两大中心城市，是西部地区经济发展的动力引擎，是西部地区优势明显、极具潜力的社会经济发展高地。虽然目前东西部地区二元经济结构突出，但是西部地区的农业比较劳动生产率和非农业比较劳动生产率均高于东部地区，且增长速度较快。成渝地区双城经济圈的建设将以成渝地区为中心，推动西部地区向东部地区学习先进的生产技术，借鉴东部地区尤其是东部地区三大成熟的城市群的发展战略经验和政策制度创新，立足自身优良的资源禀赋，发挥落后地区的后发优势，加快西部地区经济高质量增长的步伐。

中央赋予成渝地区"重要经济中心"的战略定位，从国家战略高度上来绘画成渝地区双城经济圈的建设蓝图，弥补了西部地区缺乏经济发展龙头的短板，有利于提升整个西部地区的经济发展水平，打破东西部二元经济结构。

2. 结合乡村振兴战略消除城乡二元经济结构

成渝地区双城经济圈从空间上覆盖了四川和重庆的核心城市，其中，成都和重庆主城作为四川和重庆的经济中心，经济发展水平和现代化程度较高。但是由于地理区位等自然条件的差异，成渝地区城乡之间、区域之间发展水平不

一，城乡二元经济结构突出。

首先，成渝地区的城镇化水平与其他三大增长极相比，还存在较大差距。2018年，长三角、京津冀和粤港澳大湾区城市群的城镇化率分别为66.3%、65.8%和85.3%，而成渝地区的城镇化率为53.5%，可以看出成渝地区与其他三个成熟的城市群相比，城乡差距更为突出。

表6-2 2018年成渝地区与我国其他三个增长极的城镇化率对比①

区域名称	成渝	长三角	粤港澳	京津冀
城镇化率（%）	53.5	66.3	85.3	65.8

其次，成渝地区城乡区域内部差距明显。从工业化水平看，成渝地区城市经济工业化水平明显高于农村经济工业化水平，农村地区收入仍然主要来自农业种植收入；从基础设施看，成渝地区城市的基础设施更为发达，而农村地区基础设施相对落后；从消费水平看，成渝地区城市的人均消费水平远高于农村地区。成渝地区城乡之间存在发展极不均衡的问题，城乡之间发展水平和发展目标相去甚远，消除城乡二元经济结构的任务仍然艰巨。

十九大报告提出乡村振兴战略，为解决发展的不平衡不充分问题，改善城乡二元经济结构提供了政策支持。一方面，根据国家统计局的相关数据，2019年川渝总人口超过1.1亿，其中城镇人口在6000万左右，"大城市＋大农村"的特征明显；另一方面，成渝地区的农村地区还存在着大量的自然资源和闲置的劳动力资源，资源禀赋优势突出，具备实施乡村振兴战略、促进城乡融合发展、消除城乡二元经济结构的禀赋条件。以上两点使得成渝地区双城经济圈俨然具备了成为乡村振兴重要示范区的条件。

将成渝地区建设成为具有全国影响力的重要经济中心，能有效促使成渝地区以成都和重庆这两大中心城市为"双核"和"双动力"而驱动全圈，消除成渝地区城乡二元经济结构，也可以为改善全国的城乡二元经济结构起到示范作用。

三、建设具有全国影响力的科技创新中心

（一）形成重要经济中心的第一动力

进入新时代，经济发展的动力发生了转变，科技创新能力成为建设重要经

---

① 数据来源：根据2019年相关地区公开数据整理计算而得。

济中心的第一动力。没有科技创新,就无法实现经济的持续高效增长,经济增长和结构优化就缺乏核心动力。重要经济中心与科技创新中心不是相互独立的,科技创新中心为突破经济中心建设瓶颈提供了有力的支持。

(二)促进成渝科创资源的融合发展

1. 丰富的创新资源与雄厚的科技基础

成都是西部经济大省——四川省的省会城市,是国家高技术产业基地,是全国职务科技成果权属改革实践的发源地,重庆是我国四大直辖市之一,成渝地区拥有丰富的创新资源和雄厚的科技基础。

成渝地区是老牌工业基地,工业基础雄厚。在"一五""二五"等计划的有力推动下,成渝地区的工业化进程发展迅猛,成都和重庆的工业体系实现由弱到强的转变,形成了相对健全的现代工业体系和国防工业生产体系。过去20年,成渝地区除了实现经济的持续稳步快速增长以外,产业的转型升级也在持续推进。成渝地区实现了从传统工业向电子信息和汽车制造双轮驱动成功转型,成为中国西部的汽车制造中心和电子信息制造基地。

成渝地区拥有丰富的科教资源,创新平台基础良好。重庆和成都这两座中心城市的科研机构和高等院校在西部地区占有重要的战略地位。一方面,成渝地区拥有中国核动力研究设计院、西南电子技术研究所、西南通信研究所等一批国家级科研机构,还拥有为数众多的国家级开发开放平台、国家重点实验室以及国家工程技术研究中心,科技资源较为密集;另一方面,成都和重庆高校院所众多,拥有多所"双一流"建设院校,教育资源也较为突出。成渝地区具备开展前沿基础科学研究的基础。

图6-2显示了2020年全国规模较大的城市群的科技创新水平的得分,其中成渝城市群的科技创新发展水平位居第6名,在西部地区位于第一梯队,科技创新发展水平良好。

丰富的创新资源和雄厚的科技基础使得成渝地区双城经济圈具备成为具有全国影响力的科技创新中心的突出优势。

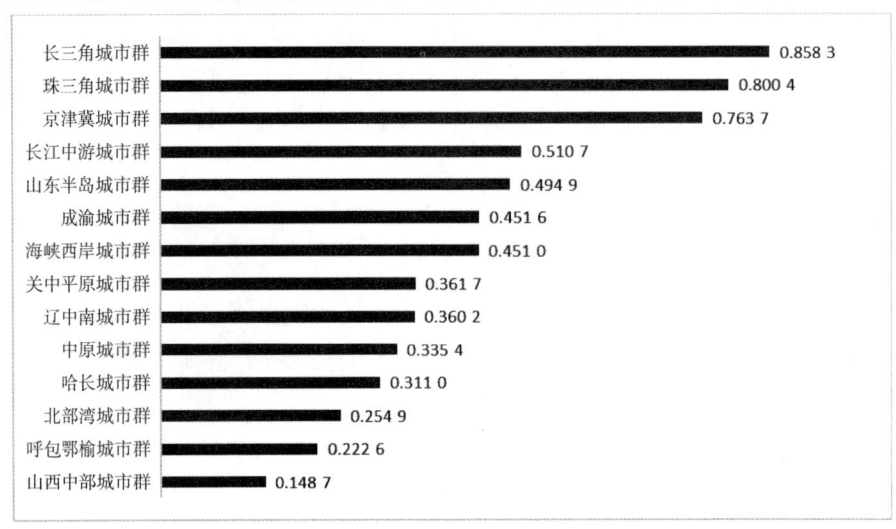

图 6-2　2020 年中国城市群科技创新发展指数得分①

2. 政策基础驱动成渝科技创新协调发展

一方面,党的十八大报告提出创新驱动发展战略,强调科技创新在国家发展全局中的核心地位,随后陆续在全国进行建设科技创新中心的布局。赋予成渝地区双城经济圈"具有全国影响力的科技创新中心"的定位,是党和政府立足当前、放眼未来的战略规划,是完善国家科技创新布局,加快建设创新型国家的重要举措。另一方面,成渝地区拥有丰富的创新资源和雄厚的科技基础,其科技创新优势突出,为科技创新中心的建设提供了现实支撑,成渝双城在科技创新领域的齐心协力,势必会增强成渝双城的极核作用,充分发挥科技创新的比较优势,增强科技创新的集聚效应和辐射能力,提高科技创新的整体效益,促进成渝科技创新融合发展,达到"1+1>2"的效果。

建设具有全国影响力的科技创新中心的重点和难点都在于"协同",重庆市科技局与四川省科技厅签署的《进一步深化川渝科技创新合作　增强协同创新发展能力　共建具有全国影响力的科技创新中心框架协议》,以及成都高新区与重庆高新区签署的《重庆高新区成都高新区"双区联动"共建具有全国影响力的科技创新中心战略合作协议》,都为打破成渝双城各自为政、抢夺资源的局面,打破资源要素壁垒,加速科技创新资源的整合,提供了强有力的政策基础。

---

①　首都科技发展战略研究院. 中国城市科技创新发展报告 2020［R/OL］. (2021-01-25)［2021-03-23］. http：//www.cistds.org/content/details36_1271.html.

科技创新中心的战略定位，有利于成渝地区整合科技资源优势，激发城市发展的内生动力，形成共建、共享、共商的良好局面。

（三）契合经济发展新动能与国家安全战略的双重要求

在中国经济发生转变的时期，经济发展的新动能亟须转变。科技兴则民族兴，科技强则国家强①；在激烈的国际竞争中，唯创新者进，唯创新者强，唯创新者胜②。习近平总书记的这些论断，再次突出强调了科技创新在经济社会发展中发挥的重要作用。科技创新中心的建设，将有效加快成渝地区实现高质量发展重要增长极的步伐，带动整个西部地区的迅速发展。从国家战略的高度上推动成渝地区的科技创新能力的提升，将促进成渝地区发展形态的转型升级，形成经济发展新动能，加快成渝地区、西部地区乃至全国经济从数量型到质量型的转变。

从历史角度看，成渝地区地处四川盆地，地域辽阔，地形较为封闭，具有独特而重要的地位，历史上就是我国的战略大后方。不论是在三国时期，还是在抗日战争时期，成渝地区在军事领域和政治领域均发挥了重要的支撑和托底功能，做出了巨大的历史贡献。从现实角度看，成渝地区具有突出的区位优势和战略优势。第一，成渝地区的区位优势明显，其位于四川盆地，平均海拔不高，资源丰富，具有空间回旋优势和战略资源充足优势，有利于形成强大的战略大后方。第二，成渝地区的战略优势突出，其拥有丰富的科技资源，拥有中国科技城、国家防务基地、现代化航空航天基地、信息安全中心以及其他与国家安全有关的三线建设布局，具备成为支撑国家安全战略大后方的基础条件。第三，成渝地区担负着西部地区发展重任，是西部大开发战略的支撑点和发动机，承担着拉动西部经济增长、巩固国防能力的光荣使命，战略定位非常高。

面对科学技术的快速变革以及国际政治经济环境的复杂变化，一方面，以科技创新能力为动力促使经济高质量发展，是形成经济发展新动能、全力构建新发展格局、破解当前我国经济发展中突出矛盾和问题的关键；另一方面，科

---

① 全国科技创新大会 两院院士大会 中国科协第九次全国代表大会在京召开［EB/OL］.（2016-05-30）［2021-03-23］. http：//www.xinhuanet.com//politics/2016-05/30/c_1118956522.htm.

② 霍小光，华春雨. 习近平在欧美同学会成立100周年庆祝大会上发表重要讲话［EB/OL］.（2013-10-21）［2021-03-23］. http：//politics.people.com.cn/n/2013/1021/c1024-23277198.html.

技创新中心的建设,有利于成渝地区着力于研究和突破基础科学以及关键核心技术中的重大问题,为实施国家安全战略提供技术保证,使我国维护国家安全的能力得到提升。

四、建设新时期我国改革开放新高地

我国的改革开放始于广东,也正是改革开放改变了我国贫穷落后的面貌,创造了经济高速发展和社会长期稳定的奇迹,可以说,改革开放是我国重大的转折点。当前全球正处于大变局时期,我国要想可持续发展,还必须深化改革开放,继续打造改革开放新高地。改革开放不是一窝蜂地一起改革,也不是没有先后次序的开放,而是有计划的改革。立足成渝特色和区位优势,成渝地区双城经济圈建设内陆改革开放的新高地,可以重点在以下几个方面发力。

(一) 加速构建成渝全方位对外开放大通道

由于区位优势的影响,我国改革开放的浪潮率先在东部沿海地区掀起,并催生了长三角、粤港澳大湾区、京津冀这三大对外开放的高地,为我国东部和南部的发展做出了重大贡献。成渝地区由于地处西部内陆,既不沿海,也不沿边,改革开放的起步较晚。然而,随着西部大开发、长江经济带发展战略和"一带一路"倡议的提出和深化推进,成渝地区原本的空间劣势反而转变为了优势,成为发展西南内陆经济的必要枢纽。成渝地区是我国东西南北的重要联结点,是沟通南亚与东南亚的重要通道,是国家南向和西向开放的门户,是西部陆海新通道建设的战略起点,具有不可替代的区位优势,因此必须加速构建开放大通道,实现经济高质量发展。

赋予成渝地区"改革开放新高地"的战略定位,可以通过成渝地区把中国的沿海开放、沿江开放和沿边开放地区联结起来,有利于进一步推动中国全方位对外开放格局的形成。近年来,成渝地区通过基础设施对外互联互通,已逐步构建全面开放的新格局:向西,通过中欧班列等加强与中亚和欧洲的联系,开拓中亚、欧洲、非洲市场;向南,通过西部陆海新通道触达东南亚市场;向西南,通过孟中印缅经济走廊进入印度洋,开拓南亚市场。但是成渝地区现有的对外开放通道还不够全面,中心枢纽潜能还未完全释放,此次将成渝地区双城经济圈提高到国家战略的高度,将加速成渝地区构建全方位对外开放的大通道。一方面,有助于构建便捷畅通的国际开放通道,包括向西经川藏线再向南到尼泊尔、印度等南亚地区的开放通道，向西南经云南到缅甸的出海通道，向东南直达粤港澳大湾区的出海大通道，向西北的蓉欧快线以及渝新欧多式联运通道，向东依托长江黄金水道及沿江铁路和高速公路的出海大通道，与"一带一路"、长江经济带和西部陆海新通道形成无缝对接。另一方面，有助于将成渝地区双城经济圈的产品、产业以及产业园区深度融入全球价值链和供应链，顺应经济全球化和国际产业梯度转移以及产业结构升级规律，做大做强外向型产业经济。

（二）加速在新领域试点布局先行区

十九届五中全会明确提出当今世界正处于百年未有之大变局，机遇和挑战并存，要善于在危机中育先机，于变局中开新局，抢抓先机。我国的改革开放开始于南方，可以说粤港澳大湾区抓住了20世纪的发展先机。当下党中央审时度势，打造"双城记"正是抢抓21世纪发展先机，但是挑战与机遇并存，在把握机遇的同时必须做好应对挑战的准备。

赋予成渝地区双城经济圈"改革开放新高地"的定位，是一次历史性的战略举措，为中西部内陆发展提供了更多的机会。回顾改革开放的历程，成渝地区曾以农村改革重要策源地、国有企业改革重庆模式闻名全国，但自2007年设立成渝统筹城市配套改革试验区算起，成渝地区一直被赋予某个领域的专项改革任务，而未被赋予过整体性的重大改革任务，"改革开放新高地"充分说明了内陆开放新时代的到来。将成渝地区建设成为新时代改革开放新高地，标志着成渝地区第一次历史性地站在新时代改革开放的最前沿，将承担起作为推动治理体系现代化和加速形成改革开放新格局的"排头兵"重大任务，同时也为成渝地区协同高效推进改革、全面扩大对外开放提供了宝贵机遇和平台。

鲜明赋予"改革开放新高地"定位，使成渝地区在我国新时代改革再开放、开放再扩大、扩大再深化的背景下占据有利地位，拥有内陆改革开放先行先试的广阔空间，从而成为推动我国内陆地区全面深化改革的先行区。在西部内陆地区的改革举措，可以在成渝地区双城经济圈先行先试，从而为我国内陆地区的全面深化改革树立成功的典范、提供宝贵的经验，为新时代全国的全面深化改革和制度供给创新提供样本和动力。

（三）加速推进成渝制度供给创新

营商环境一直是我国改革开放以来大力建设的重点领域，李克强总理曾强调,营商环境就是生产力。营商环境是一个地区参与全球经济发展的核心竞争力,优化营商环境就是提高竞争力。建设新时期我国改革开放新高地要求成渝地区必须拥有一流的营商环境。成渝双城经济圈建设要深化改革,就必须优先改善营商环境,为社会主义市场经济体提供适宜生长的良好空间。

表6-3分别展示了2018年、2019年中国城市营商环境的排名情况。其中,重庆和成都2018年为第5、第6位,2019年为第5、第8位。由此可见,成渝地区的营商环境排名有下滑趋势,还有很多不足,值得重视和反思;但从另一个角度来看,成渝地区的营商环境存在着较大的优化空间,只要通过深化制度改革,激发成渝双城经济圈的发展潜力,实现经济高质量发展就不是空想。

打造一流营商环境,是全面深化改革的内在要求,是实现高质量发展的重要基石。营商环境的好坏,直接影响了一个地区经济发展的速度和质量,经济发展的速度和质量又关系着能否顺利实现其他战略目标,更决定着成渝双城经济圈能否走向世界。助推成渝地区双城经济圈高质量发展,创造良好的营商环境是必经之路[①],必须做优做实。

"改革开放新高地"的战略定位,有利于加速成渝地区营造一流的市场化、法治化、国际化的营商环境。一方面,将推动成渝地区进行体制机制改革,推动政府服务标准化,消除不透明现象,降低制度成本,提高政府治理能力,提升治理体系现代化水平;另一方面,将进一步推动成渝地区建立国际化营商环境,吸引全球资本汇聚成渝地区双城经济圈[②],在形成经济增长极的同时,真正实现在世界范围内协调发展,推动构建发展共同体。

表6-3 2018—2019年中国城市营商环境综合排名[③]

2018年		2019年	
排名	城市	排名	城市
1	北京	1	北京
2	上海	2	上海
3	深圳	3	深圳

---

① 周立明,李泽宽. 以法治化营商环境助力成渝经济圈建设[N]. 人民法院报,2020-11-22 (2).

② 曹清尧. 打造西部高质量发展重要增长极[J]. 当代党员,2020 (9):48—50.

③ 资料来源:根据中央广播电视总台编撰的《中国城市营商环境报告2018》《2019中国城市营商环境报告》相关数据整理而得。

续表

2018年		2019年	
排名	城市	排名	城市
4	广州	4	广州
5	重庆	5	重庆
6	成都	6	南京
7	天津	7	杭州
8	杭州	8	成都
9	南京	9	天津
10	西安	10	宁波

（四）加速深化改革

当前中国进入新时代，我国社会主要矛盾已转变为人民日益增长的美好生活需要和不平衡不充分的发展之间的矛盾，人们的诉求已不再是温饱，而是幸福感。一方面，我国目前各地发展不平衡不充分，城乡发展脱轨、东西部发展失衡；另一方面，违法犯罪、环境污染等都是降低人民幸福感的"拦路虎"。因此人民对幸福的渴望迫切要求提升国家治理现代化水平，全面深化改革和全面依法治国必须落实，破除一切影响公平、效率和幸福的障碍。打造"改革开放新高地"就是要破冰前行，提升地区发展的同时增加人民幸福感、获得感、安全感，推进国家治理现代化，助力社会主义现代化和民族复兴。赋予成渝地区双城经济圈"改革开放新高地"定位，深化成渝地区的制度改革，完善治理体制、创新治理方式，实现治理现代化，增强经济韧性、抵御经济风险，为顺利实现重要经济中心、生活宜居地目标提供了重要保障。

五、建设我国西部地区高品质生活宜居地

（一）基于西部地区人口及经济承载力的战略考量

1. 成渝地区具有建设高品质生活宜居地的突出优势

（1）自然环境得天独厚，资源环境承载力强

成渝地区居"胡焕庸线"东南方向，在地理位置上连贯东西、沟通南

北,为第二级阶梯上自然资源和综合承载力都极佳的"战略性区域"。亚热带季风气候结合滇藏边界过渡区的独特地理环境,使得成渝地区各类动植物资源极其丰富;天然气、土地、水能等自然资源居于全国前列;作为全国三大林区、五大牧区之一的成渝地区也是长江黄河上游的重要水源涵养地和补给地,资源环境承载力可见一斑。

(2) 传统人口集聚区域,人口聚集潜力较大

成渝地区作为西部人口规模最大、发展条件最好的区域,人口规模近亿(占西部约1/3),也是西部地区最大的人口流入地区。成渝地区处于全国"两横三纵"的城市化战略格局沿长江通道横轴和包昆通道纵轴交汇地带,战略地位突出,加上密集分布的城镇、良好的产业基础、较为发达的交通网络、较为完善的综合配套设施,使得成渝地区成为我国重要的人口、城镇、产业集聚区。随着成渝地区双城经济圈建设上升为国家战略,成渝地区空间布局进一步优化,人口集聚的支撑条件将进一步提升,人口集聚潜力巨大。

(3) 历史文化底蕴深厚,文化包容性强

作为中华文明巴蜀文化的起源地之一,成渝地区是中国乃至世界的珍贵历史文化宝库,有闻名世界的三星堆遗址、金沙遗址、都江堰等,也有在亚洲地区影响深远的三国文化、道教文化,自秦汉时期就交汇融合的巴文化和蜀文化也为成渝地区奠定了开放包容、友善文明的人文精神。

(4) 教育医疗全国领先,公共服务水平较高

成渝地区的高校,目前有三所进入世界一流大学建设范围、七所进入世界一流学科建设高校行列,各级医疗卫生机构数量位居西部第一、全国前列,有闻名全国的四川大学华西各附属医院、成都中医药大学附属医院、重庆医科大学附属第一医院等,人均床位数位居西部第一、全国领先。成渝地区汇聚众多优质科技、教育、医疗资源,为成渝地区打造高品质生活宜居地奠定了良好的民生基础。

(5) 经济发展、城镇化建设成效好,人口吸纳能力较强

成都、重庆这两大国家中心城市发展势头强劲,在2019年全国城市地区生产总值排名中,成都和重庆是排名最靠前的两个西部城市;在我国常住新增人口排名前10的城市中,成渝地区占两席(成都、重庆),这足以说明成渝地区对人口的吸引力。加之成渝地区新型城镇化建设成效显著,现代城市建设初具规模,未来人口吸纳能力较强。且从成渝地区经济本身来看,其经济体量在西部地区首屈一指,近年来四川、重庆的地区生产总值增速高于全国增速,有

能力成为带动全国高质量发展的重要增长极和新动力源。

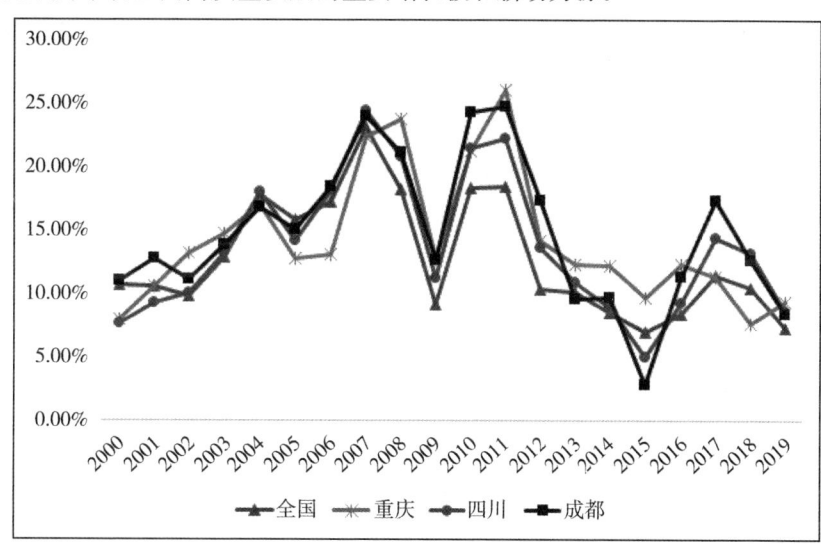

图 6-3　四川、重庆地区生产总值增速与全国国民生产总值增速对比①

(6) 交通基础设施改善，利于人口合理流动

成渝地区已建成成渝高铁、遂渝铁路等 6 条铁路通道，以及成安渝、成渝等 11 条高速公路通道，有长江、嘉陵江、渠江、涪江 4 条水运通道。2018 年川渝两地旅客吞吐量超过 1 亿人次，在川渝两地始发的中欧班列占全国中欧班列的近 50%。与此同时，城际铁路骨架基本形成，成都、重庆已形成 1.5 小时交通圈，与周边城市已形成 1 小时通勤圈。随着成渝地区交通网络不断加密，连接主要城市的高铁、高速、航道、机场建设持续加快，川渝两地交流频繁，人口合理流动态势良好。

2. 促进我国人口的区域合理布局

(1) 促进人口和经济活动集聚至西部优势区域

成渝地区作为国家统筹城乡综合配套改革实验区，在 2007 年，成都和重庆已建立了国家、省、市三级推进城乡融合发展的试点体系。当前，成渝地区城乡融合发展已进入深化阶段，过去的单向城乡人口流动发展为如今的人口从乡向城流动规模下降、从城向乡流动趋势也逐渐显现。随着城乡要素流动加速、城乡功能优化进一步提升，成渝地区的人口空间布局将更趋于合理优

---

① 数据来源：根据 2001—2020 年的《中国统计年鉴》和《重庆统计年鉴 2020》《四川统计年鉴 2020》《成都统计年鉴 2020》中的相关数据整理计算而得。

化，实现人口与经济同步向西部优势区域积聚。

（2）吸纳周边人口尤其是生态功能区人口向成渝地区城市群逐步转移

成渝地区连接中原与滇藏，地形处于第一级和第二级阶梯的过渡地带。多年来，边远地区在发展过程中往往伴随着水土流失严重、矿产资源等开发不规范、生态脆弱区垦殖过度等问题，对长江、黄河上游的水源涵养和水量补给造成了一定程度上的威胁。通过建设成渝双城经济圈，将进一步吸引区域内若尔盖、川滇、秦巴、大小凉山等重点生态功能区的人口有序地向城市转移，恢复并改善成渝地区的环境，通过政策、体制机制创新，在资金、人员、信息和技术等方面，实现区域内部各个民族、社会阶层和文化背景的人群能和谐平等交流、相互尊重融合，使每个居民都能有平等的发展机会，共享生态建设发展成果。

（二）满足群众对美好生活的向往，实现经济可持续发展

1. 以人民为中心的发展思想

挖掘高品质生活宜居地的内涵可以发现，"高品质生活"是目标指引，要求在保障基本生产生活需要的基础上，使人民群众的需求能够得到更高层次、更高质量的满足。"宜居地"是以人民为中心的战略指向，要求统筹生产、生活、生态，为群众创造更美好生活、更宜居环境，全面提升人民群众的获得感、安全感和幸福感。

2. 高质量发展在民生和环境领域的重要体现

经济实力是高品质生活宜居地的物质基础，而生态环境是高品质生活宜居地的自然底色，二者都为经济高质量发展的重要展现领域。成渝地区在人才、智力、技术、资金、管理等方面拥有较为扎实的基础，在优化产业结构布局和建设未来西部强区等方面拥有巨大的发展潜力，建设高品质生活宜居地可以为居民提供良好的就业机会、足够的物质支付能力和稳定的发展信心，进而提升经济竞争力、创造更多的经济发展机会，形成良性循环。同时，成渝地区拥有良好的生态环境条件，建设高品质生活宜居地能为居民提供良好生活环境，通过人口集聚与进一步合理布局，能满足现代社会中人们对环境优质、生态良好、景观优美的美好生活的追求。

3. 维护国家生态安全和社会经济可持续发展的重要一环

绿水青山就是金山银山的理念已逐渐成为全社会的共识，建高品质生活宜居地就是要让生态更加优美，满足人民安居乐业、享受锦绣河山及美好家园的愿望。成渝两地围绕长江、嘉陵江、乌江、岷江、涪江和沱江等重点流域，做

好生态廊道建设和流域综合治理工作，实现区域生态补偿，筑牢长江中上游生态屏障，这是成都、重庆以新发展理念为思想指导开展公园城市示范区建设的重要举措，将经济发展和生态环境保护相结合，使人民群众享有更舒适的居住条件、更优美的生态环境。

（三）适应成渝地区经济社会诸方面的高要求

1. 成渝地区打造高品质生活宜居地的现实短板

（1）经济总体发展水平有待提升

2019年成渝地区经济总量仅占长三角地区的29.5%、珠三角地区的80.5%、京津冀地区的82.4%。人均地区生产总值仅占三地41.3%、48.5%和75.1%。城市化率（53.8%）比珠三角、长三角、京津冀低31.5%、14.8%和11.6%，甚至比全国平均水平低近6%。除人才、政策等要素支撑尚显不足外，成渝地区的市（州）大多处于人口净流出状态，重庆的人口净流出率甚至高达9.08%，就业吸纳能力需进一步提升。总体上看，成渝地区地处西部内陆，目前发展不平衡不充分的问题仍然突出，经济发展追赶跨越的任务十分艰巨。

表6-4 2019年成渝及其他三大地区的关键统计数据对比①

地区	地区生产总值（万亿元）	面积（万平方千米）	常住人口（万人）	城镇化率（%）	人均GDP（元）	地均GDP（万元/平方千米）
成渝地区	7.0	18.5	9 819	53.8	58 050	3 081
长三角地区	23.7	21.2	15 000	68.6	140 667	9 953
珠三角地区	8.7	5.6	6 765	85.3	119 733	14 464
京津冀地区	8.5	21.5	11 000	65.4	77 273	3 953

（2）城乡公共服务供给不均、不足

社保水平方面，现阶段成渝地区基本养老保险覆盖率约80%，仍有约1800多万人未参加失业、工伤和生育保险，大量人口还未实现应保尽保，社会保障水平与群众的预期还有较大差距；师资配备方面，中等职业学校、普通高中、普通高等学校的生师比均低于全国平均水平，特别是普通高等学校生师比全国排名倒数；医疗卫生方面，现有优质医疗卫生资源配置不均衡，成都市和

---

① 数据来源：据国家统计局2020年相关省市公开数据整理计算而得。

绵阳市集中了全省近四成三级医院，重庆主城区集中了全市66.7%的三级医院，半数以上卫生专业技术人员集中在省、市级医疗卫生机构。从以上几方面可以发现：成渝地区优质公共服务资源集中在大城市及周边城市群，公共服务供给不足与资源浪费现象并存，入园难、择校热、看病难、看病贵等问题比较突出。

(3) 人文地理优势开发利用不足

作为中华文明的重要发源地，成渝地区的文物古迹数量居全国前列，但对历史文化遗产的开发还远远不够。从文化产值上看，世界文化遗产数量偏少的广东，其文化产业增加值为成都的2.5倍左右。造成这一问题的原因，大致有以下两方面：一是开发挖掘不够。众多文化遗存散落在乡野、民间，需进一步挖掘、征集、考证、保存；一些非遗项目与现代生活距离较远、濒临失传。二是因为利用率不高。现阶段历史人文资源的宣传展示、挖掘开发不到位，未实现不同部门相互协作、共同推广文化资源及文旅产品，人文优势发挥存在不足。

(4) 人口素质及社会治理有待加强

成渝地区作为西部人口集聚区，人口众多，但人口素质有待进一步提升。在人口健康素质方面，四川和重庆人口平均预期寿命仍旧低于广东、上海等发达地区。在人口文化素质方面，四川和重庆6岁及以上人口平均受教育年限（8.64年）仍低于全国平均水平（9.26年）。随着成渝地区流动人口规模的扩大，以农村劳动力转移为主的人口流动模式将加剧空巢、留守、半城镇化等突出问题。由于不断吸纳周边地区人口，成都和重庆的"大城市病"将日益凸显，城市地铁、车站、商场等公共场所的安全隐患也日益增多。

2. 成渝地区打造高品质生活宜居城市的发力点

针对以上现实短板的分析，可以看出，未来成渝地区打造高品质生活宜居城市需要从经济发展、创新开放、城乡融合、公共服务、生态建设等方面发力。经济发展方面，需要实现创新链与产业链深度融合，建设支撑成渝地区双城经济圈高质量发展的现代产业体系，建设万亿级产业生态圈，建立大数据、云计算、物联网、人工智能等创新共同体和产业集群，推动地区人均收入持续上升，不断吸引外来人口；在创新开放方面，通过制度创新、制度变革、扩大对外开放等改革举措，打造一流的营商环境，提升成渝地区科技研发和科研成果转化能力，通过建立一批高等级的自贸区及国际空港、陆港等开放平台，建成"空中丝绸之路"及"国际陆海联运"双走廊；在城乡融合发展及区域公共服务建设方面，推动以人为核心、具有成渝地区特色的新型城镇化，全面实施城乡统一的户口登记管理模式，让更多的"华西"和"西南"闪耀成渝，同时建成 15 分钟生活圈，实现"幼有善育、学有优教、劳有厚得、病有良医、老有颐养、住有宜居、弱有众扶"的理想保障；生态建设方面，需要建立跨区域、流域生态网络与环境污染联防联治机制，筑牢长江中上游生态屏障，为人民生活居住提供更优美的生态环境。

第七章
成渝地区双城经济圈建设的重要任务

一、合力共建现代化基础设施网络

（一）建立成渝地区双城经济圈基础设施互联互通合作机制

1. 建立多层次、常态化的基础设施合作机制

成渝地区合力建设国际性综合交通枢纽集群，必将在多种互联互通合作机制中实现。一要加强组织领导，专门成立推动交通基础设施建设的行动领导小组，该小组由相关各个部门分管负责人组成，形成推动合力；二要细化项目任务、落实责任分工，打表推进，确保项目落地实施；三要强化资金保障，加大力度争取中央预算内资金、国家专项基金、地方债券、专项债等用于重大基础设施建设的同时，设立专项资金，加强市级交通基础设施资金、资源、资产的统筹运用和管理核查工作，并结合多元化、多渠道化的市场融资方式来进一步拓宽融资渠道；四要强化要素保障，市级有关部门要加强规划衔接，建立联动机制、简化审批手续、优化审批流程；五要强化督导考核，建立健全重大项目问题清单、责任清单、进度清单以及问题销号机制。

2. 共同推进成渝重大基础设施项目开工建设

川渝地区基建类重大项目占重大项目比重均超过 1/3，而在基础设施建设项目中，交通项目占比最大，虽然 2019 年、2020 年有些许回落，但交通项目占比仍在所有基础设施中居于首位。中共中央、国务院印发了《国家综合立体交通网规划纲要》，成渝地区正式被中央层面文件确认为全国重点区域中的

"四极"之一,要求形成以成都、重庆为中心的成渝地区双城经济圈枢纽集群①。

未来,成渝地区需要做到以下四个方面。一是进一步推进国际铁路枢纽和场站、国际航空(货运)枢纽、国际邮政快递处理中心等要素资源在成渝地区的相对均衡布局,培育万州、荣昌、达州等一批枢纽和节点型城市,与成都和重庆形成枢纽集群。二是依托各交通走廊和通道,进一步加强成渝地区与国内其他城市的开放联动,如北方的西安与郑州、南方的武汉和昆明、西北方向的乌鲁木齐等城市,增强成渝地区的交通辐射面和向外整合度。三是通过各交通主轴,进一步推进与京津冀、长三角、粤港澳的分工合作,以四极为整体,构建国际合作和竞争的新优势。成渝地区需按照《国家综合立体交通网规划纲要》,出台成渝地区双城经济圈综合交通立体网建设的具体项目及其建设进度规划,在共同推进强化交通空间资源有效预留的同时,优先保障铁路、高速公路、机场以及水路重点项目建设用地需求,确保重点项目落地实施,推动4个"1小时交通圈"、"米"字型高铁及重庆国际性航空枢纽建设,推进嘉陵江利泽航电枢纽及涪江双江航电枢纽建设,打造综合交通大数据平台。

表7-1 成渝地区交通基础设施重点工程②

铁路
建设成都至西宁、成渝、西成、渝万、成贵、渝昆、郑万高速铁路和成兰、成蒲、黔张常、成雅、兰渝、渝昆、渝黔铁路,重庆铁路枢纽东环线、隆黄铁路叙永至毕节段等铁路,实施成渝、成昆、达万等铁路扩能改造工程
规划建设成都至新机场至自贡、重庆至黔江、遂宁至达州、绵遂内宜、自贡至泸州、达州至重庆、达州至万州、重庆至合川、重庆至江津、重庆至璧山至铜梁、合川至铜梁至大足至永川等城际铁路、市域(郊)铁路
开展成都至格尔木铁路等前期研究工作

---

① 完整版丨中共中央 国务院印发《国家综合立体交通网规划纲要》[A/OL].(2021-02-24) [2021-04-06]. https://www.mot.gov.cn/2021zhengcejd/zongheltjtwghtj/xiangguanzhengce/202102/t20210225_3527771.html.

② 国家发展改革委 住房城乡建设部. 成渝城市群发展规划[A/OL].(2016-04-27) [2021-03-23]. https://www.ndrc.gov.cn/xxgk/zcfb/ghwb/201605/W020190905497815825233.pdf.

续表

公路	建设 G4217 汶川至马尔康、G5515 黔江至石柱、G69 开县至城口、G8513 绵阳至九寨沟、G4216 仁寿至攀枝花、G0511 德阳至都江堰、G4218 雅安至康定、G8515 荣昌至泸州等国家高速公路 实施 G5 泸沽至黄联关、G0512 成都至乐山、G42 成都至南充等国家高速公路扩容改造工程
水路	宜宾至重庆段航道重点浅滩、九龙坡至朝天门航道、三峡库区及库尾航道建设工程，乌江、嘉陵江、岷江、渠江、金沙江、涪江等支流航道建设，建设岷江犍为航电枢纽，研究论证岷江、龙溪口、东风岩、嘉陵江利泽等航电枢纽建设
铁路枢纽	重点建设重庆北站、重庆站、重庆西站、重庆东站、沙坪坝铁路综合交通枢纽、成都东站、成都站、成都南站、成都西站
港口枢纽	改扩建重庆主城港区及泸州、宜宾、万州、涪陵、江津、丰都、忠县、永川、合川等港区，以及乐山、南充、广安、达州等港区
机场枢纽	建设成都新机场，改扩建重庆江北机场、万州机场、黔江武陵山机场，新建乐山、阆中、巴中、甘孜机场，迁建泸州、宜宾、达州机场

（二）建设以成都和重庆为中心的国际性综合交通枢纽

1. 建设四网融合、互联互通的轨道网络

"四网"融合发展，是指成渝地区双城经济圈建设需要推动干线铁路、城际铁路、都市圈市域（郊）铁路和城市轨道交通建设。其中干线铁路需建设多向联通成渝地区的大通道，建设"米"字型高铁网，东西向建设成渝中线高铁、渝万高铁、渝宜高铁、成达万高铁等，南北向建设渝昆高铁、兰渝高铁等。同时加快货运铁路运输干线的建设，积极推进涪柳铁路、广忠黔铁路、川黔铁路改造等项目的建设，提高货运能力、融入"一带一路"及长江经济带发展。加强城市域（郊）铁路联通，实现主城都市区"1小时通勤圈"，有力支撑"一区两群"协调发展。在城市轨道成网方面，成渝地区需实现交通和人口、土地、产业的协调发展，强化轨道站点和常规公交的无缝衔接。最终建成多层次轨道交通网络体系，形成分工合理、衔接顺畅的多向出渝大通道，打造轨道上的双城经济圈，满足成渝地区多层次、多样化、个性化的交通需求。

2. 建设层次分明、覆盖广泛的道路网络

畅通对外高速公路通道、进一步优化城际快速路网，需要加宽加密现有高速公路网络，同时通过有序推进川渝地区省际国省干线公路的提质改造来进一步完善普通公路网络；在打通交通瓶颈、完善城市间骨架路网的同时，加密干支路网、加速完善中心城市与周边城市的连接网络，提升城乡居民出行环境；成都和重庆等规模较大的城市还需强化主城都市区高速公路和快速路的一体化衔接……通过以上措施来推动毗邻地区互联互通，建立起普通公路和城市道路网络，有目的、有节奏地强化城市快速路、主干路与高速公路、普通干线公路一体化衔接，服务区域协调发展。

3. 建设通江达海、联动协同的水运网络

川渝南部地区（重庆、泸州、宜宾等城市）处于长江经济带上，通过开工建设长江干线朝天门至涪陵段航道整治工程等来打造高等级长江上游航道网络，健全以长江干线为主通道、重要支流为骨架的航道网络；通过开工建设主城港区黄磏作业区一期等项目来推动港口的集约协同发展，全面提高长江上游航运枢纽建设的吞吐量。加快长江上游航道整治，加强港口分工协作，构建结构合理、功能完善的港口群，加强成渝地区城市群的水上航运体系统筹分工协作，将成渝地区打造成长江上游航运枢纽，进一步提高该地区作为上游航运中心的服务水平。

4. 建设引领内陆、辐射全球的航空网络

成渝地区需协同发展、全力提升民航保障能力与枢纽功能。开工建设重庆市江北国际机场T3B航站楼及第四跑道工程、重庆新机场等项目，实现与成都双流国际机场、成都天府国际机场共同打造双核驱动、内陆引领的国际航空门户枢纽体系。在打造成渝地区世界级机场群和国际航空门户枢纽、提升对外开放能力的同时，依托通用机场，大力开展飞行员培训、应急救援、防林护林等作业飞行。引导支持新兴的航空消费，拓展商务包机、景点观光、空中摄影、空中表演等通用航空功能。

5. 建设干支互通、保障有力的管道网络

统筹资源开发与管网基础设施建设，推进川渝油气管网一体化规划建设，逐步提高油气储备能力，提高管网互联互通水平，形成内联外畅的油气管网格局。首先需要围绕川渝天然气千亿立方米产能基地建设、提升天然气的管道互通水平，同时提升成品油管道运输能力，推动沿江成品油管道项目建

设,谋划陕西入川渝成品油管道项目,在提高成品油有效管输能力的同时,缓解长江水运压力,突破现有成品油三峡大坝"过闸"瓶颈。

6. 建设联通区域、普惠城乡的邮政网络

随着互联网消费的飞速发展,成渝地区需加快完善邮政快递物流体系,通过加快邮政快递业重大项目建设,加大对智慧物流公共信息平台建设的投入,加快构建三级寄递物流服务体系,强化各交通网络功能区的交邮衔接,最终建成普惠城乡、联通区域、辐射国际、高效衔接的寄递基础网络,形成支撑生产、惠及民生的邮政快递服务体系。

(三)统筹推进信息等新型基础设施互联互通

1. 加强信息基础设施建设

数字经济时代,深化新一代信息技术的创新引领作用,需要做到以下方面:一是要通过推进5G网络建设、推动5G网络设施延伸覆盖、建立"5G+工业互联网"重点项目库、优化成渝地区新一代数据中心布局、加强车联网基础设施建设来进一步加快成渝地区双城经济圈的新型信息基础设施建设;二是要促进现阶段的智能终端设备换代升级,落实相关优惠政策以扩大智能家居场景化应用,加大财政支持力度来加速智能网联汽车研发制造,为打造"智慧"城市及提升公共服务水平而大力推进智慧健康服务及智慧养老建设,完善交通出行综合服务体系,利用互联网大数据来进一步推进智慧物流及无接触配送体系建设,加快推进智慧环保建设,通过采取以上措施,进一步释放信息消费增长潜能,推动新型信息消费的升级;三是要通过推进软件产业高质量发展,进一步集聚资源以实现互联网经济及大数据云计算产业的加快发展,找准未来"经济脉搏"——布局人工智能产业等措施来推动产业数字化转型。加强信息基础设施建设,应联合成渝城市群重点城市,集聚周边地区的"人力、财力、智力"开发建设重点项目,助力产业升级,带动创业就业,逐步建设起成渝地区双城经济圈经济强劲发展的新支撑力及新动能。

2. 完善能源保障体系

优化能源供应格局,需要在加强能源基础设施建设的同时,全面提高成渝地区双城经济圈的能源利用效率,从而逐步建设起一个更加清洁低碳、更加节能环保、更加安全高效的现代能源体系。为此,首先要增强能源供给能力,通过建设能源互联网、加快构建新能源汽车充电基础设施网络体系、推进特高压

工程建设等措施来推进能源基础设施一体化建设,提高能源利用效率。①

表 7-2　能源保障体系建设项目②

能源基础设施
天然气管网:建设高石梯—磨溪地区、自贡—隆昌—荣昌—永川—江津、三邑—天府新区天然气管道工程,加快江津—纳溪、万州—云阳输气管道和涪陵—王场页岩气输气管道建设,开展宣汉—巫溪、富顺—永川、长宁—威远等大型页岩气田配套管网前期工作 　　输油管道和加油设施:规划建设昆明—重庆—成都原油管道;加快建设隆昌—简阳、江津—荣昌等成品油管道;适时启动兰成渝成品油管道复线、荆门—巴东成品油管道前期论证工作 　　输变电工程:完善四川水电外送通道,建设四川第四条特高压直流电网工程,加快川渝电力骨干网架建设 　　电网 500 千伏主网架:新建和改扩建渝北明月山、涪陵五马、铜梁、陈家桥二期、金山、重庆主城区、巴南扩建、忠县 500 千伏输变电工程
能源基地
天然气、页岩气:推进川东北(包括普光、罗家寨、元坝等高含硫大型、特大型气田)、川中(安岳气田龙王庙组气藏勘探开发项目)、川西(川西海相勘探开发项目)天然气基地建设,加快涪陵和川南页岩气基地建设 　　水电:加快川江河段综合开发论证,推进重庆蟠龙等抽蓄电站建设进度 　　核电:做好涪陵、南充、广安等核电项目的厂址保护和论证

3. 健全各园区基础设施

为进一步提高创新开放优势、实现各类创新资源集聚,为成渝地区双城经济圈提供"给力"且"硬核"的智力支撑,成渝地区已计划设立成都东部新区、宜宾三江新区、南充临江新区、绵阳科技城新区,启动建设西部(成都)科学城,合作规划建设万达开川渝统筹发展示范区等毗邻地区合作平台。需要做好各园区道路、水电、公共交通、绿色生态等方面的建设,创造安全、便利、绿色、舒适的交通和居住环境,为这些园区成为国内外人才的向往地奠定扎实基础。

---

　　① 四川省人民政府办公厅. 四川省人民政府办公厅关于印发《四川省加快推进新型基础设施建设行动方案(2020—2022 年)》的通知［A/OL］. (2020-09-08)［2021-03-23］. http://www.sc.gov.cn/10462/c103046/2020/9/10/bc615034e6e44e68a81b7f531babc6a5.shtml.

　　② 国家发展改革委　住房城乡建设部. 成渝城市群发展规划［A/OL］. (2016-04-27)［2021-03-23］. https://www.ndrc.gov.cn/xxgk/zcfb/ghwb/201605/W020190905497815825233.pdf.

4. 强化水资源安全保障

首先要提升水资源保障能力，共同推进跨区域重大蓄水、提水、调水工程建设，构建起各区域间水资源互联互通的协同配置格局，同时加大应急备用水源工程建设，实施官网互联互通工程，建立江河水和水库水互济的供水保障系统。其次是完善和落实成渝地区互联互建以来的最严格水资源管理制度，严格进行规划并论证重大项目水资源，进一步加强建设工程项目取水管理等。

二、协同建设现代产业体系

（一）建立完善成渝地区双城经济圈产业协同发展机制

1. 建立多层次的合作机制

建立成渝地区双城经济圈多层次合作机制，需围绕成渝总体、城市、企业主体等几个层次来构建，并完善与之对应的配套环境。首先是在总体层面上确立成渝地区合作的方针政策。成渝地区城市群要强化其作为重要的现代产业基地的地位，建成引领西部开发开放的国家级城市群，需要利用城市群的力量，而不能靠各个城市单打独斗。不同类型的城市在产业协同发展中承担不同的任务，在成渝总体规划中需要明确各个城市的具体职责，将城市群建设成一个有机的整体。

成渝地区可构建"一轴两带、双核三区"空间发展格局。具体而言，即打造成渝发展主轴，培育沿江城市带，优化成德绵乐城市带，提升重庆、成都核心功能，培育川南城镇密集区，培育南遂广城镇密集区，培育达万城镇密集区。其次，设立各个符合当地实情、发挥当地优势的成渝合作区，并在财政拨付、手续审批等相关政策上予以支持，以营造一个良好的营商环境，广安、合川、北碚合作，江津、永川、泸州合作，铜梁、潼南、资阳合作，荣昌、内江、泸州合作。先打造区域中心城市，再发挥区域中心城市的辐射作用，带动周边城市。渝东北区域中心城市为万州，渝东南区域中心城市为黔江，成都平原区域中心城市为绵阳、乐山，川东北区域中心城市为南充，川南区域中心城市为泸州、宜宾。最后是以优惠政策引进相关的高科技龙头企业，并且扶持本土企业，形成具有当地特色的产业链配套布局，以此来建设包含成渝总体、城市、企业主体等多个层面的合作机制。

表 7-3　成渝地区毗邻区域的合作发展

毗邻合作区域	合作内容
广安、合川、北碚合作	推进基础设施、产业布局、商贸市场、文化旅游和生态环保一体化发展
江津、永川、泸州合作	共同承接重庆主城区产业转移，共建基础设施和产业园区，加强电子政务、电子商务合作
铜梁、潼南、资阳合作	发挥产业合作基础，共同打造承接产业转移集中区
荣昌、内江、泸州合作	共同构建绿色生态产业体系和立体交通网络，加强水域生态修复，解决突出民生问题

表 7-4　成渝地区区域中心城市的功能定位

城市	功能定位
万州	沿江城市带的区域中心城市
黔江	渝东南区域中心城市
绵阳	成德绵乐城市带上的区域中心城市
南充	南遂广城镇密集区的区域中心城市
乐山	成德绵乐城市带上的区域中心城市
泸州	沿江城市带的区域中心城市
宜宾	沿江城市带的区域中心城市

2. 成立成渝地区双城经济圈研究中心

成渝地区双城经济圈研究中心的设立是落实党中央关于成渝地区双城经济圈建设国家级战略的重要一步。该研究中心设立的目的，是为政府机构提供相关的政策咨询及建议，从而提升政府相关政策的统一性、精准性以及实效性。该研究中心主要的服务对象是政府，是专门为了成渝地区双城经济圈而服务，主要负责为成渝地区双城经济圈的总体规划及其具体细则提供智力支撑。

成立成渝地区双城经济圈研究中心的最终目的，是助力成渝地区双城经济圈成为一个不仅影响四川、重庆，而且影响整个西南地区，甚至影响全国乃至世界的城市群。该经济中心将以合作共赢、"1＋1＞2"为指南，把好科技创新、资源集聚的船帆，引导成渝地区经济圈建设稳步航行。

（二）推动重点产业协同高质量发展

1. 高效分工

成渝地区双城经济圈建设可以根据成渝各地自身特点，进行优势互补，合理分工。产业链布局中，成渝地区应该在整体层面上进行产业布局，合理利用规模经济，对产业链进行高效分工，避免成渝两地的资源浪费。科学布局可以推动成渝地区双城经济圈优势产业集聚化，发挥成都、重庆两座城市的辐射带动作用。区域型中心城市的培育，可以改善四川、重庆各城市间差距过大的现状。基于现有特点，成渝两市的主城区可以布局高端制造业、设计业以及电子产业等。推动两地主城区产业升级，推动将制造业向价值链高端升级、服务业向个性化高端服务业转型。四川其余市（州）以及重庆区县可以发展制造业配套产业、资源型工业、旅游业和特色效益农业。

发挥成都、绵阳、乐山及重庆主城装备制造业优势，优化提升航空航天、能源设备、节能环保设备、内燃机及通机、仪器仪表、轨道交通等产业，推动产业集群化、集聚化。在成内渝、成南渝沿线重点发展数控机床、汽摩整车、机器人、成套电气、机床工具、现代农业机械等产业。

依托重庆两江新区、成都高新区、天府新区以及绵阳科技城等地的高科技产业基础，联合攻关人工智能等高新技术，成渝地区有规划地共研、共享研究成果，为成渝地区双城经济圈产业升级提供相应的技术支持。

发展个性化、优质化现代服务业，重点发展成渝地区现代物流服务业、现代金融业以及高新技术服务业等。利用成都、重庆国家级枢纽城市的优势，建设万州、涪陵、江津、永川、遂宁、泸州、自贡、内江、南充等现代商贸物流基地，建设电子产品及大型货物的专业物流中心。将成都、重庆主城区打造为中国西部金融中心，辐射整个西南地区。利用成渝地区共研、共享的研究成果，建设高科技服务产业链。

对于区位优势不明显的地区，利用智能化农用设备及管理发展当地特色农业、生态农业，扩大其产品销售范围，打造具有影响力的农业品牌，对原材料种植、产品加工、宣传推广、产品销售等各个环节进行规范化、规模化。同时，发展当地特色旅游业，突出当地文化特色，打造巴蜀文化旅游胜地。

2. 相互融合

产业的相互融合发展是推动重点产业协同高质量发展的题中应有之义，产业高效分工与相互融合相结合，才能更好地发挥产业集聚化、科学化布局的作用。

首先是四川、重庆政府应该结合各个地方的实际情况，制定成渝地区双城经济圈产业发展规划细则，并从整体层面上考虑各个区域间产业的融合发展，形成成都、重庆两地开花，其余地区多点发芽的产业均衡发展格局。

其次是产业发展配套设施建设，包括交通、供水供电、商业服务、科研与技术服务、生态环境、文化教育、卫生事业等基础设施建设。规范统一的产业政策准则、完善的城市基础设施建设以及良好的营商就业环境能够促进技术流动、资本流动、人口流动，使得成渝地区经济圈的交流更加便捷、迅速、高效。

最后是成渝地区共同承接国家级重大项目，从而加强成渝地区双城经济圈城市间的相互交流，加快成渝地区产业的融合发展，并在发展中努力由"成渝制造"向"成渝创造"转变，形成具有国际影响力的"中国经济第四极"。

（三）建立完善城际产业协作的政策共享和利益分享机制

1. 推进政策共享

阻碍两地间企业进行商业活动的一个重要因素是两地的政策差异及烦琐的审批环节，因此，企业资格认定、市场准入准则规范等应由成渝两地共同确定、互相认可，减少两地企业相互交流时的重复性审核工作，缩小两地在税收优惠、税收减免等方面的差异，促进成渝地区生产要素自由流动。同时，成渝地区双城经济圈还应学习沿海地区的城市群发展战略，共同设立相关产业扶持基金，鼓励支持产业发展，推动产业过渡、转型与升级。成渝两地还应共同争取国家支持，争取财政资金以及国家级项目，将协同发展落到实处。

2. 完善利益分享机制

构建成渝地区双城经济圈，不仅要把蛋糕做大做好，还要把利益的蛋糕分好，从而形成一个长效的、可持续的发展机制。为了实现成渝地区双城经济圈协同发展，各地应当提前确立共同承接的项目的地区生产总值分计及税收分成等相关工作，以及提前商议决定共同出资购买的固定资产、共同建设的相关基础设施、共同研发的相关技术成果等的后续处理相关事项。

三、共建具有全国影响力的科技创新中心

（一）构建多层次科技合作平台

1. 与东部地区开展科技合作

科技产品的特点之一便是进入门槛较高，而同一个产品的边际成本较低，我国的现状是东部地区的科技实力高于西部地区，基于此，成渝地区与东

部城市的科技合作是有意义且可行的,有利于缩小东西部贫富差距,也有利于成渝地区企业的转型升级和科技自主创新。

首先,国家层面上,积极推进成渝地区与东部的科技合作,并完善相应的出资比例和收益分成等规则,形成长效机制,实现以大帮小,以强扶弱。

其次,国家还应制定相应的政策,以不断缩小成渝地区与东部地区的科技实力差距。技术上,统筹协调相关要素资源,让东部科技发达地区一对一定向扶持成渝双城经济圈科技欠发达地区,同时对参与帮扶的东部地区给予相应的税收优惠。资金上,政府可以对成渝地区双城经济圈中符合条件的科技型企业发放无息贷款,为其发展助力。

科技是第一生产力,而人才则是科技的灵魂,是振兴一个地区科技实力的根本。四川、重庆政府应当制定相应的高科技人才引进策略,完善技术开发区娱乐、子女教育、医疗卫生等相关配套设施,并实行持久跟踪机制,对做出科技贡献的人才实行长久激励,而并非一次性落户激励。此外,政府还可与高校进行对点对接,培养本土人才,并完善相应的后续管理机制。

2. 发挥区位优势,构建国际科技合作平台网络

成都、重庆具有重要的战略地位,成渝的发展关系到整个西部的繁荣。同样,建设成渝地区双城经济圈的国际科技合作平台网络,不仅有利于四川和重庆,也可以对云南、贵州、青海等地产生深远影响,通过提高城市间科技合作的效率及保障性,促进各地间科技合作交流,缩小科技硬实力差距。

区域间的科技协同创新能够避免科技研发中常见的基础性研究资源浪费,而科技成果又是边际成本很低的一种特殊产品,因此区域间科技合作能够最大效率地利用资源,助力工业现代化和智能化。

(二)建设科技成果转移转化体系

1. 打破科技创新供需之间的藩篱

科技难以创新的原因之一就在于企业进行科技创新的成本太高,风险较大,并且周期过长,但是现在的企业如若不能掌握核心科技,就难以拥有自己的核心竞争力,若只是整合加工,大部分利润以及话语权都掌握在他人手中。

打破科技创新供需之间的藩篱,需要对接科技创新的供给方和需求方。以往,高校等研究机构存在着研究内容与企业所需严重脱节的问题,科技创新供给方的科技创新很难用到实处,而作为科技创新需求方的企业又由于缺少相关基础研究、缺少相关科技人才以及时间紧迫等问题,故而为了短期利益选择使

用别人的高新技术甚至是直接模仿抄袭,这样就完全被他人掌握了科技命脉。鉴于技术市场上供需错配的问题,打破科技创新供需之间的藩篱,就需要技术供给与需求双方之间能够相互匹配,要使技术供给方不论是在时间上、研究方向上还是在质量上都达到企业的要求,就需要促成企业与高校、研究所等研究机构的合作,从而实现自主创新,使企业拥有自己的核心技术。

由成渝地区双城经济圈的各地政府牵头,助力企业与高校、研究所等公立型科研机构对接,让科研机构研究市场需要的科技,也让企业为科研机构提供相应的资金支持,由此减少不必要的科技资源浪费,解决技术供需双方之间的错配问题。

2. 强化科技成果转移转化市场化服务

成渝地区科技实力尚且不足的一个重要原因是缺少一个完善的科技成果转移转化的市场,转移转化专业市场的缺失会导致科技供给方有好的科技产出却难以转移转化,优秀的科研项目因得不到应有的现金支持而出现资金问题,影响科研进度;另一个原因是,科技需求方花费很多时间以及人力物力去寻找供给者,却难以找到真正适合自己的技术产品。

强化科技成果转移转化市场化服务,可以建立或者支持相关市场化交易平台,为科技供需双方提供线上及线下交流的场所,减少买卖双方之间的信息不对称,并根据技术产品的特点制定租赁、购买等多种规则,规范交易行为,为买卖双方提供交易保障。

成渝地区双城经济圈相关政府机构可以联合探索知识产权保护规范、技术准则规范以及转移转化规范,增加交易双方了解技术信息的渠道,提高技术价值评估的精准度,提升技术咨询服务的专业化水平,明晰技术的权利归属等。

四、共同打造具有巴蜀特色的国际消费目的地

培育建设国际消费目的地是促进消费、推动经济发展、加快形成双循环新发展格局的重要战略支撑。2020年我国主要城市社会消费品零售总额统计显示,重庆市社消总额破万亿大关,且以1.3%的增速,在十大消费城市中高居第一,成都则位于8000亿元梯队。当前,消费成为川渝经济增长的最强动力,"一带一路"倡议以及成渝地区双城经济圈建设激发了消费潜力,供给侧结构性改革带来了消费升级,数字贸易拓展了消费渠道和消费市场,川渝建设具有巴蜀特色的国际消费目的地面临重要机遇。

表 7-5 2020 年全国十大消费城市[①]

城市	社消总额（单位：亿元）	较去年同期增长率
上海	15 932.5	0.50%
北京	13 716.4	−8.90%
重庆	11 787.2	1.30%
广州	9 218.66	−3.50%
深圳	8 664.83	−5.20%
成都	8 118.5	−2.30%
苏州	7 702	−1.40%
南京	7 203.03	0.90%
武汉	6 149.84	−20.90%
杭州	5 973	−3.50%

（一）实施品质化消费供给提升工程

1. 聚集全球高端品牌，增加国际化消费品供给

随着人们生活水平的提升，对中高端消费品的需求越来越大，如何满足消费升级需求成为关键。一是要聚集全球优质高端品牌，增加国际化消费品供给，不断调整和优化商品品类，增加中高端品质商品品种。二是加快建成跨境电子商务综合试验区，培育跨境电子商务消费市场，支持本地企业在主要商圈开设跨境电子商务 O2O（线下商务与互联网结合）体验店，力争实现跨境电商保税线下自提模式。加快口岸进境免税店、免税购物中心等建设，增加国际中高端消费品供给。三是整合进口商品流通业务，依托成渝国际航空港和国际铁路港，发展进口商品集采分销，拓展全球直采业务能力，扩大经营规模，吸引境外消费回流。

2. 共创巴蜀文化旅游走廊，扩大特色服务消费供给

随着经济的大发展与消费的新升级，文旅产业已成为国民经济的战略性支柱产业、现代服务业的龙头产业、与人民群众息息相关的幸福产业。"高水平建设巴蜀文化旅游走廊"将视野扩展到成渝地区双城经济圈建设，川渝两地文

---

① 林小昭. 2020 年十大消费城市：三城社消总额超万亿，重庆赶超广深[EB/OL]. (2021-02-21)[2021-03-26]. https://www.yicai.com/news/100954197.html.

化同根、历史同源,既具有共通共享的符号性文化,又具有各自的独特性文化,极具融合性、互补性。通过巴蜀文化这个纽带,搭建文旅合作发展平台,携手共塑"巴蜀文旅"品牌,突出"巴蜀特色",充分利用两地优秀的文化旅游资源,创建具有世界级影响力、吸引力、竞争力的国际旅游目的地,培育形成更多、更富有活力的经济发展增长点和动力源,从文旅领域带动消费,并促进餐饮、住宿、商场等其他服务行业联动发展,培育以旅游、文化、体育、餐饮、健康等为代表的服务消费产业。

3. 振兴老字号、培育新品牌,丰富"川渝造"精品供给

对于优质的老字号品牌应当加以保护和振兴。通过鼓励巴蜀特色工艺、特色餐饮等老字号企业与职业院校合作共建教学基地,保护传统技能,培育职业技能人才,支持老字号传承传统技艺。通过鼓励老字号企业依托现代技术,改造升级传统产品,开发新产品,开展协同制造、个性化定制等新模式,提高产品质量,支持老字号创新经营。对于非遗技艺,鼓励有条件的老字号品牌深入钻研,积极申报各级非物质文化遗产,提升老字号品牌影响力。同时要孵化本土原创品牌。推动构建品牌孵化平台,健全品牌建设配套服务,扶持做强一批本土骨干企业,培育发展一批创新型小微企业。同时实施品牌名牌化战略,支持川渝原创品牌产品进商场,鼓励在川渝重要商业街区、旅游景区和商场设立"川渝造"精品馆,加大市场推广力度。鼓励企业发展直营连锁,提升市场影响力。

(二)实施标识性消费场景塑造工程

成都、重庆作为人气超高的"网红城市",拥有庞大的人流、物流和消费能力,也拥有丰富的山水人文地标性景观,两城独具特色的美食、美景以及春熙路、太古里、解放碑、观音桥等著名商圈和宽窄巷子、锦里、磁器口、洪崖洞等特色商业街区闻名天下。在此基础上,一方面要加快打造具有全球影响力的顶级商圈,改造提升现有商圈和老旧街区,促使商业业态更新升级;另一方面要打造承载川渝记忆的特色商业街区,充分挖掘和利用蜀锦蜀绣、手工陶艺、川菜川茶、老建筑老故事等传统商业文化资源和数字动漫、音乐、酒吧等时尚文化资源,差异化打造具有不同文化内涵和特色标志的商业街品牌。此外,要发展体验式消费,打造凸显体验特质的新兴消费场景,结合区域资源禀赋和特色文化建设一批具有区域标识度、多业态融合发展的消费场景。

（三）实施引领性消费热点培育工程

1. 挖掘夜间消费新动能，实施夜间消费创新行动

现代城市的夜间灯火通明，人潮涌动，是极具消费发展潜力的时段。夜间消费的兴盛，一方面延长了经济活动时间，从而使各种设施利用率得到提高，形成规模经济并扩大游客的消费空间；另一方面创造出更多的就业岗位，拉动经济增长。从夜间消费金额和笔数来看，2019年占比较2018年显著提升。受疫情影响，2020年夜间消费整体收缩，但根据中国旅游研究院监测数据，市场自二月起回暖，四月下旬恢复到疫前水平。同时调研显示，超八成受访者表示夜游意愿强烈，夜游市场需求强势回归①。

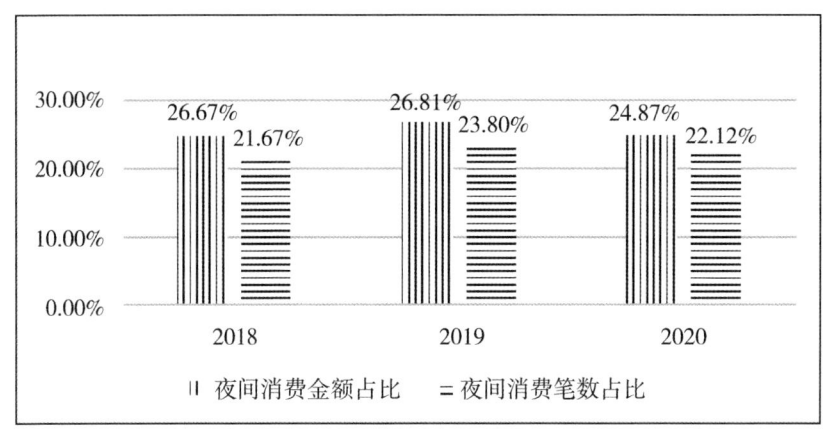

图 7-1　2018—2020 年国内整体夜间消费情况

根据统计，2020 年中国夜间经济发展十大城市中，成都、重庆均榜上有名，是极具夜间经济发展潜力的两大城市。

表 7-6　中国夜间经济城市发展排名②

排名	城市	夜间基础设施（30%）	夜间消费行为（30%）	城市美誉度（20%）	夜间发展潜力（20%）
1	上海	2	2	2	1
2	广州	12	3	13	2

---

① 图表来源：前瞻产业研究院网站，《2018—2020 年国内整体夜间消费情况》。
② 数据来源：艾媒数据中心网站，《2020 年中国夜间经济发展 TOP10 城市："南强北弱"特点明显》。

续表

排名	城市	夜间基础设施（30%）	夜间消费行为（30%）	城市美誉度（20%）	夜间发展潜力（20%）
3	重庆	25	7	3	4
4	北京	10	5	4	3
5	深圳	13	1	11	6
6	成都	17	4	17	8
7	杭州	4	6	14	16
8	长沙	7	11	8	10
9	西安	8	9	15	17
10	苏州	21	19	5	5

挖掘夜间消费新动能，需要川渝两地加快建设夜间消费市场、搭建夜间消费平台、灌输夜间消费理念，让城市夜间亮起来，通过丰富现代城市的魅力和特色，来提高城市竞争力和吸引力。为此，一要丰富夜间消费场景，包括鼓励各地打造夜间消费示范街区，创建高水平夜间文旅消费聚集地；支持旅游景区、网红打卡地开放夜间游览或延长观光时间等。二要完善夜间消费配套服务，包括适度亮化美化夜经济重点区域，适当放宽夜间摊位摆放限制，引导夜间摊位规范发展等。

2. 引领时尚消费新风尚，实施时尚消费引领行动

随着现代社会的发展进步，追求时尚流行已经成为一种普遍的生活方式，时尚消费是一种以物质为载体、内涵深刻文化的消费模式。在消费活动中追求时尚已经成为当今社会一大趋势，川渝两地要积极行动起来，紧跟时尚消费趋势，创新时尚设计，包括推动时尚设计与产品设计、数字创意对接，引入国际时尚机构，设立技术研发中心、原创设计基地等；培育时尚品牌，包括支持国际知名品牌融合熊猫等巴蜀文化元素，鼓励美食、服装等特色产品融合时尚发展等；鼓励时尚消费，包括鼓励知名时尚品牌开设首店、旗舰店，推进名品名店名街联动发展，鼓励私人定制、网络预售等消费模式。

3. 引导绿色消费新理念，实施健康消费提质行动

21世纪是绿色世纪，"保护生态，绿色生活"将是21世纪的主流。绿色消费是一种可持续的消费模式，以崇尚自然和保护生态为特征，目的在于减少环境破坏。政府一方面要引导绿色消费，使绿色消费理念深入人心，包括加快推进垃圾分类回收，循环再利用；提高城市公交、出租、环卫和公务车的新能源比例，鼓励市民绿色出行，减少能源消耗和环境污染；另一方面要推动绿色

循环，开展绿色商场、绿色市场、节能超市等创建活动，引导流通企业优先采购和销售节能环保、易于循环利用的商品，鼓励绿色包装和绿色物流。

（四）实施国际化消费生态优化工程

1. 提升基础设施信息化便利化水平

首先，加强交通基础设施建设，包括推动城市交通设施建设、优化公交资源配置、建设国际枢纽、提升内外交通通行水平。其次，加快推进新一代信息基础设施建设，推进光纤宽带、无线网络等全覆盖，加快5G（第五代移动通信技术）通信网络建设，实现深度覆盖和物联网提速。再次，加快智能消费场所建设，引导商圈、旅游景点、文化体育场馆等消费场所拓展智能化、网络化全渠道布局，增加互联网、大数据、AR（虚拟现实）、VR（增强现实）等现代技术的应用，打造一批智慧商圈、智慧景区等示范试点。最后，完善金融基础设施，建设国际化结算和货币兑换平台，推进支付便利化。

2. 完善国际化的服务配套

首先，用好用活离境退税政策，优化离境退税服务，保障旅客及时办理离境退税，增加离境退税店、进境免税店、市内免税店，探索建立免税店内快速退税通道。其次，要完善多语种服务，建立多语种的服务呼叫中心，规范设置中英文双语导视标识标牌，在交通枢纽、商业区重点公共服务窗口设立国际居民服务台，推出双语设置的便民服务网络终端，全面提升国际化消费服务水平。最后，建设高素质志愿服务队伍或公益服务群体，在消费热门区域提供咨询等服务。

3. 推进营商诚信体系建设

优化营商环境是全面深化改革的重要举措，为此，首先要将诚信体系建设作为突破口，包括利用现代技术搭建诚信平台，建立企业信用评价指标体系，完善企业信用积分管理办法，开展第三方信用评价，定期发布企业守信、失信名单，实行企业信用与市场准入、政策优惠、政府采购等挂钩，促进诚信经营。其次，加快针对食品、药品等产品的监督，制订重要产品目录，加强消费品源头管理，推动溯源信息资源稳妥、有序地向社会开放。再次，强化消费市场监管力度，坚持专项整治与日常监管并举，加大对失信行为的整治力度，规范服务市场秩序。最后是完善落实消费环节责任制度和赔偿制度，健全缺陷产品强制召回、严重违法失信企业联合惩戒机制。

4. 完善消费者权益保护

为切实保护消费者的合法权益，首先应当推动服务评价体系建设，规范服务流程，定期发布业内优质企业名录，公开企业的商品质量、消费环境等评价结果。其次，推动建立消费维权社会共治格局，畅通消费者投诉通道，完善"谁监管、谁受理、谁维权"的消费维权机制，提高消费者权益保护的能力、效率和精准度。最后，要建立跨境消费者权益保护机制，充分发挥跨境电商消费者维权中心作用，进一步加强跨境电商消费者投诉站力量，促进跨境消费争端良好解决，改善消费环境，增强消费信心。

五、共筑长江上游生态屏障

（一）把修复长江生态环境摆在首要位置

1. 坚持以解决突出环境问题为突破口

川渝地区共处长江上游，在长江整体生态维稳和安全方面承载着重要作用。川渝两地应当共同扛起生态建设和环境保护之责任，聚焦大气、水、土壤等关键领域，切实解决人民群众身边突出的生态环境问题，做好垃圾处理、回收和循环利用，聚焦污水排放问题和大气污染问题，全面提升生态环境质量。"长江病了"，保护长江刻不容缓，不得有失，必须加快制度创新，强化其执行，以最严格的制度和最严密的法律保护生态环境，进一步破解生态环境保护面临的突出问题。

2. 坚持治标与治本相结合，加快构建现代环境治理体系

要坚持环境问题"标""本"同治，切实减少或避免环境破坏，加快生态恢复。要健全环境治理领导责任体系，明确各级党委政府责任，组织落实各项决策部署，设立环境质量目标任务，进行督查和评价考核。落实环境治理企业责任，推进绿色生产，提高治污能力和水平。鼓励全民行动起来保护环境，发挥社会各界作用，全民监督，传扬环保思想，提高居民环保理念。健全环境治理监管体系，加强环境监测以及监督，强化司法保障。发挥市场作用，规范其秩序，创新环境治理方案。健全环境治理信用体系，将政府工作人员以及相关企业的环保工作纳入信用评价制度，作为一个评价的标准和必然要求。完善环境保护法律法规，加强财税支持，加大环境保护力度。

3. 加强长江水环境治理和长江水生生物资源保护

加强山水林田湖草的保护、治理和修复，还大自然一片绿水青山，还长江一份生机盎然。加强长江水资源保护和水环境治理，建立长江流域生态用水机制，合理划定用水量标准，降低不利影响，维护长江流域生态平衡。进行健康养殖，科学规划养殖水域，加强养殖环境监管和风控，防止水质污染。同时，要实施濒危物种拯救计划，建立珍稀濒危物种保护基地、繁殖培育和科普教育基地，开展水生生物多样性保护。此外，要加强源头防控，完善生态补偿，推进长江水生生物资源保护，科学规划禁捕、限捕区域年限，加强水域污染防治执法监督，加大对水生生物保护研究的投入。

（二）推动川渝长江流域高质量发展

1. 绿色是高质量发展的最美底色

绿色是新发展理念的重要组成部分，坚持绿水青山就是金山银山，必然要求绿色发展。在我国以经济建设为中心的发展过程中，存在一定程度的资源过度消耗和低效利用情况，对一些地区造成了环境破坏和污染。当前，我国发展进入新阶段，社会主义国家建设踏上了新征程，我们必须要尊重自然、保护生态，贯彻五大发展理念，坚持绿色发展。生态兴则文明兴，新时代人们对物质的需求已然更上一个台阶，对于资源节约、环境保护等的要求也越来越高，长江流域经济社会发展，应当坚持人与自然和谐共生，坚持生态优先、绿色发展。

2. 良好生态是发展的突出优势

川渝两地地处西南、位于长江上游，物产富饶，拥有浓厚的文化底蕴、丰富的自然资源和良好的生态环境，在推动经济社会持续健康发展方面具有巨大优势。川渝两地是我国西部经济发展的领头羊和增长极，连接了丝绸之路经济带和长江经济带，要发挥好两地的关键作用，凭借生态优势，发展有益于生态保护的文化旅游产业，努力实现经济发展与生态环境保护良性互动、协调共赢。

（三）共同奏响新时代的长江之歌

保护长江要坚持"共抓大保护"理念。"共抓"二字体现出来的是要着眼全局，将整个流域看作一体，系统性、整体性地制定各项政策措施、利用各类机制，上下游各地区联动、共同治理。其中，作为长江上游生态屏障的建设者和承担者，成都、重庆更要携起手来，建立跨区域联防联控管理制度，做好生态共建、污染共治。

1. 生态共建

做好生态共建，要坚持生态保护、坚持绿色可持续发展，加快建设长江流域生态廊道，科学制定长江流域生态环境整体保护和突出问题治理修复方案。建立和完善成渝地区生态环境保护专项工作机制，改革生态环境监督管理体制，建立综合性的生态环境监管部门，加强资源管控和责任分担落实。同时抓住机遇，加强两地环境保护交流协作、信息共享，形成标准、规则、措施相统一的合力治理局面，让长江上游生态屏障塑造得更加牢固。

2. 污染共治

做好污染共治，要坚持建、治、管、改并举，重点放在解决突出环境问题上，全面加强环境污染防治，持续不断地提升生态环境质量。推进跨区域水污染联防联治，常态化进行联合"巡河"，共同打好"蓝天保卫战"，协同开展治理交通污染和PM2.5（细颗粒物）、臭氧防控，联手提高两地空气质量水平。建立危险废弃物防控机制，规范化管理、处置危险废弃物，提升环境安全水平。在建设成渝地区双城经济圈之际，携手共造天蓝、水绿、空气清新的美好明天。

六、协同推进城乡融合发展

（一）推动城乡要素自由流动

1. 支持城乡人员双向流动

推动乡村来市务工人员的市民化，以更大的决心、更强的力度推动户籍制度深入改革，放宽成渝地区双城经济圈内的城市落户限制。以成渝两市为核心，以成渝地区双城经济圈内中小城市为骨干，促进城镇与乡村协调发展，促成点、线、面的全面融通，提升中心城市的辐射与带动作用，增强中小城市质量与吸引力。帮助乡村进城人员尽快融入城市，对于进城人员最为关心的住房、医疗以及子女教育问题做出政策回应。通过建设和运营廉租房、公租房，增强进城人员的居住认同；向随迁子女开放公办学校，实现义务教育"应上尽上、公平入学"；完善医保制度，做好城与城、乡与城之间的对接，降低进城人员的转移成本，提升其参保积极性，让进城人员充分享受城市医疗，使其生命安全得到应有保障。

出台政策激励更多人才进入乡村、建设乡村，吸引各行各业的实用人才到农村来，尤其是"离乡不离户"人群，他们来自农村，最了解乡村的实际情况，而且在外拼搏，学到了本领，更愿意建设家乡。积极发挥选调生制度的作用与影响，鼓励高校有志青年到基层中去，为高校毕业生提供广阔平台，鼓励其运用知识与智慧服务群众、造福乡村。要通过政策引导，鼓励各类农业专家入乡，以"科技入乡"为保障，打造现代农业，提升农业质量。还要通过完善保障机制留人才，留住人才就是要让各类人才来得放心、住得舒心、干得顺心。坚决保障各类涉农优惠政策落地，通过放宽贷款条件、税收优惠政策、加大补助力度等措施，降低乡村创业门槛，吸引各类人才返乡入乡创业。大力推动城乡人才交流，在教育、医疗等领域资源向乡村倾斜，探索人员轮转机制，推进城市教师、医护人员下乡，逐步提高农村教师、医生队伍的整体素质，努力提高乡村教师、医生收入待遇。

2. 完善乡村土地制度改革

"保持农村土地承包关系稳定并长久不变，落实第二轮土地承包到期后再延长30年政策。加快完成农村承包地确权登记颁证。完善农村承包地'三权分置'制度，在依法保护集体所有权和农户承包权前提下，平等保护并进一步放活土地经营权。"[①] 加强对土地流转的管理，盘活闲置土地，构建覆盖成渝地区双城经济圈的农村土地产权流转交易体系，提高土地流转率。探索土地经营权入股的多种模式，最大化发挥土地的增值效益，实现农民增收。推行农村宅基地制度改革，探索并完善"三权分置"制度，在保障宅基地集体所有权的同时，适度放活宅基地和农民房屋使用权，鼓励村集体和农民通过出租、入股、抵押融资等多种形式盘活闲置宅基地和闲置住宅，开展乡村旅游、农家乐等多种经济活动。

3. 引导建设资金由城入乡

从财政预算着手，加大对成渝地区双城经济圈内农村、山区的财政支持力度，通过转移支付给予乡村更多的建设资金，构建一系列财政政策体系，围绕产业经济融合、公共服务融合、基础设施融合以及生态环境融合等领域，加大财政资金投入力度，切实推动城乡融合发展。同时加强对乡村建设资金使用情况的监督，提高资金使用效率。设立专项乡村振兴基金，充分发挥国有企业的支柱作用，以国有企业为核心，利用国企资金的杠杆效应，吸纳社会资本参与城乡融合发展。进一步提升营商环境，引导工商资本入乡，加大对乡村各项建

---

① 中共中央 国务院关于建立健全城乡融合发展体制机制和政策体系的意见[A/OL].（2019-05-05）[2021-03-26]. http://www.qstheory.cn/yaowen/2019-05-05/c_1124453855.htm.

设项目的支持力度。

（二）促进城乡基本公共服务均等化和基础设施一体化

1. 城乡基本公共服务均等化

依托信息共享，简化群众办事流程，实现办事窗口异地互认，提高川渝两地政府行政效率。与川渝两地群众、企业等密切相关的服务事项，努力实现"城乡通办""川渝通办"。

加大人力、物力投入，使乡村拥有更加优质的教育资源。更加重视乡村义务教育，提高乡村教师待遇，为乡村教师开放更多职称名额，建立更完善的乡村教师晋升机制，吸引更多优秀人才加入乡村教师行列。完善乡村定向师范生培养制度，加强与川渝地区高校的合作，通过政府部门、相关高校以及乡村学校三方共同努力，培养合格的师范生，为乡村学校输送优秀教育人才，提升乡村教育质量。

健全乡村医疗卫生服务体系，提高基层工资待遇，吸收人才进入乡村医务人员队伍，并为其提供充分的生活保障。调拨财政资金改善乡村医疗条件，升级医疗硬件设施，提高诊疗准确度和工作效率，为群众提供更加优良的医疗服务。鼓励县、乡两级卫生院建立长效合作机制，鼓励城市医院与县医院进行对接，让优质医疗资源流向乡村，让农村居民也能享受到优质医疗服务。下图为四川、重庆两地城乡每万人拥有卫生技术人员情况，可以看到，城乡之间在医疗资源上仍有较大差距。

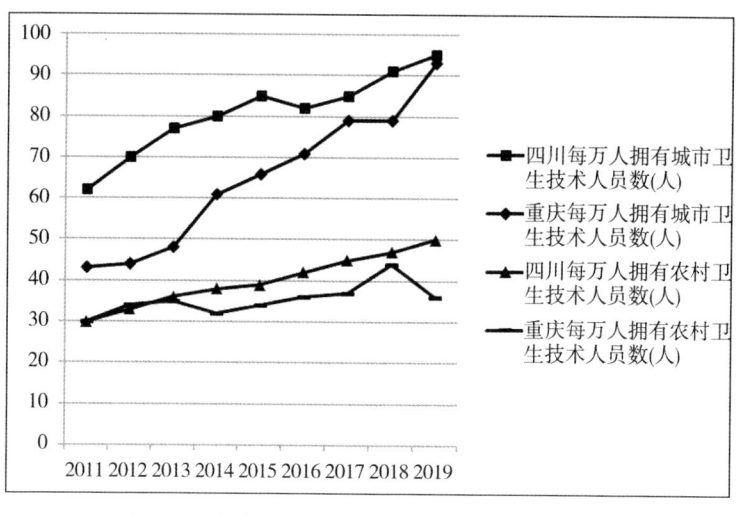

图 7-2　川渝两地每万人拥有卫生技术人员数①

---

① 数据来源：根据国家统计局公开数据统计而得。

2. 城乡基础设施一体化

从全局的角度出发,把城市和农村作为一个有机整体统筹规划,在城市规划中考虑乡村基础设施建设,将乡村农业生产发展的需要与"中心城市"基础设施对接。重视城乡路网的规划与建设,以农村公路建设为重点,全面打通农村公路的"毛细血管",形成层次分明、互联互通的城乡道路体系。同时把通水、通电、通气作为配套设施加快建设,尤其要重视农业基础设施建设,加大资金投入,提高农田基本建设补助标准,建设高标准农田。开发水利基础设施,确保大雨无水灾,干旱有灌溉,提高乡村农业抗灾能力。

(三) 实现城乡经济多元化发展

1. 城乡产业融合

城乡产业融合对促进农民增收和缩小城乡居民收入差距具有重要意义,必须强化制度保障,设计好推动城乡产业融合发展的相关政策。强化政府政策扶持和引导,加深城乡产业关联互动,深入优化产业结构,推动高质量产业产品升级,着力发展对城乡产业融合发展作用较大的龙头企业。还应大力开展乡村新产业发展,乡村发展要因地制宜,发掘当地富有特色的农产品资源,突破产业限制,发展农产品加工业,打造有当地特色的农产品品牌。

充分发掘川渝经济圈内自然条件,积极发展现代农业,充分利用川渝地区优良的农耕条件,大力发展粮油蔬菜等种植业,稳定提高粮食生产能力,积极推进"农业+"发展模式,借助其他行业如制造、旅游、养生等赋能新农业发展,形成多行业交叉的现代化新农业模式,充分实现与第二、三产业的融合发展。利用川渝地区江河、湖泊众多的特点,着重发展水产养殖业。发挥山地资源优势,大力推动茶叶、花卉苗木、木竹等特色产业发展,推动竹产业、花卉产业多业态发展,传播竹文化,推广竹工艺品,促进产业的纵向融合以拉长产业链。加强县乡联动、产村一体化发展,促进重点县城、乡镇和产业园的统筹规划,推进产业融合,引导村民就地转移就业,促进村民收入的持续有效增长。由以下两图可以看出,四川省第一产业占比较大,两地第二产业增加值占比不断下降,第三产业增加值占比不断上升且均已超过半数。

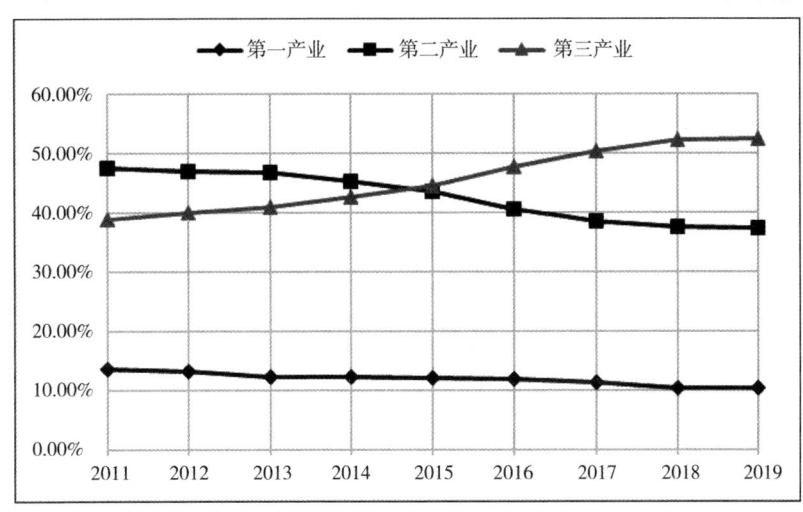

图 7-3　四川省 2011—2019 年三大产业增加值比例①

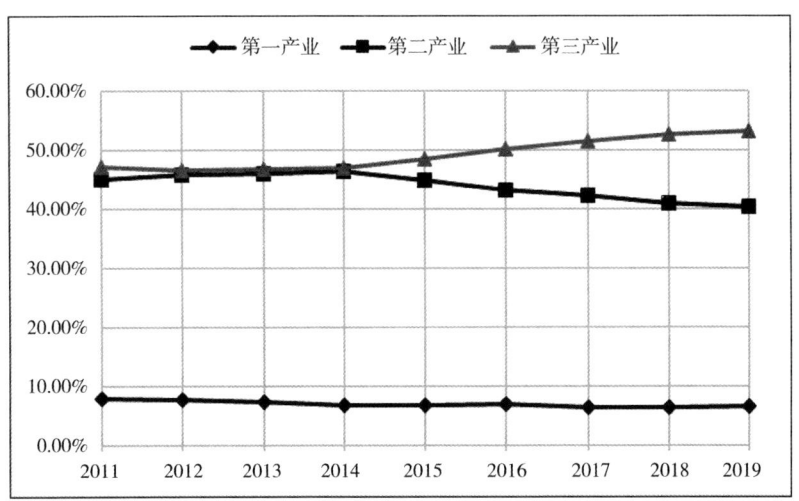

图 7-4　重庆市 2011—2019 年三大产业增加值比例②

2. 加强金融支持

由国家层面出台支持成渝地区双城经济圈建设的金融政策和西部金融中心建设规划，推动区域内法人金融机构跨区域展业及设立分支机构；鼓励两地金融机构协作、共同创新发展特色金融产业、推进区域市场互联互通、完善金融

---

① 数据来源：根据《四川统计年鉴 2020》相关数据计算所得。
② 数据来源：根据《重庆统计年鉴 2020》相关数据计算所得。

政策协调机制。同时，培育一批能承载区域长远发展的金融主体，如由成渝两地共同发起或将符合条件的区域型城市商业银行升级为全国性股份制银行，在成渝两地培育一批能有效支撑区域发展的证券、保险、信托、基金、金融租赁等全国性金融法人机构，从而带动区域经济一体化发展。还应强化成渝地区双城经济圈金融交易功能，在区域内发展证券、资产、商品、权益等金融要素交易市场，争取设立一批新型交易市场，吸引各类要素在区域内交易，为川渝经济圈集聚和优化配置全国乃至全球资源提供强大支撑。

七、共同推动公共服务共建共享

（一）基本民生性服务的共建共享

1. 保护生态环境，打造宜居家园

有效利用山地、平原、盆地和河流等自然地理要素，为川渝区域生态环境提质，建设长江上游生态安全保障区。对于川渝地区广大山区而言，应当更加重视植被覆盖度与丰富度，避免水土流失；加大对部分生态恶化的山地的投入，促使其生态恢复并进行石漠化综合治理。在长江、岷江等河流沿岸地区，加强水污染防治、重视保持水土以及加强区域生态环境预警。强化区域生态环境建设，通过科学规划，根据现有生态资源，制定生态功能修复规划，恢复提升森林、水体、湿地和城市生态系统功能。推进国家级自然保护区、地质公园、森林公园规划、建设、维护和监管，加快重庆、成都区域生态一体化进程，打造区域内风景好、质量高、数量多的宜居城市。

2. 完善社会保障，推动信息共享

完善城镇社保制度，持续完善和健全养老、失业、医疗等社会保障机制，逐步提高保障水平。鼓励引导民间投资参与养老设施建设，加快新型农村社会养老保险试点，总结经验，逐步推广。进一步完善新型农村合作医疗制度，持续加大财政资金补贴力度，提高新农合大病保险力度。同时进一步简化流程、优化服务，给医保资金报销流程提速。推动成渝地区双城经济圈内全体参保人员社保待遇平等化，统一为其发放社保卡，实现社会保障"一卡通川渝"。在成渝地区双城经济圈内建立统一的人力资源市场与就业服务平台，实现川渝地区联网互通，引导劳动力合理有序流动，促进人力资源自由有序流动，推动人力资源服务业发展。下图为川渝地区2011—2019年社保参与情况。

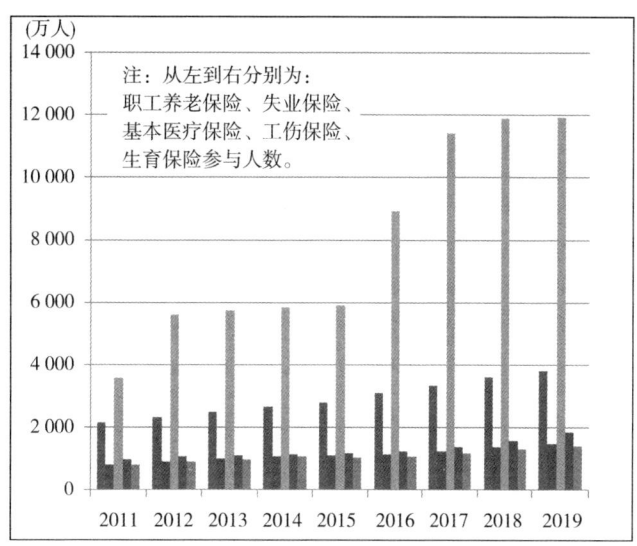

图 7-5　川渝地区社会保障参与人数①

（二）公共事业性服务的共建共享

1. 教育事业

巩固和提高九年义务教育，为农村基础教育倾斜资源，优化整合教育资源，在人口相对集中的农村地区布局一批寄宿制学校，加大资金投入，提高农村寄宿制学校教学水平，继续加大对贫困学生经济援助力度，以财政拨款形式对其生活进行补助。积极探索城乡义务教育一体化建设，统一管理城乡小学、中学，抽选城区优秀学校管理者、教师入乡，为乡村学校"输血"。从整体上提升农村学校办学思想、教育质量。

大力发展职业教育，助力乡村振兴，更加注重职业教育中对学生实践技能的培养，改善办学条件，提高办学水平，引入社会力量参与职业教育的发展，为成渝地区双城经济圈的发展提供更多高素质人才。积极发展民族职业教育，加强高中阶段教育，充分发挥川渝高中校长论坛的作用，促进川渝两地学校沟通交流，推动川渝两地学校教育改革成果的互通互享。

推动教学科研资源共享，优化高等院校布局。加大对成渝地区双城经济圈

---

① 数据来源：根据 2012—2020 年《重庆统计年鉴》及《四川统计年鉴》社会保险基本情况的相关数据整理所得。

内各大高校的支持力度，实现"双一流"高校共建共享，并建立课程互选、学分互认机制。成立成渝地区双城经济圈高校联盟，加强川渝高校之间相互交流，推进学生的跨校交流和培养。积极联合各方创新力量，推动人才流动与科教资源共建共享，着力打造川渝科教创新共同体，实现"1＋1＞2"的效果。同时积极发展民办高等教育，打造多层次、立体化的办学格局。下图为川渝两地教育经费投入情况：

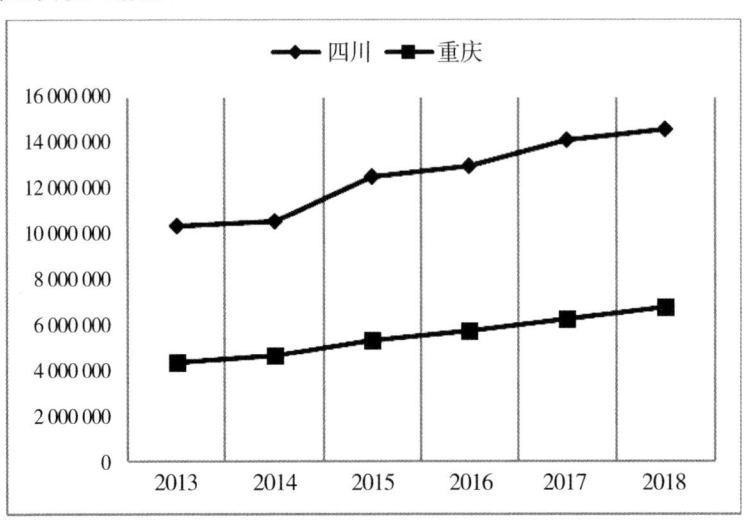

图 7-6　川渝两地教育经费投入①

2. 文化事业

在重庆、成都打造有地方特色的步行街、文化广场、博物馆。加强区县公益性文化设施建设，建设一批可以满足群众文化需要的文化馆、档案馆、图书馆、影剧院。大力弘扬巴蜀文化，打造铜梁龙舞、川江号子、自贡灯会等群众性节庆活动品牌，支持川剧、四川清音、綦江版画、土家摆手舞等传统文化发展。充分发挥小平故里、红岩村等爱国主义教育基地的作用，加强爱国主义和革命传统教育。鼓励创作一批文化精品，推动文化创意产业发展，丰富居民文化生活。

3. 卫生事业

加强成渝地区双城经济圈对传染病的联防联控机制，"防"在"治"

---

① 数据来源：根据 2014—2019 年《四川统计年鉴》及《重庆统计年鉴》中的"一般公共预算支出·教育支出"相关数据统计所得。

前,突出重大公共卫生事件预警机制。在信息互通、资质互认、资源共享等方面争取更大突破,鼓励推进区域内危重症患者、传染病患者的会诊机制和紧急医疗救援联动机制。"推动全面建立城乡统一的居民基本医疗保险制度,居民医保人均财政补助标准增加30元。降低并统一大病保险起付线,报销比例由50%提高到60%,进一步减轻大病患者、困难群众医疗负担。"[1] 加大公共卫生投入,提高人均基本公共卫生服务经费补助标准,推进县级医疗机构、乡镇卫生院和村卫生室标准化建设。加强公共卫生能力建设,完善健康教育、卫生监督、医疗急救、计划生育、职业病防治等公共卫生服务事项,提高公共卫生服务水平。推动川渝地区医疗服务机构在人才培养、临床研究、诊疗水平提升和社会服务等方面的深度合作,建立区域内医学人才协同培养机制、高层次医疗卫生人才库。探索"5G+医疗"应用场景,将互联网与医疗相结合,推动医疗服务升级,为群众提供更加优质的医疗服务。

表7-7　川渝地区卫生事业基本情况[2]

	医疗卫生机构数（个）	卫生机构床位数（万张）	卫生技术人员数（万人）
2011	93 465	45.03	47.25
2012	94 518	52.09	52.11
2013	98 963	57.40	56.91
2014	99 837	62.02	60.62
2015	99 915	66.53	63.89
2016	99 446	71.01	67.52
2017	100 163	76.99	72.19
2018	102 061	81.90	77.18
2019	104 813	86.36	82.70

(三) 公共基础设施的共建共享

1. 构建综合交通体系

建设川渝对外铁路干线,以重庆、成都为枢纽构建放射状铁路网,将成渝

---

[1] 刘昆.国务院关于2019年中央决算的报告——2020年6月18日在第十三届全国人民代表大会常务委员会第十九次会议上[J].中国财政,2020(14):10—17.

[2] 数据来源:根据2012—2020年《中国统计年鉴》中"卫生和社会服务"相关数据整理所得。

地区双城经济圈与其周边省会城市相连接，扩大"四小时高铁交通圈""八小时高铁交通圈"覆盖范围。重视成渝地区双城经济圈内铁路交通和市内轨道交通的建设，实现成渝地区双城经济圈内城市互联互通，推进成渝地区双城经济圈一体化。加快完善高速公路网，对接区域外高速公路网，强化对西部地区的辐射带动作用。加强区域内公路通道建设，增加公路里程、提高公路质量、提升公路等级，尤其重视县乡公路的规划、建设与维护，疏通区域内部交通的毛细血管。发挥长江黄金水道优势，打造干支联动、江海直达的航运体系，织密川渝交通互联互通一体化网络。实施河流航道整治工程，提高各河流通航能力。重庆、四川地处长江上游，合作共建长江上游航运中心需要整合辖区内港口资源，协同打造长江上游港口群，让资源配置更加高效。全力推进国际航空枢纽建设，加快推进支线机场建设，合理调整布局，以速度强化区域内外的联动联通。

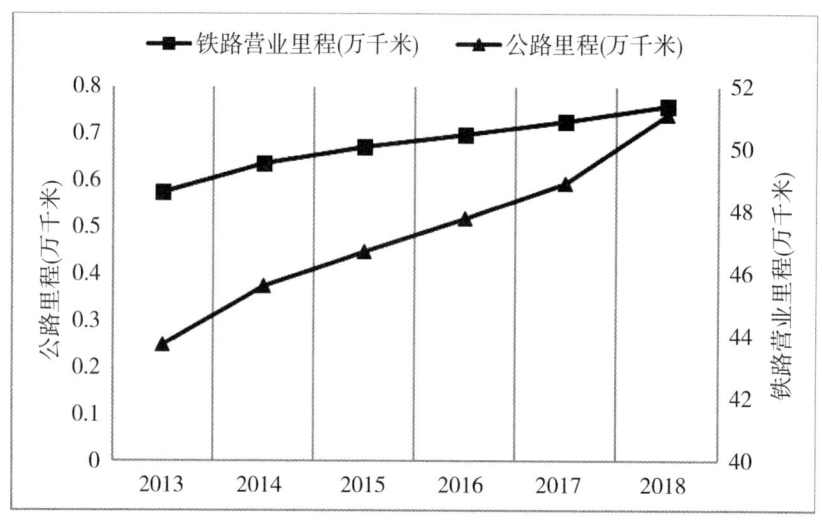

图 7-7　川渝地区运输路线长度①

2. 强化防灾救灾能力

健全防洪减灾体系，统筹沿江城市防洪设施建设，加强防洪水库建设，推进岷江、沱江、嘉陵江、乌江、渠江等流域综合治理，加强对损坏的水利工程的修复，提高成渝地区综合防洪能力。依托流域和区域治理，强化区域排水能

---

① 数据来源：根据 2014—2020 年《中国统计年鉴》中的"分地区运输线路长度·年底数据"整理统计所得。

力，提高城市防洪排涝能力。构建区域内统一的灾情监测、预报平台，区域联动，实现灾情信息共享共通，突出预警功能，在最大程度上减少旱涝、地震等灾害带来的影响。健全抗震防灾体系，全面落实成渝地区城镇抗震设防标准，加强地震监测预警能力建设。完善城市抗震避难场所，加强救援救助能力建设，确保城镇生命线工程安全。健全地质灾害防治体系，以三峡库区周边和盆周山区、盆地丘陵区的城镇为重点，对区域内重点地区进行地质灾害风险评估，防治滑坡、崩塌及危岩、泥石流、地面塌陷、地裂缝等地质灾害。

3. 提升信息服务水平

提高区域内网络覆盖程度与共享水平，通过财政支持与央企配合，加速宽带建设和升级改造，保障区域内尤其是乡村及偏远地区网络普遍覆盖。加快5G网络、数据中心等新型基础设施建设，强化重庆和成都骨干网络建设，推动区域内数据共享。运用大数据、云计算、人工智能等前沿技术推动城市管理创新，创建智慧城市。聚焦数据安全、网络安全基础设施、网络安全人才队伍培养、关键信息基础设施保护等领域，保护网络基础设施安全。

第八章

重构经济圈良性竞合关系的体制机制探讨

在成渝地区双城经济圈建设过程中,竞争与合作的关系,始终是成渝地区协调发展中的"纠结"和"困惑"。竞合机理来源于合作竞争理论(Cooperation-competition Theory)。区域竞争与合作关系的研究起源于 Brandenburger 和 Nalebuff 的一项专题研究,它反映了一种基本二元性关系,即创造价值和剩余价值的一个协同过程。获取价值和剩余价值之间必然有一个既有合作又存在竞争的过程[1]。成渝地区省际协同化[2]、一体化和毗邻地区同城化发展是一种特殊的博弈,是可以实现双赢的非零和博弈。也就是说,过去成渝之间曾存在过度竞争,两地缺乏协同和合作;而在成渝地区双城经济圈建设上升为国家战略的背景下,成渝两地党政机关通过沟通与交流,充分了解对方的价值观和彼此的共识点,基于共识点着力寻求实现双方合作共赢的良性竞合关系。竞争与合作的平衡是指竞争与合作的参与方达到互惠共赢和权益均衡的一种相对稳定关系。重构成渝两地良性竞合关系所基于的体制机制,无疑是成渝地区双城经济圈建设顺利推进并实现"一极一源"统揽性目标和"两中心两地"支撑性定位的重要保障。

---

[1] 合作竞争理论是指经营活动中一种特殊的博弈,是一种可以实现双赢的非零和博弈。在市场中不只有竞争,也不只有合作,不是合作与竞争交替出现,而是竞争与合作并存。这种竞合关系表现为,当共同创建一个市场时,商业运作的表现是合作;当进行市场分配时,商业运作的表现为竞争。

[2] 协同化:指行为主体通过政治、经济、文化和社会关系的组合使信息、产品、资金流等相互强化并相互作用构成合力。

一、经济圈良性竞合关系需要体制机制界定和固化

成渝地区双城经济圈是以成都和重庆两个都市圈为引领的特殊城市群,涉及重庆和四川两个省级行政区划的竞合。城市群之间的竞合关系既是一个重要的理论问题,更是一个棘手的实践问题。因此,必须遵循良性竞合关系与合作之博弈的规律和机理,构建和固化相应的体制机制。

(一)我国城市群竞合关系研究溯源

竞合关系是竞争与合作同时存在、互利互补的一种关系。国内学术界对我国城市群各城市之间的竞合关系进行了卓有成效的研究。刘衡等(2009)认为竞争与合作是一个矛盾的统一体,合作并不否认竞争,既可以在竞争中寻求合作的机会,也可以通过合作更好地展开竞争,而在合作的过程中又会产生新的竞争关系[1]。线实(2014)认为,在竞合中,利益相关者在创造共同利益时进行合作,而在划分这些利益时进行竞争[2]。王玉清等(2004)认为,不同地方政府之间的合作能够产生价值,但这个价值的总量与合作的性质相关,合作和分工越好,创造的价值就越大,反之亦然[3]。刘大志和蔡玉胜(2005)认为,资本形成"囚徒困境"的一个可行的思路是推动区域竞合,消减地方政府竞争的行政博弈倾向,实行资本形成的制度创新[4]。冯德显等(2005)认为,城市群建设就是尽可能地使城市间加强合作,优势互补,形成城市群城市之间的系统功能,提高区域发展竞争力[5]。周振华(2007)提出,相近区域以及同一区域相邻城市所实现的综合型国际化发展,不仅是长期积累的产物,而

---

[1] 刘衡,王龙伟,李垣. 竞合理论研究前沿探析[J]. 外国经济与管理,2009,31(9):1—8.

[2] 线实,陈振光. 城市竞争力与区域城市竞合:一个理论的分析框架[J]. 经济地理,2014,34(3):1—5.

[3] 王玉清,朱文晖,张玉斌. 从竞合角度看两大三角洲的区域经济整合[J]. 经济理论与经济管理,2004(4):64—68.

[4] 刘大志,蔡玉胜. 地方政府竞争行为与资本形成机制分析[J]. 学术研究,2005(3):19—22.

[5] 冯德显,乔旭宁,贾晶. 中原城市群竞合关系及一体化战略研究[J]. 地域研究与开发,2005(6):11—17.

且是相互竞争的结果①。程玉鸿（2012）基于城市网络视野指出，城市间并存两种关系，即城市间的竞争关系与城市间的合作关系。前者通过强调单体城市对资源的吸引、控制和转化能力，催生了城市的内生竞争力，后者通过强调城市间的网络合作能力及其在网络中的节点优势，催生了城市的外生竞争力②。倪鹏飞（2014）指出，区域合作是为了维护共同的利益或实现各自更大的利益，按照一定正式和非正式的制度安排，在政治、经济、社会、资源环境等领域共同采取互利和一致的行动③。刘江会和董雯（2016）则认为，对于城市而言，区域发展战略更加强调城市间的协同发展、联动发展，强调"合作共赢"而非"各自为战"，错位竞争和协同发展日益成为城市间竞合关系的主要发展趋势④。杨晓兰和倪鹏飞（2017）表示，城市竞争力是经济、社会和环境等目标的兼容，是生态良好和社会公平的基础上的可持续经济效率的提升⑤。胡艳等（2018）指出，竞争对本地经济发展具有促进作用，而对其他城市经济发展的溢出效应为负，合作对本地和其他城市经济发展均产生正向影响⑥。彭忠益和柯雪涛（2018）认为，良好的地方政府间关系实质上是实现利益的共享，而未来的走向趋势是以合作为基础，辅之以必要的错位竞争⑦。

自2011年国务院推出《成渝经济区区域规划》后，国家基于战略层面对成渝地区采取的发展举措从未中断。马德功等（2012）认为，除去地理位置造成的两个城市开放竞争力劣势这一因素外，成都和重庆基本可实现资源、政策

---

① 周振华. 城市竞争与合作的双重格局及实现机制 [J]. 毛泽东邓小平理论研究，2007（6）：1—6.

② 程玉鸿，陈利静. 城市网络视角的城市竞争力解构 [J]. 经济学家，2012（8）：72—79.

③ 倪鹏飞. 城市群合作是区域合作的新趋势 [J]. 中国国情国力，2014（2）：48—50.

④ 刘江会，董雯. 国内主要城市"竞合关系"对上海建设全球城市的影响——基于城市战略定位的比较分析 [J]. 城市经济，2016，23（6）：74—81.

⑤ 杨晓兰，倪鹏飞. 城市可持续竞争力的起源与发展评述 [J]. 经济学动态，2017（9）：96—110.

⑥ 胡艳，唐磊，蔡弘. 城市群内部城市间竞争与合作对城市经济发展的影响——基于空间溢出效应对长三角城市群的实证检验 [J]. 西部论坛，2018，28（1）：76—83.

⑦ 彭忠益，柯雪涛. 中国地方政府间竞争与合作关系演进及其影响机制 [J]. 行政论坛，2018，25（5）：92—98.

等方面的互补①。杨继瑞（2015）指出，成渝经济区的产业合作发展要从成渝经济区整体高度进行考量，同构性较强的产业要加强互补，扬长避短，错位发展，努力形成分工明确、优势互补、整体竞争能力强的产业合作发展态势②。侯永志等（2020）提出，应依托既有基础，以打造生产要素配置中心、产业链布局中心、供应链统筹中心和创新引领中心为抓手，推动成渝地区双城经济圈建设成为辐射东南亚、南亚的区域经济中心③。魏良益和李后强（2020）从博弈论角度谈成渝地区双城经济圈，认为"零和博弈"竞争策略在成渝地区双城经济圈建设中没有出路，构建基于协同互动和共建共享合作机制的"双赢博弈"才是理性的和必然的选择④。秦鹏和刘焕（2021）提出，成渝地区双城经济圈的全方位高标准协同发展需要经历拆除壁垒、畅通联系、形成联盟、区域认同、协同深化五个演进阶段，必须充分发掘协同发展动力，尽量维持区域利益均衡，统筹推动政策、经济、社会、法治四大领域协调联动⑤。范恒山（2021）认为，中心城市和城市群成为促进区域或国家经济社会发展的动力源，不仅得益于产业、人口等要素的快速有效集聚，而且得益于城市间的协同发展和一体联动⑥。可见，通过对城市之间竞合关系的探索，学者们逐渐意识到城市以及区域发展中竞争与合作关系的重要性。成渝地区双城经济圈发展建设是国家区域发展的一项重大举措，在竞争与合作之间找准平衡点，无疑是唱好"双城记"的关键。

在成渝地区双城经济圈发展的区域格局中，制度机制是最根本的保障性因素。改革开放以来，成渝地区通过有效体制机制的建立，激发了发展的活力和动力，协调水平不断提高。但是，基于行政区划的体制机制仍然存在这样或那样的短板，从而导致区域之间还势必存在"底线竞争"、产业结构同质化等不

---

① 马德功，杨陈晨，刘林昕. 成渝构建区域金融中心比较研究［J］. 社会科学研究，2012（4）：14—18.

② 杨继瑞. 成渝经济区全域绿色发展模式及政策设计［M］. 北京：经济科学出版社，2015：94.

③ 侯永志，沈俊杰，华若筠. 将成渝地区双城经济圈打造成辐射东南亚、南亚的区域经济中心［J］. 重庆理工大学学报（社会科学），2020，34（11）：1—4.

④ 魏良益，李后强. 从博弈论谈成渝地区双城经济圈［J］. 经济体制改革，2020（4）：19—26.

⑤ 秦鹏，刘焕. 成渝地区双城经济圈协同发展的理论逻辑与路径探索——基于功能主义理论的视角［J］. 重庆大学学报（社会科学版），2021，27（2）：44—54.

⑥ 范恒山. 成渝地区双城经济圈建设的价值与使命［J］. 宏观经济管理，2021（1）：12—14.

协同甚至过度竞争或恶性竞争现象①。可以说，成渝地区双城经济圈建设中最大的堵点在于，如何构建良性的竞争与合作关系。而且，这种良性的合作与竞争关系还必须通过相应的体制机制来加以界定和固化。

（二）成渝地区双城经济圈建设不可能消除成渝竞争

毋庸讳言，在成渝地区双城经济圈建设中，成渝双城的合作并不意味着消除了竞争。竞争与合作从本质上而言是矛盾的统一体。市场竞争在社会主义市场经济体制下是恒久不变的重要规律。没有良性的竞争，成渝合作和"双城记"便缺乏生机和活力，不能形成经济圈建设过程中"你追我赶"生动活泼的协同场景。在成渝地区双城经济圈建设背景下，川渝和"双城"将立足做强自身和社会资源的优化配置，促使省与省之间出现新的变化，从"竞争大于合作"转变为"合作大于竞争"，这应该是正确处理川渝竞合关系"纠结"和"困惑"的重要立足点和根基。成渝地区双城经济圈是一种高层次的区域合作实践。世界级城市群和国内京津冀、长三角、粤港澳大湾区城市群竞合关系的实践告诉我们，新时代城市群省与省之间的竞合关系，一定要以合作为出发点和终极目标，才能实现"双赢"和"多赢"②。

即使在成渝地区双城经济圈规划纲要的架构下，成渝两地也存在着竞合博弈。竞合博弈是在建立竞合理论和竞合分析方法基础上提出某种假设条件，以表达不同主体之间的博弈。竞合博弈是一种正和但可变的游戏结构。以川渝毗邻地区竞合博弈为例，为了在川渝毗邻地区一体化进程中获得更多的竞争优势，从个人理性出发，毗邻地区的地方政府之间容易产生竞争博弈。如无法达成约束性的协议，其结果有可能是先发动者利益有所得，后发动者利益有所失，出现零和博弈。我们尝试建立静态博弈模型对川渝毗邻地区竞争博弈行为及后果进行分析。

在静态博弈模型中，我们做出两个基本假设：第一，单次博弈，地方政府只有两种策略选择：竞争或者合作；第二，同时博弈，博弈的双方为毗邻地区的重庆方地方政府和四川方地方政府。博弈矩阵如下。

---

① 张军扩，侯永志. 开创区域协调发展新局面 [N]. 人民日报，2016-08-05 (7).

② 李艳玲，孟浩. 四城携手　如何下好国家战略"先手棋" [N]. 成都日报，2020-06-01 (4).

表 8-1　川渝某毗邻地区政府博弈收益变化矩阵表

某地方政府（重庆方）		合作	竞争
某地方政府（四川方）	合作	3，3	－6，6
	竞争	6，－6	－3，－3

由矩阵可知，地方政府博弈策略不同，会直接影响其收益变化：第一，如果毗邻地区的成渝地方政府都采取合作策略，则对双方产生利益递增影响，可以增加 3 个单位收益，总收益共递增 6 个单位；第二，如果毗邻地区的成渝地方政府双方采取的策略不一致，则采取竞争策略一方的收益增加量正是采取合作策略另一方的收益减少量，竞争策略一方收益增加 6 个单位，合作策略另一方收益减少 6 个单位，总收益不变，这是一个零和博弈；第三，如果毗邻地区的成渝地方政府双方都采取竞争策略，则对双方收益产生递减影响，各减少 3 个单位收益，总收益减少 6 个单位。

此外，在成渝毗邻地区地方政府博弈过程中，重庆方地方政府在决定其策略选择时，必须先考虑四川方地方政府的策略选择。重庆方地方政府是在考虑四川方地方政府策略选择的前提下作出自己的策略选择。在成渝毗邻地区地方政府博弈过程中，四川方地方政府在选择合作，则重庆方地方政府最优策略是选择竞争（因为 6＞3）；若四川方地方政府选择竞争，则重庆方地方政府最优策略是选择竞争（因为－3＞－6）。所以，无论四川方地方政府选择合作还是竞争策略，重庆方地方政府都可能会选择竞争策略。竞争策略是重庆方地方政府的占优策略。

按照同样的分析思路，不难得出类似的结论：无论重庆方地方政府选择策略是合作还是竞争，四川方地方政府都会选择竞争策略，竞争策略是四川方地方政府的占优策略。由此，成渝毗邻地区地方政府的博弈达到了纳什均衡（竞争，竞争）。然而仔细分析该矩阵可以发现，成渝毗邻地区一体化进程中满意的博弈行为是（合作，合作），带来的结果为（3，3）。但是，如果成渝毗邻地区地方政府在竞合博弈中不以合作为出发点和归属，不求同存异和取长补短，完全为本地区利益着想，都选择竞争策略，势必导致最差的结局。这就是成渝地区双城经济圈协同化和一体化进程中"个人理性"与"团体理性"的冲突，是典型的"囚徒困境"。因此，在成渝地区双城经济圈建设过程中，必须通过科学的制度安排，形成最优竞合关系，做出令人满意的博弈行为。

（三）良性竞合关系必须要规范化和制度化

从制度理论的角度来说，成渝地区双城经济圈建设中的川渝合作规则，是利益相关主体即川渝各地政府部门在基本同意为前提下以一定的"囚徒困境"对弈而产生的合作均衡。现阶段川渝合作中的一些规则虽然是随经验或惯例而产生，但它们在成渝地区双城经济圈内部是以规范的方式施展作用并被要求执行。成渝地区省际良性竞合关系的规范化和制度化具有以下三个特点：首先，川渝良性竞合关系体制机制的建立是川渝两地政府合作者一致同意前提下互相博弈的结果；其次，川渝良性竞合关系体制机制是以川渝党政机关联合签署合作文本的形式予以确定的，具有较强的规则性；最后，川渝良性竞合关系体制机制有规范的执行机制。在川渝合作过程中，如果出现川渝两地机关利益纠纷无法得以解决的问题时，中央政府以及跨行政区的协调管理机构就充当了两地协调纠纷的调解者。由调解者判定和裁决哪一方出现违反规则的行为，并以一种规范、正式、公平的方式对区域合作规则进行协调和维护。

综上，强化川渝调控政策执行的法制化和正式化，维护川渝良性竞合关系的恒久性，有必要制定一个川渝共同遵守、共同维护的协同公约文本。但是，川渝良性竞合关系的体制机制是一个制度系统，涵盖范围很广，特别是：区域生产力地域空间布局原则和区域产业经济发展准则的形成；自然资源的统一开发利用，环境的统一整治和保护，互联互通基础设施网络的建立；金融、科技、对外开放、环境保护、乡村振兴等方面的协调与管理制度的建立；户籍、房屋、就业、医疗、教育、社保等改革的行政协调，以及开放共同市场，为人才交流搭建平台；川渝两地政府联手制定一致的合作实施细则和制度架构，比如在人才引进、招商引资、土地批租、技术开发、信息共享和进出口贸易等具体项目上打造无差异的政策环境等方面，均需要在条件成熟时将目前的协同化文本升级为区域发展与规范法规，从而达到川渝两地各类制度架构的协同融合。

二、构建川渝良性竞合关系的体制机制的观念依托

根据竞合关系及竞合博弈的理论分析，在成渝地区双城经济圈建设过程中，构建川渝良性竞合关系和基于合作之竞合博弈的体制机制必须解放思想，突破传统思维的束缚，以良性竞合关系和基于合作之竞合博弈为底线，正视川渝合作与协同中的责权利问题的"纠结"和"困惑"，认真调研，加强沟通，尊重区域经济规律，形成共识，构建相应的体制机制。

（一）换位思考观念

换位思考是从区域协调发展的角度考量，推己及人，将心比心地为合作区域考量，思对方所思、虑对方所虑地处理区际关系。换位思考无疑是形成成渝地区双城经济圈良性竞合关系的最佳润滑剂。川渝两省市要唱好"双城记"，建优经济圈，融入新格局，不能貌合神离，处处仅为本地区着想，而要互相理解和信任，各种顶层设计都需要反复沟通与磋商，凡涉及川渝各自权利与义务的界定，一定要以换位思考的方式来敲定。这是川渝良性竞合关系与长效体制机制设计的基础。

构建川渝良性竞合关系，换位思考是融洽川渝之间关系的最佳协调思维。在区际之间的协同与合作中，一般都有这样一个重要特点：总是站在本区角度思考问题。假如川渝两地都能考虑到对方的角度和立场，必然能够增添对彼此的理解和宽容，改善和拉近川渝两地之间的关系。构建川渝良性竞合关系，关键一步就是换位思考。在成渝地区双城经济圈建设中，只有做到换位思考，两地之间的凝聚力才能增强。

在成渝地区双城经济圈建设过程中，难免出现涉及川渝两地的责权利问题的"纠结"和争议。对于这些"纠结"和争议，决策层、协调层和执行层均不能简单地"快刀斩乱麻"，要多采用换位思考的方式沟通。川渝两地的领导和群众要多换位思考，否则就容易产生误解，甚至耿耿于怀。只有站在对方的角度思考，才会理解他区的诉求和价值所在，本区也会"豁然开朗"。当遇到责权利问题的"纠结"和争议时，才会释怀并形成共识，进而才会"拉手"乃至"携手"，形成可行的合作和协同推进方案。

（二）"动车组意识"

新发展阶段是进入高铁时代的新阶段。在高铁时代，已经不再是"火车跑得快，全靠车头带"，高铁动车速度是先进的"火车头"和各动力车厢共同发力的结果，也只有共同给力，才能形成高速度。"动车组意识"是合作共赢的逻辑。动车组，又称"动车组列车"，是现代火车的一种类型，由若干带动力的车辆（动车）和不带动力的车辆（拖车）连接而成。其中，动力分散式动车组如和谐号、复兴号系列动车组，是由多节动力车厢和非动力车厢组成的；也有全部车辆均带动力的，如磁悬浮列车。动车组的出现，使"火车跑得快，全靠车头带"的比喻成为"过去式"。

在地区协调发展和区域同步发展的今天,几乎所有地域都是互相联系、互相依存的。区际之间的合作与协同,不再是区际合作与竞争领导力,而是区际合力。"动车组意识"的区际合力将成为区际合作共赢的逻辑和主导因素。在成渝经济区、成渝城市群的竞合关系中,曾经存在"谁当老大""谁来牵头""谁来领衔"的比拼与较量,不少合作与协同项目在酝酿中搁浅,或者在推进中不了了之,无法形成川渝合作与协同"正果"。

区域合作才能促进发展,区域协调互补才能带来互惠共赢已成为共识。成渝地区双城经济圈建设是一项需要循序渐进的工程,涉及面众多,共商、共投、共建、共营和共治,才能共赢。秉承"动车组意识",川渝良性竞合关系才能恒久。将川渝协同化发展向更广更深的层面推进,不仅需要中央支持,更需要川渝两地各市区同频共振、共同发力、通力协作、取长补短、迎难而上、善谋善思、善作善成、真抓实干,共同唱好"双城记"。

秉承"动车组意识",川渝各部门各地要善于结合自身实际,主动思考、主动谋划、主动对接,把党中央国务院的《成渝地区双城经济圈建设规划纲要》和川渝两地的具体规划及其实施方案中蕴藏的政策"红利"变成一个个具体项目,切实抓好执行与跟进,最大限度地释放出川渝合作与协同的能量。

秉承"动车组意识",川渝各部门各地共唱"双城记",要强化政策执行力,善谋实干,善作善成。各地各部门要主动融入区域合作大局,找准加快发展的定位,提升转型升级的思路,加强领导、明确责任、潜心研究、合理安排,认真制定推进措施,抓细抓小,层层落实到位。两地的干部群众要敢于探索、勇于实践,全身心地投入成都东进、重庆西扩的改革步伐中,汇聚起发展升级的滚滚洪流,为建优经济圈、融入新格局贡献川渝各部门各地的力量。

秉承"动车组意识",唱响川渝区域同合作共发展的"川渝好声音",要毫不动摇地深化改革,推进机制体制创新,激发内生活力与动力。发达地区区域协同化发展的探索经验表明,创新发展是推动各项事业前进的重要环节所在。没有改革的深入、开放的拓展,实现成渝双城协同发展就只是一纸空谈。为此,川渝各地各部门要拿出硬功实招,着力在重点领域和关键环节的改革上取得突破,不断提升成渝地区的竞争力,以海纳百川的宽广胸怀,尽最大可能地敞开"城门",消除"川河渝界",加快两地的合作步伐,拓展两地的合作领域,丰富合作内涵,打造行政区域分离、经济区域协同的全国典范。

(三)最大公约数规则

推进成渝地区双城经济圈建设,构建经济区与行政区适度分离的体制机制，最大公约数规则无疑是明智抉择。最大公约数应当是川渝两地干部群众最广泛利益的"平衡点"，因而也是激发川渝合作内生动力的"关键点"。

"最大公约数"本来是一个数学概念，但其原理和规则同样适用于处理纷繁复杂的社会经济活动和区际竞合关系。习近平总书记指出，把最大公约数找出来，在改革开放上形成聚焦，做事就能事半而功倍。① 共同打造区域协调发展新样板，尤其需要把握好整体与个体的关系，在各领域以凝心聚力的最大公约数构建良性竞合关系的体制机制。

只要基于区域之间的比较优势和劣势，按照差异化区域产业布局和劳动地域分工，区域间便有可能构建起差异互补、默契协作、互利共赢的竞争与合作关系②。川渝两地在产业规划上需要将供给创造和需求牵引有机结合起来，推进川渝产业布局协同联动，着力完善两地全域全系统的产业链供应链，推动循环跨区域产业链联动发展，共享经济红利与生态红利，这就是川渝两地共唱双城记中的最大公约数。为此，两地在协同发展的过程中应立足所在区位资源、要素禀赋、经济基础，找准发展方向和自身定位，实现两区域协调发展、错位发展、相互融合、取长补短，避免同质化发展。

在成渝地区双城经济圈建设过程中，川渝两地需以"双城记"一体化发展的最大公约数作为核心价值和基本原则，先易后难、求同存异、走稳步、小快步、分步骤、分阶段，逐步逼近"最小公约数"，最终达成一体化甚至同城化发展目标，实现"经济圈"开放、包容、普惠、平衡、共赢的包容性和精明性发展。

比如，川渝两地共处长江上游。在打造区域协调协同发展新样板新典范的过程中，要在环境保护机制上持之以恒、持续发力。长江生态环境保护是一项造福子孙、有利千秋万代的系统工程，需要打破两地行政区划的界限和壁垒，按照全国主体功能区规划要求和长江生态经济区发展要求，从长江水体系保护的环境、生态、资源、安全、文化和岸线等多方面统筹考虑，建立健全生态环境硬约束机制，着力推进长江上中下游、沿江沿岸、干流支流的协同治理，着力打造长江沿江生态综合治理新体系，同时加快健全和完善市场化、多元化的生态补偿机制、奖惩机制，激发长江沿岸各区市县对生态环境保护的内

---

① 慎海雄. 寻求推进改革开放的最大公约数［N］. 新华每日电讯, 2013-01-11（1）.

② 王慧. 博弈论视角下厦门—平潭双岛竞合关系分析［J］. 经济问题, 2013（2）：94—99.

在动力。

以最大公约数规则构建川渝良性竞合关系将极大地提升川渝合作与协同的效能，事实上，截至目前，成渝地区各方已签署的合作协议达200多个，几乎每天都有新的合作项目应运而生。在加强交通基础设施建设、加快现代产业体系建设、增强协同创新发展能力、优化国土空间布局、加强生态环境保护、推进体制创新、强化公共服务共商、共投、共建、共管和共享等领域呈现出大批亮点[1]。这些亮点正是以川渝两地的最大公约数回应了干部群众的关切和利益诉求。

（四）股份制权益

川渝合作与协同协调发展不能主要靠行政命令，而应该更多地尊重自然规律、经济规律和社会规律。在涉及市场化项目时，以川渝"区域股份制"形成区域利益共同体无疑是一种可行的抉择。

涉及市场化项目时，股份制可以开辟市场化项目的合作新境界。川渝"区域股份制"是以资产（各种要素均可折算为资产）投入为纽带，以适应产业链供应链稳定与优化为取向，进而采取的由各部门各地区各投融资主体配置相应资源的一种方式，这种方式形成的"区域股份制"可以消除基于行政区划管控的目标隔离、经费隔离、成果隔离、人员隔离等障碍，从而界定和明晰川渝各方的产权关系和回报方式。"区域股份制"运用所有权与使用权相分离的现代产权理念，"不求所有、但求所用"，综合考虑经济效益和社会效益、当前利益和长远利益，建立合理回报模式并形成长效化的合作机制。

川渝"区域股份制"有利于促进川渝区域产业协作发展总体规划的产业项目落地，按照市场化规则，将区域发展规划与各地市重点项目规划有机衔接，联合创办一些跨川渝、跨地市、跨行业的项目，更好地提升成渝地区双城经济圈的产业规划构架。

成渝地区双城经济圈建设中有关重大产业项目的资源配置必须由市场机制起决定性作用。面对这类关键议题，川渝党政部门的协调只能是一种引导，更多地要由市场的供求、价格和竞争三大机制进行抉择。面对这类关键议题，川

---

[1] 江毅，赵宇飞，李力可，等. 川渝"一盘棋"跑出"加速度"——成渝地区双城经济圈建设一周年记［EB/OL］．（2021-01-02）［2021-03-26］. http：//www.xinhuanet.com/politics/2021－01/02/c_1126939374.htm.

渝党政部门应该选择股份制协同机制，将双方的投资、风险与收益挂钩，占股大，投资大，风险也大，收益也大。

（五）共同平台

在合作与协同过程中，成渝地区双城经济圈在融入共建"一带一路"、长江经济带发展、新一轮西部大开发、乡村振兴等国家重大战略上形成协同共建方案；抱团向国家争取重大项目支持，共同向世界招商引资，共同深化开放开发合作；在推进西部陆海新通道、中欧班列等出海出境大通道以及重大基础设施建设上形成协力。

唱好"双城记"，建优经济圈，融入双循环，需要川渝两地实施资源共用战略，开拓整体运作新格局，比如在文旅行业中建立川渝联盟平台，将联盟成员与主要客源地等资源进行整合，共同设立对外营销网点，建立川渝联盟成员旅游网站，组织联盟成员开展大型旅游招商，联合开展大型营销推介活动，实现旅游网站、微博、微信、短视频等网络平台的有效互动，建成一批川渝旅游国际化窗口基地，拓宽国际市场，构建全球营销网络、倾力打造川渝文旅共同形象。

通过共同平台，构建跨区域行业的安全信息交流互通、联合发布机制，形成多方参与的矛盾纠纷快速解决机制，建立川渝地区行业实施标准体系及运营细则，推动行业共管共治，提升行业安全和应急管理水平，营造区域间安全有序的行业发展环境，打造行业管理新模式，力争为全国同行业管理贡献"川渝智慧"。

在成渝地区双城经济圈建设过程中，川渝两地要根据《成渝地区双城经济圈建设规划纲要》的指引，共同建设国家数字经济创新发展试验区、西部金融中心、西部科学城、巴蜀文化旅游走廊、成渝现代高效特色农业带，以及打造川渝自贸试验区协同开放示范区等[①]。机制上则按照"一中心两省市""一城多区"，合力打造"共同平台""共同项目"，消除成渝地区双城经济圈跨行政区相向而行的"阻碍"与"间隙"，共建共享，逐步实现"双城协同"到"双城一体"进而"双城同城"的发展轨迹。

① 岳依桐，王鹏. 四川：全面推动成渝地区双城经济圈建设　形成高质量发展重要增长极［EB/OL］.（2020-05-09）［2021-03-26］. https://www.chinanews.com/gn/2020/05－09/9179410.shtml.

与此同时，川渝还要通过共同平台，以开放包容的姿态，加强与陕西、广西、云南、贵州、西藏等西部省区市合作，共同建设西部陆海新通道，加强与京津冀、长三角、粤港澳大湾区等重要城市群的战略对接，促进与《区域全面经济伙伴关系协定》其他成员的协作，进一步扩大"朋友圈"，高质量参与"一带一路"建设，深度融入"双循环"新发展格局。

（六）重大项目 AB 错位配置

在成渝地区双城经济圈建设过程中，应将统筹区域协调发展的要求落到实处，加强川渝两地协同发展，打破自家"一亩三分地"思维固化模式。特别是在成都东进、重庆西扩的空间布局上，川渝两地要统一思想、提高认识，在规划和建设起步之初就要考虑在功能上的区别，实现错位发展和融合发展。

只有错位发展才能实现融合发展。将成都东进区域和重庆西扩区域作为成渝地区双城经济圈的创新区，能够规划出最新最美的发展场景。外溢性是创新的重要特征之一，代表着这些创新区域可以通过聚集创新资源、增强创新活动、壮大创新主体来实现科技成果的转化和产业化，辐射带动周边区域的发展，进而带动经济社会的整体发展，形成成渝地区双城经济圈主轴带中部崛起的"脊梁"。

错位发展体现了注重区域特色优势发展的机理。从成渝地区的特点和优势出发，避开与其他先发展地区相同的发展模式，开辟出以重视打牢基础、发挥特色优势、突出开放创新、实现民生幸福为主要亮点的错位发展之路，规避趋同性的恶性竞争，才能实现两地融合互补发展。

在成渝地区双城经济圈的建设过程中，按照两地合作共建区域发展功能平台的规划，要加快并做好创建万达开川渝统筹发展示范区，推动打造明月山绿色发展示范带，支持建设革命老区振兴发展示范区，协同打造北向东向出渝出川综合交通枢纽，推进成渝中部地区产业布局一体谋划，主动承接成渝地区和东部沿海发达地区产业转移，推动建设高滩茨竹新区，打造环重庆主城都市区经济协同发展示范区，推进遂宁和潼南一体化发展先行区；推动资阳和大足共建文旅融合发展示范区，推动内江和荣昌共建现代农业高新技术产业示范区。聚焦泸州、永川和江津等川南地区与渝西地区的融合发展大格局，加强各种基础设施的互联互通、战略性新兴产业的协作，合作建设产业园区，协同承接东部及世界产业转移，探索区域、产城和城乡一体化发展新机制[1]。在融合发展示范区建设的过程中，往往会有若干重大项目是落地于四川行政区划内还是落地重庆区划内的讨论与磋商。除根据比较优势规律考量之外，川渝地区党政部门还要构建相对均衡的项目布局及其制度安排，统筹兼顾。

根据区域经济规律指向，区域间关系必定以合作为基础，辅之以必要的错位竞争[2]。也就是说，如果在四川行政区划内主要布局 A 项目，那么就应该在重庆行政区划内主要布局 B 项目。川渝地区党政部门要优化经济圈协同环境，共同制定经济圈地方法规。以法治思维保障经济圈发展的良性竞合秩序。一旦空间 AB 错位的生产力布局格局议定，川渝党政部门就要依法严格遵守，加强协调，决不能破坏共同确定的"游戏规则"。加强川渝地区在发展大数据、智能化、新能源、新材料、航天科技等领域的沟通和科学规划，形成符合川渝地区生产要素资源的重大项目布局和优势产业布局。

（七）"飞地产业功能区"分享机理

在"经济圈"建设过程中，有些共同项目可能在毗邻地区落地，也可能在四川或重庆行政区划内的"飞地产业功能区"落地。川渝合作"飞地产业功能区"可以形成"双飞地"模式（四川飞到重庆，重庆飞到四川），实现"你中有我，我中有你"的产业布局，有助于形成特色型的生产力聚集发展和规模效应。

"飞地产业功能区"模式由来已久。"飞地功能区"诞生于 2003 年，在江苏江阴、靖江两座城市的努力下，国内首个"产业飞地"在长三角地区揭牌。自此以后，江阴—靖江工业园区成为"飞地产业功能区"的代表模式，开始在各地复制推广。

"飞地产业功能区"通过规划、建设、管理等合作机制和利益分配的协调，以生产要素的高效利用和互补为目的，协同开发相应的平台载体，实现协同创新、互惠互利和融合发展。功能区的设置尽管不能缩小地区发展差异、实

---

[1] 重庆市人民政府办公厅，四川省人民政府办公厅. 重庆市人民政府办公厅 四川省人民政府办公厅关于印发川渝毗邻地区合作共建区域发展功能平台推进方案的通知［A/OL］.（2020-11-30）［2021-03-26］. http：//www.sc.gov.cn/10462/zcjjd/2020/11/30/18fd2e6ccb664f43abc16affdcddda14.shtml.

[2] 彭忠益，柯雪涛. 中国地方政府间竞争与合作关系演进及其影响机制［J］. 行政论坛，2018，25（5）：92—98.

现资源互补，但能在一定程度上减少区域之间优惠政策比拼和恶性竞争，带来"飞地经济"，从而真正打破行政区域的限制，实现两地行政资源、经济资源和自然资源的整合。

川渝两地对"飞地产业功能区"已进行了积极的探索。比如，由四川省甘孜藏族自治州和眉山市两地进行共建的甘眉工业园区在眉山市东坡区成立。两地根据眉山的区位优势和产业资源禀赋，以眉山铝硅产业园区为载体，以甘孜州丰富的矿产资源为基础，依靠来自国家和四川省的相关支持政策，合作建设"飞地产业功能区"。如今，甘眉工业园区不仅支持了甘孜州的发展，还成功获批省级开发区，2018 就实现产值 14.6 亿元，甘孜州和眉山市均获得相应的税收分成。

"飞地产业功能区"要实现高质量发展，关键是要算明白经济账。川渝两地要完善"飞地产业功能区"的利益分享制度，按契约或投资比例分享川渝"飞地产业功能区"的生产总值和税收，以形成川渝合作"飞地产业功能区"稳健发展的长效机制。

（八）产业链逻辑

成渝地区产业布局不仅仅具有经济属性，而且是成渝地区空间布局的重要载体，也是要素和人口流动的牵引线。而产业链的内在逻辑决定了成渝地区发展的高度、方向和品位，是成渝地区高质量发展的战略与路径引领。

产业链内在逻辑是川渝互惠共赢的源动力。产业链关乎相关产业之间的回顾、旁侧和前瞻效应。这种产业关联效应可以降低资源配置的交易费用，提升各种经济要素和人口的承载力。因此，在成渝地区双城经济圈建设过程中，需要以产业链为"帆"，以"人城境业文"五位一体的机理驱动城市有机更新，完善配套服务设施，构建以川渝地区永续发展为目标的融合产业生态体系。

理论和实践都充分证明，以产业链逻辑制定的空间规划是成渝地区永续发展的长期战略，对成渝地区双城经济圈长期发展具有深刻的引导作用。产业链逻辑通过产业链的上下游、左右岸，做到你中有我、我中有你，相互依存，有助于成渝地区产业链和供应链的持续稳定和优化，在"卡脖子"技术上脱颖而出，在融入双循环新格局中增强成渝地区高质量发展的增长极和新的动力源能级，更有助于形成川渝团结一致，上下一心，同心同德的新态势和新格局。

产业细分化是产业链逻辑重要的前置条件。只有产业细分化，才能促进产业链环节的相互嵌入与相互依存，形成成渝地区双城经济圈的"产业森林"现象，形成和固化川渝"搭伙求财"的恒久体制机制。

（九）抱团发展观念

资源互享、信息互通、产品互惠、资金互融的抱团发展是城市群和经济圈建优建强的康庄大道。城市或行政区划"单打独斗"的"不经济"正在被城市群和经济圈所颠覆，抱团发展是成渝地区立足新发展阶段、贯彻新发展理念，唱好"双城记"，建优经济圈，融入新发展格局的重要路径。

成渝地区双城经济圈的建设目标是成为我国内陆地区"开放合作"高质量发展的重要增长极[①]。成渝地区要聚焦双方关注的发展前景，拥抱高铁和航空经济，促进成渝地区的智能化、全球化和群网化；建立高水平的市场制度，建设国际一流的基础设施网络，促进数字化转型，建优做强经济圈。

成渝地区双城经济圈与京津冀、长三角、粤港澳等城市群相比，虽然有自己的内陆广袤市场特色和比较优势，但是在高质量快速发展增长极和新动力源上仍有不少的弱项和不足。如果川渝不加大抱团发展的力度，经济圈就不能增强，融入新发展格局的能级也难以提升。

经济圈抱团发展，首先要抱团编制一体化发展规划，不仅要有总规，还要有各种专项规划，并体现多规合一。同时，决策层、协调层和执行层都要有抱团发展的各种日常工作机制和运行机制，在一些经济协调管理部门要有川渝抱团发展项目推进的具体时间表等。

经济圈抱团发展尤其要体现在招商引资和对外开放上，共同走出去，引进来。除了共同争取国家项目和国家支持外，更要共同推进西部陆海新通道建设、共同开行和共享中欧班列、国际和地区航线等，实现与周边及其沿海沿边省区同发展，《区域全面经济伙伴关系协定》规则和《中欧投资协议》规则同对接，"一带一路"建设同参与等。

（十）干部全方位交流

加大川渝两地人才交流力度，特别是川渝各级党政领导干部的交流，既是从组织制度上对权力的约束和监督，也是对干部的激励和爱护，更是川渝各级

---

① 杨继瑞. 成渝地区双城经济圈：成都的作为与担当[J]. 先锋，2020（4）：37—39.

领导班子建设、夯实经济圈建设的组织基础和促进经济圈干部队伍建设的重要制度安排。

川渝两地土生土长的领导干部，特别是长期在四川或者重庆任职的，易产生四川或重庆的"家乡观念"。在川渝合作和协同的大势下，反而会形成一些不利于合作和协同的思维定式和刻板印象。川渝干部全方位交流，可以在一定程度上改变这种状况。通过干部交流，可以拓宽川渝干部"一亩三分地"狭隘眼界，会取长补短，把本地区好的经验做法带到交流地，改变固有观念，激发干事创新共赢的激情。

在经济圈建设过程中，川渝党政部门常态化的沟通交流非常重要。因此，从中央层面要加强四川省和重庆市中管干部的互派和交流；从四川省和重庆市层面，要加强部门和毗邻地区干部的互派和交流。在一些重要经济及管理部门，川渝可以相互建立相应的机构并与对方机构联合办公，以便常态化沟通协调，使成渝地区双城经济圈从地缘相近到人缘相亲，促进干部的换位思考，推动经济圈一体化发展。

同时，有关方面应该对川渝交流干部和挂职干部的相关待遇保障及执行标准作出明确规定。比如，川渝交流、挂职、联合办公干部探亲的交通费用由哪里负责，一年可以报销几次；租房子可以租多大的，费用怎么解决；除工资福利以外，还可以享受哪些补贴；等等。总之，对川渝交流干部和挂职干部，要给予必要的人文关怀，该保障的条件要保障，该给予的待遇要落实。

三、建立健全促进川渝良性竞合关系的其他配套制度安排

基于我国社会主义的发展特点与制度优势，政府在区域协调中扮演着重要角色，特别是当前我国市场经济还正处于探索发展过程中，政府的作用至关重要。因此，在成渝地区双城经济圈建设进程中，在党政部门之外几乎没有足够的力量和制度渠道实现区域协调发展所需要的制度变迁。当然，促进川渝基于合作之竞合博弈，推进川渝党政部门的合作与协同，关键还要有中央政府支持与推动的"指挥棒"。同时，推动成渝地区双城经济圈的一体化发展，不能越俎代庖，不能用政府的力量取代市场。推动成渝地区双城经济圈的一体化发展，必须遵循市场规律，通过两地政府的共同努力与共同行动，以市场化的制度创新，让市场机制在资源配置中起决定性作用，以此促进川渝两地社会、经济、人文、科技资源的优化配置。

西方国家在区域发展中的政府协调及机制制度安排是通过搭建完整的区域机构设置框架，并对这些框架赋予效力性和执行性的有效制度基础来实现的。因此，成渝地区双城经济圈区域合作机制必须以政府为主导，而且必须上升为制度层面，形成有效的区域合作框架并建立健全与之相配套的制度。

（一）充分发挥民间组织、行业和企业功能

党政部门要支持组建行业协会和商会，引导社会组织在合作发展中发挥积极作用，形成相互支撑、互为补充的工作推进体系。民间社会组织的主要功能是发挥成渝地区双城经济圈战略智库作用，推动川渝在多领域的协作与协同。

一是可建立以经济学、社会学专家为主力的"成渝地区双城经济圈建设咨询委员会""成渝地区双城经济圈智库联盟"，以及川渝各类专业研究机构联盟等组织。这些组织机构有别于一般的科研机构，其主要作用是成为成渝地区各级党政机关决策的咨询参谋、智囊机构和新型智库。

二是充分发挥行业组织在成渝地区双城经济圈建设中非制度性协同作用。这类行业组织要打破成渝地区行政区域设置的障碍，探索各类市场资源的联接和整合，形成跨区域的行业联盟并制定成渝地区共同的行业发展规划、共同的市场规则以及建立共同的市场秩序。

三是组织并建立跨成渝地区的股份制集团公司或相关基金。在跨国贸易中，成立跨国企业是打破国家与国家之间关税和非关税壁垒的最有效方式。同样，要想打破成渝地区的封闭格局，做到协同发展，相互融合，成立跨地区跨区域公司也是最好的方式。因而，要倡导在遵循市场规律的基础上，强强联合，组建成渝地区各地相互参股的、跨地区的、具有规模和竞争力的超级巨型龙头企业集团或相关基金，再通过龙头企业或相关基金联合、控股区域内的上下游配套企业，形成由紧密层市场主体和松散层市场主体共同组成的巨型集团或巨型基金。这种组合既可以打破封闭，优化资源配置，增强综合竞争力，也可以满足参与国际竞争的需要。

（二）完善成渝地区同守共遵的激励与约束体制机制

区域经济一体化进程的快慢和发展水平的高低，与是否建立有效完善的制度基础是紧密关联的。例如欧盟作为目前在国际上运作最为规范的机构，利用超越国家的机构协调各种经济政策和规则，并且与时俱进地制定与之相应的法律法规来实现一体化，各成员国需要严格依照欧盟的制度来制定对内对外政

策。同样，完善激励与约束的基础性制度安排，对进一步促进成渝地区区域经济一体化、实现区域整体性发展势必起到关键性作用。完善成渝地区同守共遵的激励与约束体制机制，无疑有助于成渝地区形成区域整体性融合优势，培养培育更大的经济规模。因此，应完善成本共担机制和利益共享机制，推进税务制度、人员和资本流动制度、社会保障制度以及公共政策的标准化、法治化、一体化改革。

目前，成渝地区双城经济圈内还缺乏统一一致的约束机制，两地在人才引进、招商引资、土地批租、技术开发、信息共享和进出口贸易等方面的政策上都存在一定的差异，虽然川渝目前已签订了不少协议，但是还没有形成规范性的经济圈建设的统一法规。这样，成渝两地政府间的协同合作就缺乏有效的保障制度作为基础。因此，在成渝地区双城经济圈建设进程中，川渝各级党政各部门所签订的协议和合作方案，一是要尽可能地上升为地方法规；二是要为川渝有效的协同与合作行为和举措提供应该有的激励；三是严厉惩处不遵守川渝合作与协同"游戏规则"之人及机会主义者。

（三）进一步探索和完善川渝特殊点位下的利益分享与补偿机制

作为川渝党政部门合作与协同的题中应有之意，川渝党政部门合作的出发点是整体利益共享。如何将"小而全""大而全"的产业空间格局打破，深化成渝地区供给侧结构性改革，形成产业布局合理、产业分工有效的合作基础体系，除了两地一般性的利益分享与补偿机制外，还应进一步探索特殊背景下的利益分享和补偿机制。以资源禀赋优势和合理取舍提升毗邻地区的分工与协同格局，无疑可以避免毗邻地区相互争夺有限资源的恶性竞争。毋庸讳言，川渝两地的协同合作，在某些领域的特殊点位总有优势一方与劣势一方。取其长补其短，优势产业可以乘机扩大市场和规模，进一步壮大自身；劣势产业需要进行产业发展的重新规划。产业发展的区域利益势必从劣势方转移向优势方。在协同合作中保持自身的地位并取得应有收益，这将是成渝地区协同合作的一种倒逼发展方式。让合作双方都共享合作的收益，长久保持合作关系不遭破坏，在特殊点位，合作优势方、受益方给予劣势方、损益方一定的补偿也是很有必要的。

只有实现合作双方的共赢或多方的多赢以及各方利益的平衡，才能使成渝地区协同发展规则发挥有效作用。有了双方平等互利协作共赢的基础，在成渝地区特殊点位区域利益分享和补偿机制上便能找到平衡点，这需要成渝地区各级地方政府通过规范并行之有效的制度约束，互谅互让，切实达成地方与地方之间、区域与区域之间的利益共享与利益转移协议，实现各方各级各层相关利益的再次分配。比如，对劣势方就相关要素给予适度倾斜，以及对地区生产总值或税收按一定比例进行划转很有必要。而在个别重要的特殊点位，由中央政府进行宏观调控更是不可或缺。当然，成渝地区特殊点位区域利益分享与补偿机制的实施需要把握好度，要兼顾公平，更要考量效率，不能鞭打快牛。

第九章

成渝地区双城经济圈建设的成都作为："强核、拓圈、联支、协重"

自 2020 年 1 月 3 日，习近平总书记在中央财经委员会第六次会议上提出成渝地区双城经济圈建设的总体部署以来①，成都积极响应，全面学习和贯彻落实国家和省的指示精神，结合成渝地区发展的阶段特征和成都自身实际，全力推动成渝地区双城经济圈建设加快落地。

从成渝地区双城经济圈建设战略部署的提出到《成渝地区双城经济圈建设规划纲要》②的公布，纵观成都市委推进成渝地区双城经济圈建设的《中共成都市委关于坚定贯彻成渝地区双城经济圈建设战略部署加快建设高质量发展增长极和动力源的决定》（2020 年 7 月 15 日中国共产党成都市第十三届委员会第七次全体会议通过）③、《中共成都市委关于制定成都市国民经济和社会发展第十四个五年规划和二〇三五年远景目标的建议》（2020 年 12 月 27 日中国共产党成都市第十三届委员会第八次全体会议通过）④ 和《成都市国民经济和社会发展第十四个五年规划和二〇三五年远景目标纲要》（2021 年 2 月 7 日成都

---

① 杨继瑞，杜思远，冯一桃. 成渝地区双城经济圈建设的战略定位与推进策略——"首届成渝地区双城经济圈发展论坛"会议综述 [J]. 西部论坛，2020，30 (6)：62—70.

② 李艳玲. 成渝地区双城经济圈建设有利于高质量发展区域经济布局 [N]. 成都日报. 2020-10-19 (3).

③ 中共成都市委关于坚定贯彻成渝地区双城经济圈建设战略部署加快建设高质量发展增长极和动力源的决定 [N]. 成都日报. 2020-07-20 (1，2).

④ 中共成都市委关于制定成都市国民经济和社会发展第十四个五年规划和二〇三五年远景目标的建议 [N]. 成都日报. 2020-12-31 (1，特 2).

市第十七届人民代表大会第五次会议批准)① 三个重要文件，成都市推动成渝地区双城经济圈建设关键举措、核心路径和逻辑思路在中央和四川省的指导下逐渐明晰，主要可以用"强核、拓圈、联支、协重"八字来概括。

——强核。积极响应习近平总书记2018年视察成都以来的指示精神，以建设践行新发展理念的公园城市示范区为总揽，深入贯彻经济地理空间重塑的"十字方针"，增强人口和经济承载力，加快建设高质量发展增长极和动力源，提升中心城市区域带动力和辐射力，做强成渝地区双城经济圈的"成都极核"。

——拓圈。贯彻落实省委关于推动成渝地区双城经济圈建设的各项指示精神，下好"先手棋"，积极推进成德眉资同城化，共建面向未来、面向世界、具有国际竞争力和区域带动力的现代化都市圈——成都都市圈，进一步做强成渝地区双城经济圈"成都极核"和全省发展"主干"②，拓展成都推动成渝地区双城经济圈建设的"朋友圈"。

——联支。将国家区域发展战略和省域协调发展战略有机结合，深化拓展"一干多支、五区协同"战略部署，以"干支联动"为支撑，集合五大经济区优势资源，共同构筑推动四川区域协调发展和成渝地区双城经济圈建设的核心支撑。

——协重。落实习近平总书记推动成渝地区双城经济圈建设的讲话精神，以"成渝双核共兴"为导向，推动成渝相向发展，齐心唱好"双城记"，协力打造带动全国高质量发展的重要增长极和新的动力源，建设国内大循环战略腹地和国际大循环的新高地。

---

① 成都市国民经济和社会发展第十四个五年规划和二〇三五年远景目标纲要〔A/OL〕.（2021-03-22）〔2021-04-07〕.http：//gk.chengdu.gov.cn/uploadfiles/0703050209/2021032917194517.pdf.

② 中共四川省委办公厅 四川省人民政府办公厅印发《关于推动成德眉资同城化发展的指导意见》〔EB/OL〕.（2020-07-31）〔2021-04-07〕.http：//www.sc.gov.cn/10462/10464/10797/2020/7/31/37f377485f5f4e01a91fecae3fb1db0b.shtml.

一、强核：做强成渝地区双城经济圈的"成都极核"

（一）全面建设践行新发展理念的公园城市示范区[①]

1. 不断探索公园城市理论内涵和实践表达

基于对人民群众追求美好生活诉求的回应与满足、对现代化城市规律的科学把握和深邃洞见，以及对成都的深切期许和历史嘱托，习近平总书记2018年2月视察成都天府新区时，提出突出公园城市特点，把生态价值考虑进去[②]，这是公园城市建设理念在全球首次问世。

自此，成都市按照总书记指引的城市建设方向，经过一段时间的酝酿与准备，在全国首次提出建设"公园城市"，并组建公园城市研究院，重点推进"公园城市内涵的研究、公园城市指标体系的国际经验与趋势的研究、习近平新时代中国特色社会主义思想指引下公园城市建设新模式研究、公园城市对市民生活品质影响的研究、公园城市消费场景研究、公园形态研究、公园城市对城市品牌价值的研究、绿色生态价值等首批8个重大课题研究"。

两年多来，成都市作为公园城市的首倡地，牢记总书记的深切期许和嘱托，投入巨大的财力和人力资源，围绕探索生态文明引领城市发展的新范式、创新世界城市可持续发展营城新模式两条主线，全力探索公园城市的理论内涵、建设标准、实践路径。公园城市作为人、城、境、业高度和谐统一的现代化城市，是新时代现代化城市发展的高级形态、新发展理念的城市表达、城市文明的继承创新和人民美好生活的价值归依，其将引领城市建设模式、城市管理方式、市民生活方式、社会治理方式的全方位变革，为世界城市可持续发展提供中国方案，在世界城市规划建设史上具有开创性意义。

实践中，成都市加速营造"六大公园"场景，实施天府锦城、交子公园、鹿溪智谷三大市级示范引领性工程，并全面启动首批76个公园城市示范片区建设，有序推进"百个公园"示范工程，实施"两拆一增"，植绿增绿，积极

[①] 欧阳慧，李智. 以践行新发展理念的公园城市示范区为抓手　示范引领成渝地区双城经济圈建设［J］. 先锋，2020（10）：17—19.

[②] 成都：公园城市示范区［EB/OL］.（2020-10-15）［2021-04-07］. http://www.xinhuanet.com/politics/2020-10/15/c_1126615103.htm.

第九章　成渝地区双城经济圈建设的成都作为："强核、拓圈、联支、协重"

推进"低碳城市"试点，加快建设美丽蓉城宜居乡村，建设重点特色镇（街区）60个、新启动200个川西林盘保护修复等。

2. 提升公园城市战略地位

公园城市是习近平总书记洞察世界城市文明发展的时代大趋势、顺应人类追求理想城市的发展规律，于2018年2月在天府新区首次提出的现代化城市理念，是成都的城市发展方向。为此，成都在全国首次全面提出建设"公园城市"。成都全市范围内掀起建设公园城市的浪潮，下辖区（县、市）均围绕各自实际情况，开展公园城市建设与规划。

2020年1月3日，习近平总书记主持召开中央财经委员会第六次会议，明确赋予成都建设践行新发展理念的公园城市示范区的光荣使命，为成都指明了探索中国特色新型城镇化道路、开创未来城市可持续发展新模式的前进方向。总书记的重要指示，既是对成都全域建设公园城市的肯定，又为成都的公园城市建设提出了新的要求，也为成都在推动成渝地区双城经济圈建设中的高质量发展，提供了根本遵循、指明了发展方向。

中共四川省委十一届七次全会站位国家全局、勇担历史使命，紧紧围绕推动成渝地区双城经济圈建设，明确以建设践行新发展理念的公园城市示范区为总揽[①]，成都市委十三届七次全会进一步对构筑引领高质量发展的增长极和动力源、建设践行新发展理念的公园城市示范区作出安排部署[②]。

综上，成都市公园城市建设全域性、统揽性、示范性的战略地位不断提升，其在成渝地区双城经济圈建设的支撑性区位作用不断强化。

3. 深化公园城市建设理念

总结前期公园城市建设的理论与实践，成都市在"十四五"规划纲要中明确，在成渝地区双城经济圈建设重大机遇下，主动服务"双循环"新格局，按照习近平总书记对四川及成都工作系列重要指示精神，以新发展理念统揽经济社会发展全局，一以贯之推动高标准规划、高品质建设、高质量发展、高水平开放、高效能治理，努力让创新成为动力源泉、协调成为内生特点、绿色成为

[①] 中共四川省委十一届七次全会举行（全会公报）[A/OL].（2020-07-13）[2021-04-07]. http：//www.panzhihua.gov.cn/zwgk/gzdt/rdgz/1644942.shtml.

[②] 成都：服务新战略　开辟新境界　加快建设高质量发展的增长极动力源[EB/OL].（2020-08-24）[2021-04-07]. http：//www.sc.gov.cn/10462/10464/10465/10595/2020/8/24/ec13040cf779484283089d49bbd2dae7.shtml.

鲜明底色、开放成为基本路径、共享成为价值导向，率先形成发展方式转型、城市能级提升、治理体系重塑、美丽宜居公园城市示范，在新时代中国特色新型城镇化道路上创新突破，推动天府文化和生态价值转化，厚植高品质宜居优势，探索形成践行新发展理念的经典范例、生态文明实践的城市标杆、新型城镇化的新型形态，全方位提升成渝地区双城经济圈中心城市的引领辐射示范能力①。

未来，成都市公园城市建设的主要思路是以践行新发展理念为引领，突出生态型、高质量、人本化、有韧性的公园城市可持续发展特质②，当好"试验田"、走出新路子，推动发展方式变革、区域协调能力增强、生态环境优化、城市开放水平提升、人民生活品质改善，打造高质量发展新动力源、区域协调发展新示范、美丽中国建设新典范、参与国际竞争新基地、高品质宜居生活新标杆③。

公园城市建设举措的"组合拳"表现在"六个率先"：一是率先推动以产业生态圈为引领的全面创新，重塑公园城市内生动力，构建高效分工、错位发展、有序竞争、相互配合的现代产业体系，形成与公园城市发展相适应的经济结构和动力结构，助力成渝地区建设具有全国影响力的重要经济中心和科技创新中心；二是率先贯彻"一尊重、五统筹"，遵循公园城市协调发展的内在要求，统筹推进新城新区增量拓展和生态涵养区减量发展，统筹公园城市精明增长和对外辐射带动，在更大范围构建网络化功能布局；三是率先探索生态价值实现路径，夯实公园城市绿色本底，加强生态环境保护，推进生产生活生态融合，在生态价值转化和可持续投入路径上积极创新，建立健全以生态系统良性循环和环境风险有效防控为重点的生态安全体系，筑牢长江上游生态屏障；四是率先建设国际化营商环境标杆城市，突出公园城市开放特色，强化城际、市域功能设施建设，发挥成都连接南北、沟通东西的枢纽作用，构建开放平台体系，营造国际化营商环境，提升经济要素聚集能力，助力成渝地区建设具有全

---

① 高雪梅，吴梓溢. 成都：公园大城，雪山同框［EB/OL］.（2020-10-15）［2021-04-07］. http://www.xinhuanet.com/2020－10/15/c_1126615154.htm.

② 《成都日报》评论员. 勇于先行示范　建设公园城市——四论学习贯彻市委十三届七次全会精神［N］. 成都日报，2020-7-21（1）.

③ 中共成都市委理论学习中心组. 推动双城经济圈建设　形成高质量发展增长极［EB/OL］.（2020-08-24）［2021-04-07］. https://news.gmw.cn/2020－08/24/content_34112050.htm.

国影响力的改革开放新高地;五是率先探索高效能治理方式,彰显公园城市共建共享价值导向,强化经济发展、公共服务、社会治理共建共事,积极探索具有超大城市特点和规律的社会治理路径,加快建设智慧、安全、韧性、法治城市,助力成渝地区建设具有全国影响力的高品质宜居生活地;六是率先探索新型城镇化道路,建设和谐、美丽、包容、幸福城市,创新城市规划建设模式,提高人口和经济综合承载能力,推动经济、社会、文化效益统一,推动城乡一体、协调发展。

4. 完善公园城市建管体系

为确保公园城市建设规划的理论支持,早日建成全面体现新发展理念的公园城市,成都市委、市政府多次召开专题会议进行研究部署,并于2018年5月11日挂牌成立天府公园城市发展研究院,研究院主要依托成都市规划设计研究院,联合联合国人居署、清华大学环境学院、同济大学建筑与城市规划学院、中国社会科学院财经战略研究院、国家发改委城市和小城镇改革发展中心、腾讯研究院等具有国际影响力的研究机构[①],承担公园城市研究、规划、咨询以及宣传推广等职责[②]。

与此同时,为了加强公园城市建设与管理,成都市专门成立公园城市建设管理局,隶属成都市人民政府,下设办公室、政策法规研究处、新经济和科技处、产业发展处、规划管理处、园林绿化处、绿道建设管理处、森林资源管理处、野生动植物保护处、公园建设管理处、生态保护修复处、自然保护地管理处、计划财务处、人事处等14个处室,负责发展战略研究、建设规划编制、生态场景建设管理、产业融合发展等17项职能工作。按照成都市的要求,各区县也纷纷设立公园城市建设管理局,并承担相应的使命和职能。

此外,为了营造公园城市建设的氛围和把握公园城市建设的话语权,成都市构建了公园城市建设的指标体系,并举办了首届公园城市论坛。

---

① 尹沁彤. 天府公园城市研究院首批8个重点课题亮相 [EB/OL]. (2018-05-14) [2021-04-07]. http://sc.cnr.cn/sc/2014cd/20180514/t20180514_524232592.shtml.

② 王进,何子蕊. 成都集智聚力创建全国首个公园城市 天府公园城市研究院挂牌成立仪式暨公园城市规划研讨会日前举行 [EB/OL]. (2018-06-16) [2021-04-07]. http://www.cfgw.net.cn/2018-06/16/content_24731652.htm.

（二）增强成渝地区双城经济圈中心城市功能和承载能力

对标世界级城市空间布局，成都市在城市内部分区上更加强调根据资源禀赋进行差异化功能分区。为此，成都市进一步落实主体功能区战略，深化产业经济地理重塑，进一步明确城市各空间的功能和发展导向，加快形成合理的空间发展格局。

1. 重塑城市发展动力空间

2017年4月25日，成都市提出"东进、南拓、西控、北改、中优"的"十字方针"，改变了几千年不变的由龙门山和龙泉山夹着中心城区的"两山夹一城"城市空间格局，加速构建以龙泉山为分界线的"一山连两翼"城市空间格局。伴随成渝地区双城经济圈建设的推进，跨越龙泉山，全面"东进"步伐更加坚定，"一心两翼三轴多中心"的城市空间格局正在形成，人口分布、产业集聚与资源条件、环境承载力更加适应，进一步改变了成都经济地理格局。

2017年7月2日，成都召开了国家中心城市产业发展大会，围绕产业发展，成都聚焦落实主体功能区战略，立足破除圈层发展瓶颈和资源环境约束，进一步疏解城市核心区非核心功能，促进资源要素高效流动，提高中心城区的外溢效率和辐射能力，将中心城区范围由五区优化调整为"11＋2"区域，形成"中心城区＋郊区新城"的空间层次，进一步明确"南拓、西控、北改、中优"各区域发展导向。三年多来，成都不断补齐短板、强化功能，以差异化发展形成优势互补、高质量发展的区域空间布局，加快塑造"人""城""境""业"高度和谐统一的空间形态，增强成渝地区双城经济圈中心城市的空间支撑。

2. 推动各区功能错位发展

根据成都市"十四五"规划纲要基本思路，成都市将围绕构建城市差异化功能布局，进一步深化经济地理重塑，落实"东进、南拓、西控、北改、中优"各区域差异化发展导向。

"东进"区域定位为先进制造业和生产服务业基地，以沱江绿色发展经济带、龙泉山东侧现代产业发展带为串联轴带，连接"淮州核""简州核""简阳核""奥体滨湖核"及"空港核"，形成"两带串联五核"的空间结构。"东进"区域坚持"筑城兴业、品质聚人"，突出绿色发展和协调发展引领功能，打造重要的先进制造业和生产性服务业基地，形成成渝相向发展的新兴极核，塑造蓝绿环绕、绿色智慧的未来之城①。沱江绿色发展经济带重点打造先进生产服务业，具体包括公共服务、商务、会展、消费等；龙泉山东侧现代产业发展带聚焦世界级先进制造业，具体包括航空经济、现代物流、国际消费、智能制造和总部经济五大主导产业②。

"南拓"区域定位为高质量发展示范区和公园城市先行区，以打造新经济发展动力源为目标，重点建设成都市新经济活力区。以中国成都科学城、天府国际生物城为核心，打造新经济发展的核心引擎；以国家数字经济创新发展试验区为基础，打造数字经济示范带；以成都双流国际机场和天府枢纽站为纽带，打造新经济发展的开放经济带；以天府总部商务区为依托，打造国际化总部经济带，以天府绿道、鹿溪河为依托，打造绿色经济带。形成"一源双核四带"生产力布局，坚持"创新赋能、生态表达"，突出创新发展和绿色发展引领功能，加快建设高质量发展示范区和公园城市典范，打造引领高质量发展和公园城市"首提地"绿色转型发展的功能支撑，加快建设全市综合性副中心，塑造疏密有致、智慧高效的创新之城。

"西控"区域定位为城乡融合发展大走廊和高端绿色成长基因的生物经济示范带，坚持"提质增效、绿色成长"，突出"绿水青山就是金山银山"引领功能，聚焦绿水青山转化为金山银山，加快建设国家城乡融合发展试验区，推动产业生态化和生态产业化发展。其中，高端绿色成长基因的生物经济示范带主要是依托成都医学城、天府中药城等重点区域联动。农商文旅融合主要依托地域特色、人文、产业等特点，走"农业＋"的路径，打造以农旅融合为重点的"大美田园走廊"、以农商融合为重点的"蜀山乡韵"走廊、以农工融合为重点的"天府农耕"走廊，构建形成多元特色的西部城乡融合示范大走廊，塑造充分彰显川西风貌的生态之城。

"北改"区域定位为成都都市圈重要的经济增长极、链接欧亚的陆港门户枢纽、产贸结合的高质量发展先行区，突出开放发展引领功能，坚持"四向融通、立体链接"，聚焦开放格局中的核心枢纽支撑功能，以金青新大港区为龙头牵引，充分发挥国际铁路港、自贸试验区、综合保税区等高能级开放平台作

---

① 杨继瑞. 成都东部新区：践行新发展理念的公园城市示范区的"东部新表达"[J]. 先锋，2020（5）：36—38.
② 成都市国民经济和社会发展第十四个五年规划和二〇三五年远景目标纲要[A/OL].（2021-03-22）[2021-04-07]. http：//gk.chengdu.gov.cn/uploadfiles/0703050209/2021032917194517.pdf.

用，整体形成"一港多区"一体化协同发展格局的陆港经济区。重点聚焦六大临港智造方向，形成"国家级经开区＋青白江国际铁路港（含综保区）、青白江先进材料产业功能区、欧洲产业城、淮州、新都现代交通产业功能区及智能家居产业城等8个制造业板块"的"1+8"制造业布局。聚焦七大国际贸易门类，形成"四川省自由贸易（试验）区青白江片区＋亚蓉欧国际冷链物流产业园、国际商贸城（新都—金牛）、淮州铁路物流产业园、彭州濛阳"的"一区多点"国际现代贸易体系。

"中优"区域定位为高能级高品质生活城区，坚持"业态迭代、利益平衡"，以城市纵横主轴线和"天府锦城"沿线，统领城市功能要素、组织空间布局，进行场景营造和片区开发，优化城市形态、提高产业层次、提升城市品质。加强历史文化保护和城市有机更新，积极发展现代服务业，加快建设国际消费中心，打造高品质高能级生活城区的功能支撑，形成创意经济发展新高地。重点以天府锦城"八街九坊十景"重点街区街坊、"两环八线十三片"街巷游线体系、一环路市井生活圈等示范工程为依托，系统打造具有蜀都味、国际范的城市生活新场景。全面提高经济承载力和生活宜居性，着力建设国家文创中心、国际文化交流与展示中心，塑造天府文化魅力得到充分彰显、历史与现代相得益彰的人文之城。

3. 重点突出"东进"发展战略

按照东部新区的现代化新城和成渝相向发展极核的功能定位，成都将加快推动城市跨越龙泉山向东发展，推动东部新区加快成型成势，增强极核带动作用，做强成渝主干，辐射引领带动成渝之间区域协同发展，促进成渝相向发展。以东部新区建设为抓手，强化成渝"双核"相向发展、功能互动，唱好双城记，共同推进成渝地区双城经济圈高质量发展[①]。

聚焦现代化新城，高标准建设东部新区。围绕成渝之间的中心城市和走向世界的"未来之城"的战略目标，以空港新城、简州新城为核心，规划建设东部新区，带动淮州新城、简阳城区、龙泉山城市森林公园和德阳凯州新城、眉山东部新城与资阳临空经济区协同发展，构建"双城一园、一轴一带"的空间格局；做强现代化产业体系，融入全球产业链、价值链、创新链，建设引领新经济发展的产业新城；以优质公共服务的配置、公共开放空间的塑造、绿色公

---

① 成都市"十四五"时期经济社会发展基本思路研究［EB/OL］.（2020-12-11）［2021-04-07］. http：//www.cdeic.net/go－a408.htm.

共交通的建设为核心，塑造良好宜居环境，建设人本活力之城；利用新理念、新技术，完善基础设施系统，提高基础设施建设标准，建设高效智慧之城；科学规划建设固体废弃物收集、运输、处置体系，推行绿色发展方式和生活方式，建设"无废城市"。

建设国家级航空经济试验区，打造先进制造业、现代服务业高质量发展基地。依托天府国际机场，联动成都（双流）临空经济示范区、新青金"大港区"，整合经开区、综保区等高能级产业载体，打造临空经济区与陆港经济区协同发展示范模式，积极争取设立国家级航空经济试验区，争取率先在西部地区创建内陆自由贸易港。推进天府国际航空产业园建设，打造集研发、制造、维修、应用、服务于一体的国际民用航空产业集聚区，加快发展以流量经济为主要特征的枢纽经济，承接国家重大生产力、战略性产业的布局和转移，打造国家级承接产业转移示范区。

建设国际消费中心精品城区，提升城市消费吸引力。以天府国际机场投运为契机，争取设立综合保税区等海关特殊监管区域，建设国际消费中心。大力发展"免税经济"，带动高端消费和进口消费；大力发展"过境经济"，拓展过境中转增值服务；大力发展"首店经济"，吸引国际化品牌等首店资源的入驻；大力发展"娱乐经济"，建设国际化休闲娱乐中心。

建设国际交往中心，推动国际交流向多领域、高层次发展。依托天府奥体城体育公园等重大功能性项目，建设世界级赛事中心，带动成渝地区双城经济圈文旅体融合发展；构建融合全球要素的会展经济产业生态圈，举办各类国际高端展会活动，打造成渝地区双城经济圈"大会展"产业链，打造国际交往中心。

建设生态价值转化示范区，探索生态价值转化路径。依托东部新区龙泉山、沱江水系等优良生态本底，探索建立生态价值评估和转化机制，加快建设龙泉山城市森林公园，布局建设一批文化展示工程和生态呈现工程，打造国家级生态经济带和国家全域旅游示范带、国家级生态风景廊道；开展绿色信贷、绿色债券、绿色发展基金、绿色保险和碳排放交易等绿色金融业态创新试点，加快构建开放型现代化绿色产业体系；建立公园城市"两山"发展指标体系，形成"两个平衡"建设发展机制，建立完善生态产权公平分配与市场交易制度，积极推进水权、排污权、碳排放权交易，使东部新区成为新时代生态文明建设与可持续发展的典范。

建设沱江绿色发展经济带，引领推动沱江流域城市高质量发展。联动德阳、资阳、自贡、泸州等城市，以流域环境综合治理和生态保护为先导，以产业发展新动能培育和动力提升为重点，以流域协同开放和发展为特色，打造流域经济绿色高质量发展转型示范区、长江上游三水协同发展引领区。

二、拓圈：拓展"成都极核"的"朋友圈"

贯彻落实四川省委关于推动成渝地区双城经济圈建设的各项指示精神，进一步优化主体功能分区和都市圈城市群的空间格局，对标世界级城市空间发展，在对外联系上更加强调腹地支撑，在更大范围上增强与周边的空间联系，顺应城市发展以城市群、都市圈为主要形态的趋势，充分发挥成渝地区双城经济圈中心城市（"成都极核"）、全省"主干"城市引领功能，坚持全域规划理念，优化重构都市圈城镇空间、生态空间、产业空间、基础设施空间、公共服务空间，下好"先手棋"，积极推进成德眉资同城化，共建面向未来、面向世界、具有国际竞争力和区域带动力的现代化成都都市圈，做强成渝地区双城经济圈"成都极核"和全省发展"主干"，拓展成都在成渝地区双城经济圈中的"朋友圈"。

（一）构建"三轴三区三带"发展新格局

围绕齐心合力共同做强成渝地区双城经济圈"极核"和全省发展"主干"功能，都市圈发展的新格局应融入成渝发展主轴、成德绵眉乐发展中轴，联动构建沱江综合发展轴，促进天府新区高质量发展，高起点规划建设成都东部新区，高标准创建铁路港国家级经开区，协同打造成德临港经济、成眉高新技术、成资临空经济产业协作带，构建形成以交通干线、生态廊道为纽带的"中心城市引领、特色板块支撑、轴带串联全域、城镇网络组团"的都市圈空间发展格局。

1. 形成"三轴三区三带"空间布局

立足点、线、面结合，构建协同推进新格局，形成"一核多点多轴"的轴向—圈层网络化空间结构，即"三轴三区三带"发展新格局，具体是：依托都市圈东西城市轴线、成资大道和成资市域铁路建设连接成渝发展主轴，依托天府大道北延线及眉山段和成德、成眉市域铁路建设强化成德绵眉乐发展中轴，依托成都东进与德眉资三市相向共同构建龙泉山东侧沱江综合发展轴；共享四川天府新区、成都东部新区、成都国际铁路港经开区建设势能；协同打造成德临港经济、成眉高新技术、成资临空经济产业协作带，引导先进制造业和生产性服务业集聚发展，增强人口和经济综合承载能力。发挥成都主枢纽功能，打通发展阻隔，促进产业、人口及各类生产要素合理流动和高效集聚，探索经济区和行政区适度分离，推动重大功能平台跨区域统筹。以交通设施、市政基础设施和公共服务设施同城化为着力点，稳步推动形成以成都为中心、德眉资主城为副中心、重要功能区为支点，以成渝众多交通发展走廊和沱江、岷江等流域经济发展带为轴带支撑，全域拓展的轴向—圈层网络化空间结构。

2. 先行建设"三区三带"

高起点共建东部新区，大力发展航空经济和临空产业，共推东部新区与资阳打造成资临空经济产业带，带动成渝轴线城市加快发展。高质量共建天府新区，充分发挥天府新区在国内的国家级新区影响力，推动成眉片区融合发展，打造成眉高新技术产业带。高水平共建青白江国际铁路港经开区，充分运用陆海新通道的供应链优势，大力发展现代工业和国际贸易，共建共享供应链服务平台、立体开放口岸功能、全球物流配送体系；与广汉、中江等融合发展，支持相向建设天府旌城，与凯州新城协同发展物流、装备产业，打造成德临港经济产业带。

（二）共建立体化交通通勤"都市圈"

1. 打造轨道上的都市圈

加速构建轨道交通"半小时"通勤圈，加快推进成都铁路枢纽环线改造、成都外环铁路、成都至德眉资三市市域（郊）铁路和成都城市轨道交通第四期建设规划项目建设[1]，构建形成"两环三射"都市圈轨道交通网络骨架，开展其余规划市域（郊）铁路前期工作研究，启动编制成都城市轨道交通第五期建设规划，探索成都地铁以多制式接驳方式向德眉资三市毗邻区域延伸，构建以成都站、成都东站、天府站、东部新区站、德阳北站、眉山东站、资阳北站为核心节点的都市圈轨道通勤网络；加快成自宜、成渝中线、成南达万高铁等干线铁路规划建设，全面融入国家"八纵八横"高速铁路网，高效链接都市圈外围城镇并辐射周边城市，形成对成都东站、双流国际机场、天府国际机场等主

---

[1] 张家华. 连好"线"画好"圈"[EB/OL]. (2020-07-28) [2021-04-07]. http://cdst.chengdu.gov.cn/cdkxjsj/c108732/2020-07/28/content_5015d4feb8004b7ba25e2d051b22a987.shtml.

要交通枢纽的轨道交通串联，提升都市圈铁路内联外通能力。

2. 畅通都市圈公路网

加快实施高速公路扩容改造工程，规划建设并建成通车一批高速公路项目，进一步提升都市圈高速路网衔接转换效率，全面融入国家高速公路网，形成"3绕17射"高速公路主骨架网。统筹建设标准和时序，加快城市联通轴线项目和城际快速通道建设，构建都市圈统一的骨干通道。重点加快天府大道北延线、东西城市轴线（东线）、成都经济区环线高速、成资大道、铁路港大道等城市联通轴线项目和城际高快速通道建设。滚动实施都市圈打通"断头路"工程行动计划，聚焦建设"两山两江"绿色廊道，发展"交通+"新兴产业，推动旅游路、资源路、产业路建设。

3. 促进公共交通服务同城化

构建以轨道交通、跨市公交、城际巴士等多种运输方式相融合、客运枢纽信息共享及无缝换乘的都市圈公共交通服务体系。联合购置（租赁）新型公交化动车组，推动德阳动车所等配套设施建设，进一步优化城际铁路开行方案，增加通勤班列，推动铁路公交化。结合市域（郊）铁路和成都外环铁路等轨道骨架项目建设，推动沿线主要站点综合开发，优化设置公交站点，引导布局大型停车场，方便四市群众便捷换乘、高效出行。推进区内公交"一卡互通、一码互通"。协同搭建都市圈公交信息数据共享平台，推动各类公交系统数据联通、管理协同、运营融合。

4. 建强都市圈陆空联运网络

充分利用都市圈中的成都双流机场、天府国际机场的国际空港和成都国际铁路港陆港，全面规划都市圈的物流供应链体系，加强陆运与空运联系，形成便捷、快速、一体化、多层次的现代物流集疏运体系，共享枢纽便利。

（三）共创开放平台和开放枢纽

1. 协同搭建开放平台

推进中国（四川）自贸试验区试点经验、综合保税区功能在都市圈协同区的推动运用，共同建设和运用中国—欧洲中心、中国（四川）—东盟自由贸易中心及国别合作园区等，共建都市圈企业"走出去"综合服务基地，共建"亚蓉欧"班列基地。

依托自由贸易试验区、中日（成都）现代服务业开放合作示范项目等，深化对外开放制度创新。支持自贸试验区实施综合改革授权试点，推动改革授权和协调机制的层级扁平化。统筹规划国际—区域多式联运系统，探索建立内陆自由贸易区，促进开放政策共享，推动服务贸易创新试点、跨境电子商务试验区、天府新区等政策率先在德眉资复制推广。推进中日（成都）现代服务业开放合作示范项目，争取更多国际合作项目。深化金融开放创新，争取政策性金融机构在成都设立人民币海外投资基金、率先开展资本项目收入支付审核便利化试点、推广自由贸易账户（FT账户）体系。

2. 协同共建开放枢纽

依托成都国际空港、成都国际铁路港等，高效连接国际开放网络，统筹规划建设国际—区域多式联运集疏运系统，共建共享"通道＋物流＋产业"供应链综合服务平台。围绕天府国际机场推进简阳航空城规划建设，高水平加快推进国家级国际航空枢纽建设。

以成都国际铁路港、德阳国际铁路物流港为纽带，探索一体化运营管理模式。共同开拓国际航线、运作国际班列。加快建设国家西部陆海新通道，完善简仁、成资快速路等连接成都空港、铁路港的物流通道，积极提升其他多式联运集疏运通道。

按照"通道＋物流＋产业"的供应链建设模式，共建共享物流港，促进物流体系一体化，创建物流综合服务新平台。加强"区港联动"，探索"1＋N"自由贸易园区和若干特色产业功能区协同开放模式。物理围网内，以港航物流开放为核心功能，主要聚焦货物贸易便利化改革，发展国际中转、集拼、分拨业务。物理围网区外，争取设立天府国际空港航空经济试验区和成都国际铁路港经济技术开发区等，协同打造开放平台载体。通过"区内＋区外"协同开放将政策空间放大，以贸易开放带动现代服务业开放和战略性新兴产业发展，培育经济增长新动能。

（四）协同提升创新驱动发展水平

围绕协同提升创新驱动发展水平，促进都市圈内集成创新，重点围绕建设创新领域、创新平台和创新生态三个方面展开。

1. 协同创新领域

高起点建设"一带一路"科技创新合作区，提升在全国乃至全球产业版图和创新格局中的位势。联合重庆，依托成德眉资高新区，建设一批国家级战略性新兴产业基地，成为区域内培育创新创业生态、高新技术产业的核心引擎。

培育一批引领型与科技型高成长企业，在氢能源、人工智能、集成电路、智能制造等重点领域打造世界级的、全国有影响力的产业集群。

2. 搭建创新平台

依托成都科学城争创天府综合性国家科学中心和成都建设天府实验室的契机，创新"一城多园"合作模式，共建西部科学城，争取国家布局更多重点实验室、大装置及大平台。构建"国家实验室＋国家重点实验室＋大科学装置＋国家级创新平台"基础科研创新体系。争取布局热物理实验、中国环流器系列等国家级科学装置。

依托国家级医学中心、西部医药技术转移中心，争创成都国际医学中心。赋予成都都市圈科研机构涉及国防科工、西部特色学科的国家重大科技专项任务。建设更多"双一流"学校（学科）、跨学科复合型的高水平本科高职院校以及东西部高校交流平台。推动建设"成德绵"创新经济带，深度参与国家重大科研计划，合力推动国家军民融合技术转移机制探索和政策试点。

3. 完善创新生态

完善"政产学研用投"创新体系，整合集聚科技创新资源，共建共享多层次产业创新平台和区域创新服务平台，打造区域协同创新共同体。以国家自主创新示范区成都高新区为核心，发挥成都创新带动辐射能力，加强与德阳高新产业园区协同发展，促进前沿技术共研共享和区域创新资源有效联动。大力引进国内外知名大学和领军企业在都市圈建立跨国研发机构和创新平台。推进本地校院企地共建研发平台、共育科技企业、共同实施成果转化孵化及人才培养。强化创新政策联动，组建区域技术转移转化联盟，共建科创基金服务体系，实现科技创新互通互用。

（五）深化都市圈产业分工协作

围绕都市圈内产业基础，健全产业链条，形成差异化分工，强化产业生态圈建设，不断提升都市圈产业的竞争能力，为打造强劲实力的产业都市圈贡献力量。

1. 健全都市圈产业链条

聚焦重点产业领域，推动"补链式""延链式""强链式"产业集聚发展，打造一批优势产业集群。聚焦电子信息、装备制造、新型材料等重点产业领域，根据自身产业发展基础和市场需求，支持上下游企业加强产业协同和技术合作攻关，探索"总部＋基地""研发＋生产"等产业合作新模式，建链、

第九章　成渝地区双城经济圈建设的成都作为："强核、拓圈、联支、协重"

补链、延链，增强产业链韧性，实现优势产业集群协同发展。

2. 构建都市圈产业体系

突出错位分工协同，推动资源互补、链式关联、梯式发展，进一步优化产业分工协作和区域布局。成德临港经济产业协作带强化外向型、适铁、适欧出口型制造业，与德阳联合共同打造制造业和物流业产业集聚；成眉高新技术产业协作带，主要与眉山协作，强化先进制造业和先进服务业；成资临空经济产业协作带，推动资阳与东部新区协作，强化临空经济产业。此外，合理布局都市圈产业，以产业功能区和产业协同区为引领，增强成德眉资四市产业的核心竞争力，同时推动产业协同发展，以数字经济、平台经济、会议会展等现代服务业先行试点，提升德、眉、资三市生产制造和产业转移承载能力，构建资源互补、链式关联的都市圈现代产业体系，优化都市圈产业布局。

3. 打造都市圈产业生态

围绕都市圈协同打造差异化的产业特色和主题，其中：成德临港经济产业协作带，依托成都国际铁路港经开区，共建航空航天、轨道交通、绿色智能网联汽车、智能制造、电子信息、先进材料、现代物流、现代商贸、绿色食品、医药健康等十大产业生态圈；成眉高新技术产业协作带，依托天府新区，打造"一廊两带"创新发展新格局，共建以智能制造、现代物流、都市现代农业为重点的八大产业生态圈；成资临空经济产业协作带，依托成都东部新区，以成都天府国际机场临空经济区"一区两片"为核心，共建航空航天、医药健康、绿色智能网联汽车、文旅（运动）、现代商贸、都市现代农业等六大产业生态圈。

4. 培育都市圈产业载体

坚持梯式发展，做大做强龙头企业，培育一批在国际上有影响力的万亿级、五千亿级产业集群。创新园区合作模式，推动不同类型产业载体政策叠加、体制机制共用、服务体系共建、经济利益共享，营造优质产业生态圈。创新各类园区的产业协同模式，支持跨边界、跨园区产业合作，联合招商引资，组建优势产业发展联盟，共建产业合作园区等，营造优质的产业生态圈。

为加速推进成渝地区双城经济圈建设，四川省于2020年启动了成渝地区双城经济圈建设县域集成改革试点，并于2021年5月出台首批省级支持事项清单，进一步将县域集成改革试点落到实处。首批试点名单共有九个县市区入选，分别为合江县、南部县、邻水县、开江县、峨眉山市、隆昌市、绵阳市游仙区、遂宁市船山区、宜宾市翠屏区。此次清单内容丰富，涵盖包括产业结构、城乡关系、民生福祉在内的多个领域。设立清单的目的在于以全省为整体，协同创新，将国家区域发展战略和省域协调发展战略有机结合，并且在制度层面勇于创新，大胆尝试，权限下放，使得试点县市区改革更为积极主动。同时，清单充分结合试点县市区自身地域发展情况及优势，聚焦重点，分领域、分地域精准助力。例如对于绵阳市游仙区，清单明确支持中国（绵阳）科技城游仙大学科技园建设；对于南部县，清单重点提及支持开展城乡社区治理试点、城乡公交一体化建设；对于遂宁市船山区，清单明确提出支持创立跨区域科技创新平台等。清单由省市县三级联合制定并建立推进落实机制，根据具体时效，对清单进行动态优化，以期实现成渝地区双城经济圈建设的最终目标。

三、联支："干支联动"，共建成渝地区双城经济圈

深入落实四川省委"一干多支、五区协同"战略部署，强化成都"主干"的引领和辐射带动作用，围绕成渝地区双城经济圈建设的"一极两中心两地"目标定位，各区域充分发挥自身的比较优势，共同构建区域发展利益共同体，打造区域协作的高水平样板，共同推动成渝地区双城经济圈建设。

（一）推动成都平原经济区一体化

成都平原经济区是全省人口最密集、经济最发达、产业最集中、资源最丰富、交通最畅通、发展潜力最大的区域，在全省的经济社会中有着特殊的地位和使命。伴随成都都市圈同城化和成渝地区双城经济圈建设的推进，成都平原经济区一体化的进程必将加速，而一体化的核心正是构建一体化的动力空间和产业协同创新共同体。

1. 形成"核—圈—区"动力空间

作为全省的核心，成都市与"德眉资"协同构建全省"新主干"。成都市是平原经济区中经济实力最强劲的行政区，与平原经济区其他七市有着密切的联系。在成渝地区双城经济圈建设背景下，围绕推动成都都市圈同城化、平原经济区一体化，成都肩负着支撑全省经济发展的重任，将进一步以基础设施一体化和产业体系共建为先导，以基本公共服务同城化和均等化为方向，带动绵阳、遂宁、乐山、雅安朝着一体化方向发展，时机成熟之时，可以扩大成德眉资同城化的范围，形成强大的都市圈合力，辐射带动成都平原经济区，将成都

平原经济区打造成为全省经济发展最强劲和西部最具有竞争力的现代化城市群。

2. 打造协同创新共同体和核心产业集群

以支撑全省经济发展为使命，推动平原经济区产业基础高级化和产业链现代化，并选择优势产业，构建具有国际竞争力的产业集群。在实践中，以西部（成都）科学城和绵阳科技城的高端科学技术为支撑，协同德、眉、乐三市的科技资源，协同平原经济区高校、科研院所力量，打造平原经济区协同创新共同体，推动科技与经济深度融合。依托成都平原经济区产业优势特色，依托产业园区、经济开发区、科研院所等平台或机构，组建产业联盟，协同打造以成都—德阳—绵阳为核心的高端装备制造、电子信息产业两大具有国内国际竞争实力的集群，积极培育核技术应用、生物医药、新能源、新材料等潜力产业集群。

（二）协同川南经济区发展

川南经济区经济实力基础雄厚，为全省第二，在全省"一干多支、五区协同""四向拓展、全域开放"的战略中具有举足轻重的地位和作用，未来成都应当重点围绕开放通道、平台建设和产业发展三个方面与川南经济区形成协同。

1. 联建南向开放门户

川南经济区中的宜宾和泸州具有双核支撑的特点，宜宾是全省连接云南进而通向印度洋的南向开放战略通道，泸州是全省川渝滇黔接合部区域，具有区域合作的优势。因此，建设成渝地区双城经济圈，需联动宜宾、泸州，共建共用西部陆海新通道，即依托成都市国际航空港和铁路港、公路港，连同宜宾市、泸州市水运港口，形成"水陆空"全方位物流供应体系，共同打造成渝地区双城经济圈的南向开放门户，力争将川南经济区打造成全省第二经济增长极。

2. 共建供应链平台

依托中国（四川）自由贸易试验区平台，加强川南经济区宜宾、泸州自贸（试验）区与成都的合作，完善中国（四川）自由贸易试验区内部各片区的联动合作，建设四川货物、服务贸易的外循环平台；持续深化成都国际铁路港、公路港与泸州港口、宜宾港口以及西南（自贡）无水港间的互动合作，形成"运输节点多、运输里程广"的陆海、陆江多式联运体系，以成都铁路港为核心,发挥泸州、宜宾、内江、自贡等重要节点作用,提升物流供应链体系集成能力。

3. 共建跨区域产业集群

依托川南经济区在能源化工、白酒产业和临港产业方面的传统特色优势和智能终端、节能环保的潜力,探索与成都开展更加灵活的跨区产业协同模式,在全省范围内形成合理分工,打破行政区划限制,共建跨区域优势产业集群。此外,围绕打造中国"气大庆"目标,成都与宜宾、内江未来将围绕页岩气滚动开发进行合作。

(三) 协调川东北经济区发展

川东北经济区资源丰富,是全省转型复兴的重点区域,是东向和北向出川枢纽,也是川渝陕甘接合部区域经济中心,未来成都将重点围绕"通道建设、资源开发"与川东北经济区进行协同合作,助力川东北经济发展。

1. 联动出川通道建设

川东北经济区是四川历史上经济优势区域之一,伴随全省经济重心的转移和产业结构的调整,经济增速放缓。随着成渝地区双城经济圈建设和新一轮西部大开发的推进,川东北经济区的交通区位将快速改变,资源开发将迎来前所未有的机遇。在建设成渝地区双城经济圈背景下,成都作为中心城市和全省经济的主干,在加快推进川东北经济区转型复兴的过程中,可以为川东北经济区提供较多的经验参考,推动东向北向出川综合交通枢纽和川渝陕甘接合部区域经济中心的建设,实现成都与川东北经济区合作联动,互利共赢。

2. 联合油气资源开发

川东北经济区是全省能源,尤其是油气资源比较丰富区域,成都必将发挥在清洁能源研发和资源整合方面的优势,与川东北地区共同打造完整的油气资源开发产业链条,形成从上游的油气资源开发研发到下游转化利用的完整链条,协同共建国家天然气综合开发利用示范区,加强成都清洁能源保障,提升先进制造配套水平。

3. 合作跨区产业集群

充分发挥川东北在特色农业资源方面的优势,同时,依托成都市现代农业基础,在种子研发、现代农业机械生产和农产品精加工方面与川东北农业经济区开展协作,同时,协同市场主体推动新技术的研发与推广、绿色农产品的深加工，打通农产品流通销售渠道，共建绿色食品产业集群，为成渝地区双城经济圈提供优质农产品。

（四）联动攀西经济区发展

攀西经济区是四川连接滇中实行南向开放的重要战略通道，也是四川钒钛钢铁等国家战略资源开发地区，是四川亚热带农业优势区域和阳光康养旅游目的地，与作为全省经济发展主干的成都之间有着良好的互补关系，二者联动主要体现在"通道建设、资源开发"方面。

1. 共建"一区两地"

攀西经济区是国家战略资源创新开发试验区、亚热带农产品生产加工基地和国际阳光康养旅游目的地（简称"一区两地"），对成都的经济社会发展具有重要的协同和补充作用，未来应当围绕推动攀西经济区钒钛与稀土战略资源开发、传统资源型城市和产业转型发展、亚热带特色农产品开发、阳光康养旅游产业发展等方面开展合作。

2. 共筹南向开放通道

依托攀西地区连接滇中、衔接孟中印缅和中国—中南半岛的优势区位，整合成都的门户枢纽及产业市场优势，进一步发挥攀西的南向通道和气候、旅游资源优势，协同争取规划建设成都—攀西—昆明—东南亚的货运和客运通道，为四川全域开放打通战略物资供应通道，加快成渝地区双城经济圈建设进程。

（五）助力川西北生态示范区发展

川西北生态示范区是四川生态旅游资源、清洁能源、特色农牧业资源丰富的区域，也是四川脱贫攻坚与乡村振兴的重点地区，与成都经济社会发展有良好的互补关系，二者联动重点体现在"聚焦川藏铁路、助力高原特色产业、推动旅游发展"三个方面。

1. 共建川藏战略通道

川西北生态示范区是川藏铁路、成兰铁路（成都—兰州）、成西铁路（成都—西宁）的必经之地，具有重要的连接作用。未来，成都与川西北生态示范区在战略通道建设上的联动重点是协同保障川藏铁路建设，共同推进成兰铁路、成西铁路西向战略大通道建设。

2. 助力高原特色产业

川西北生态示范区拥有丰富的高原特色农牧资源，也是国家重要的清洁能源基地。因此，应充分利用成都在科研、技术及市场等方面的优势，加强成都与川西北生态示范区在高原特色生态农牧资源和清洁能源的开发方面的合作，协同建设国家级清洁能源基地和现代高原特色农牧业基地，进一步依托成阿、成甘共建园区，对高原特色资源进行深度开发。

3. 共建国际旅游目的地

川西北生态示范区拥有丰富的生态旅游资源，尤其是318公路沿线拥有颇具特色的高山、雪域、峡谷、草原、熊猫和人文等旅游资源，与作为世界旅游名城的成都具有共同的发展空间，有利于形成协同效应，共同打造"大熊猫、大九寨、大贡嘎"等精品旅游区。在建设成渝地区双城经济圈背景下，川藏铁路和都江堰至四姑娘山山地轨道交通的建设，可以进一步加强成都与川西北生态示范区的合作联系，推动两地协同开展生态和文化保护，打造一批世界级精品景区和旅游线路，推进脱贫攻坚和乡村振兴，建设国际生态文化旅游目的地，提升四川作为国际旅游目的地的吸引力。

四、协重：协同重庆唱好"双城记"，建优经济圈

围绕成渝地区双城经济圈建设"一极两中心两地"的目标，强化成渝地区双城经济圈中心城市功能，以"双核"相向共兴为引领，共建具有全国影响力的重要经济中心、科技创新中心、内陆改革开放高地和高品质宜居生活地，将成渝地区建设成为服务西部、面向全国、融入全球的世界级城市群①。

（一）联手打造具有全国影响力的重要经济中心

聚焦做强国家中心城市极核功能，着力建设引领西部现代化进程的重要增长极，共建具有全国影响力的重要经济中心。依托中心城市和城市群引领区域发展是我国经济发展空间格局变化的大趋势，是世界其他国家和地区区域空间演变呈现出的普遍现象，也是推动我国经济由高速增长转向高质量发展所需要遵循的客观规律。习近平总书记在谋划部署成渝地区双城经济圈时强调，要发

---

① 中共成都市委关于坚定贯彻成渝地区双城经济圈建设战略部署加快建设高质量发展增长极和动力源的决定［N］. 成都日报，2020-07-20（1，2）.

挥重庆、成都两个中心城市的带动作用，唱好"双城记"。因此，成都做强国家中心城市极核功能，既是落实国家推动形成优势互补高质量发展区域经济布局的战略部署，又有助于增强城市综合承载能力，快速提升在国家发展版图中的战略地位。成都要主动担负起中心城市的职责，做强国家中心城市、成渝地区双城经济圈核心城市、全省"主干"城市的极核功能，围绕唱好成渝"双城记"，下好成德眉资同城化"先手棋"，坚定推动城市东进，全面增强"五中心一枢纽"功能，在国家现代化进程中成为引领西部现代化进程的重要增长极，共建具有全国影响力的重要经济中心，提升城市的国际影响力和区域带动力。

1. **合力打造西部金融中心**

作为我国中西部金融最为活跃的两个地区，多元多层多样的金融机构体系在成都与重庆已初步成型，但两市在金融资源配置、资本要素市场、金融国际化等方面竞争力不够，在全国金融体系中稍显实力不足，若二者合力共建西部金融中心，其规模性、显示度即可呈现。根据2019年数据，在上市公司的数量与市值方面，成都市拥有上市公司77家、重庆市拥有54家，两市合计为131家，比广州的107家还要多，市值则与广州差距不大，两市合作前景可见一斑；在跨境人民币结算量方面，考查广州、天津、广西、四川和重庆，四川和重庆的结算量为1340亿元和1099亿元，两地合计为2439亿元，虽较广州仍有一定距离，但已超过了天津和广西。因此，成都与重庆合力打造西部金融中心，必然可以推进金融供给侧结构性改革，有序扩大金融对外开放，切实加强金融改革创新，从而增强成渝地区双城经济圈的金融资源配置能力、辐射力和影响力。

合力打造西部金融中心，需要重庆与成都共同争取国家支持，加快国家金融创新试点政策先行先试，推动两地金融机构跨区域协作和一体化发展，促进区域性股权市场及要素市场互联互通，加强成渝地区跨区域金融风险联防联控和协同处置。

2. **共建世界级产业集群**

成都和重庆两个中心城市产业基础较好，二者在电子信息和装备制造领域都拥有万亿级的产业基础，近年来产业结构持续优化升级，但与市场竞争力强、可持续发展的现代产业体系之间仍有差距，需要进一步强化成都和重庆的产业带动能力和集群化发展能力。未来要着力培育特色优势产业集群，聚焦高端化、智能化、绿色化、服务化，推动产业链、供应链、价值链、创新链深度融合，以融入全球产业链高端区域和价值链核心区域为导向，强化与经济圈内其他城市的产业分工，做大做强电子信息、高端装备制造、新材料、新经济、生物医药等重点产业集群。充分利用成都和重庆现有的产业基础，联合打造具有全国影响力和国际竞争力的新能源汽车产业集群，共同培育先进材料、生物医药等高成长性新兴产业集群，协同建设绿色食品等特色消费品产业集群，合力打造数字产业新高地。

3. 共建高质量发展新机制

聚焦破除制约成渝地区双城经济圈高质量发展的壁垒和体制机制障碍，探索重大功能及资源跨区域统筹、要素及市场一体化、成本共担及利益共享、生态环境协同保护等机制，为成渝地区双城经济圈建设提供制度保障和强劲内生动力，协力打造中国经济增长"第四极"。

（二）协同打造具有全国影响力的科技创新中心

习近平总书记在谋划部署成渝地区双城经济圈时强调，要加快区域协同创新体系建设，增强创新发展驱动力。因此，切实增强科技中心和创新策源地引擎功能，既是加快形成以创新为主要引领和支撑的经济体系和发展模式的战略举措，又是构建高质量发展新动力源的客观需要。

1. 共铸创新发展能力

按照"一城多园"模式合作共建西部科学城，共建成渝科创走廊，打造西部创新高地。布局高端创新平台，集聚各类创新资源和创新人才，突出创新平台建设抓手，做优做强成渝地区现有平台，共同争取国家重点实验室、技术创新中心、国家重大科技基础设施、前沿交叉研究平台等落地成渝地区，打造国家科技资源"战略大后方"。聚焦成渝地区重点优势领域，规划布局基础研究、应用基础研究及国际前沿技术研究。针对成渝地区优势产业，可以通过建立关键核心技术攻关协作机制的方式，开展科技成果对接，协同共建技术转移服务平台联盟，着力突破"卡脖子"技术，打造具有核心竞争力的重大战略产品。

2. 共建一流创新平台

坚持尖端引领、多方推动、协同创新，打造一批立足成渝、辐射全国的重大创新平台，构建协同创新版图。以重庆科学城、成都科学城为"双核"，强化基础前沿研究引领，注重链条融通创新，推动新科学、新技术、新产业融合发展，打造科技创新制高点，聚焦大数据智能化，推动智能制造、智能建造等产业技术创新，培育一批具有国际竞争力的战略性新兴产业集群。共建成渝综

第九章　成渝地区双城经济圈建设的成都作为："强核、拓圈、联支、协重"

合性国家科学中心，共建西部科学城，提升创新策源能力，突出前沿科学研究、先导技术创新、高端产业示范、创新创业孵化、科技人才培养，形成综合性国家科学中心。共建"一带一路"科技创新合作区和国际技术转移中心，建设国际科技创新合作平台，建立成渝地区国际科技合作基地联盟，共同举办"一带一路"科技交流大会，优先在成渝两地建成"一带一路"科技高地，从而带动"一带一路"沿线省市和整个西部地区的科技创新。

3. 共营创新生态环境

发挥市场对创新资源配置的决定性作用、政府对创新活动的引导和服务作用，深化创新体制机制改革，激发创新活力。突出抓激励，深化职务科技成果所有权或长期使用权改革，探索建立以贡献大小为导向的收益分配机制。大力发展科技金融，推动科技成果转化孵化。突出借"外脑"，开展国际创新交流合作，推进国际科技创新合作平台建设。推进成渝高校协同创新，争取电子科技大学、四川大学等高校院所共建重点实验室和产业技术研究院，建设成渝地区环大学创新生态圈。深化科研项目经费"包干制"改革；落实研发准备金制度、重大新产品研发成本补助等政策，提高科技型中小企业研发费用加计扣除比例。推动科技创新合作，实施成渝科技创新合作发展计划，设立联合创新专项基金，承担国家重大科技项目。

（三）共同打造内陆改革开放新高地

聚焦全面拓展国际门户枢纽功能，着力建设国家泛欧泛亚的门户枢纽，共建具有全国影响力的改革开放新高地。改革开放是实现国家繁荣富强的根本路径。因此，成都全面拓展国际门户枢纽城市功能，既是强化作为陆海内外联动、东西双向互济国家开放格局战略支点的使命担当，又是大幅提升在全球城市网路体系中关键节点地位和增强要素运筹能力的重要依托。同时，建设泛欧泛亚有重要影响力的国际门户枢纽城市也是新时代成都"三步走"战略第二步的目标。成都应坚持流量聚势，深度融入"一带一路"建设，推动形成新时代西部大开发新格局，加快建设西部陆海新通道，落实中共四川省委"四向拓展、全域开放"战略部署，着力争取和推动各类改革试点举措集中落实、率先突破和系统集成，推动从"战略后方"到"开放前沿"的根本性跃升，与重庆共建具有全国影响力的改革开放新高地。

1. 共建国际国内大通道

发挥成都极核对外链接功能，联合重庆铁路港，打造泛欧泛亚陆港主枢纽；联合重庆江北国际机场，加快构建以成都为核心的空中丝绸之路和国际陆海联运"双走廊"；主动织密与经济圈其他城市间的高铁、高速通道网络，构建经济圈网络化交通联系，打造连接东盟、衔接日韩、覆盖中亚、联通欧洲进而辐射全球的亚蓉欧陆海联运战略大通道。以提高内联外通水平为导向，完善国际航空通道网络布局，提升国际航线干支衔接水平，推进"两场一体"运营，打造全球性航空枢纽、洲际航空中转中心和货运中心，提升包括第五航权在内的国际航权开放水平。

2. 共建内陆开放高地

以自贸试验区、国家级新区和开发区、临空临港经济区、国别合作园区为重点，增强经济圈高能级开放平台功能；以"一带一路"、长江经济带、西部陆海新通道建设为依托，加强成渝地区双城经济圈与关中城市群、长江中游城市群、长三角城市群等的"抱团"合作发展。高水平建好自由贸易试验区，争建内陆自贸港。坚持大胆闯、大胆试、自主改，紧紧围绕探索陆上贸易新规则，更加充分发挥自贸试验区作为全面深化改革的排头兵、扩大开放的风向标、对标国际规则的试验田以及高质量发展的先行者的作用。进一步发展国别合作园区，搞好中法、中德、新川、中意、中韩等国别合作园区，开展中日（成都）城市建设和现代服务业开放合作示范项目，打造全省、全市的外资利用高地和对外开放窗口，为稳外资、稳外贸做出更大贡献。创新高等教育国际合作，借鉴上海纽约大学、宁波诺丁汉大学经验，依靠四川大学、电子科技大学、西南财经大学等本土优质高等教育资源，引进国际知名高校，建设国际化特色鲜明的高水平中外合作大学。

3. 共同营造开放大环境

打造国际化营商环境标杆城市，对接世界银行评价指标体系，对标北上广深等城市最高标准，坚持问题导向、目标导向、结果导向，聚焦企业全生命周期，以刀刃向内、自我革命的决心和魄力，以精准有力、务实有效的办法和措施，推动全市营商环境实现大提升。大胆吸引国际资本和前瞻企业入驻，梳理和瞄准国外指标性、前瞻性、创新性企业，提早行动、及时布子，为高水平利用外资落下新锚。聚焦产业营商环境优化，重点加强对海外企业的招引和在海外企业的稳定，为产业发展营造良好的营商环境。要加强社会文化交流，促进民心相通。高水平建设世界文创名城、世界旅游名城、世界赛事名城、国际美食之都、国际音乐之都、国际会展之都，加快打造中华文化对外传播、国际文化交流互鉴高地，全力以赴办好大运会。

第九章　成渝地区双城经济圈建设的成都作为："强核、拓圈、联支、协重" 185

（四）携手打造高品质生活宜居地

聚焦发挥践行新发展理念的公园城市示范区引领示范功能，着力建设美丽中国新典范，共建具有全国影响力的高品质生活宜居地。

坚持人与自然和谐共生是新时代坚持和发展中国特色社会主义的基本方略之一，发展好、维护好人民群众的根本利益是我党工作的出发点和落脚点。因此，成都充分发挥践行新发展理念的公园城市示范区引领示范功能，建设美丽中国新典范，既是城市优良生态本底和作为生活中心、消费中心比较优势的有力彰显，又是自觉践行新发展理念对现代化城市可持续发展新模式的积极探索。"十四五"时期，成都要坚持以人民为中心的发展思想，充分发挥践行新发展理念的公园城市示范区引领功能，积极探索生态价值创造性转化路径机制，进一步优化完善公共服务体系，共建具有全国影响力的高品质生活宜居地。

1. 共同提升生态屏障功能

成渝地区正处于城镇化快速发展的阶段，肩负着经济发展和生态保护的双重压力，生态保护、污染防治、绿色发展、体制机制建设等任务依然繁重，未来应当围绕共建长江上游生态屏障的要求，构建经济圈各城市共守生态安全格局，推动沱江、岷江流域上下游联动，协同推进流域综合治理，推动区域生态建设和环境保护一体化。成渝地区是长江上游重要生态屏障和水源涵养地，对长江中下游地区生态安全承担着不可替代的作用。成渝地区生态共建的重点是协同推进长江、嘉陵江、乌江、岷江、涪江、沱江等生态廊道建设，谋划一批山水林田湖草系统修复工程项目。加强三峡库区水土保持综合治理，积极推进水土保持建管模式改革创新，推进三峡库区及上游生态清洁小流域建设。加强川渝森林城市群建设，在长江沿岸实施"两岸青山·千里林带"工程，推进城市宜居湿地生态修复。成渝地区山水相连，大气、水等污染亟待跨区域协同治理。比如水方面，川渝两地跨省界的河流中14条水质较差。水污染治理的重点是联动推进河长制、湖长制，深化水污染联防联治，建设长江上游流域污染治理合作试点，开展跨境断面区域联防联控。共同争取将成渝地区纳入国家大气污染防治重点区域，强化城市群大气污染联防联控，实施多污染物协同减排，统筹防治臭氧和细颗粒物污染。同时，加强危险废物区域协同处理处置能力，加强川渝土壤治理修复技术交流与合作。协同推进绿色发展，坚持生态产业化、产业生态化，加快产业转型升级，把"绿色+"融入成渝地区经济社会发展各方面，以大数据智能化改造提升传统产业，加快推进制造业的高端化、智能化、绿色化。成渝地区人口稠密，资源环境承载压力大，绿色发展任务繁重，应突出抓好节能改造，推行企业循环式生产、产业循环式组合，壮大绿色低碳循环经济。

2. 共同提升生活的舒适度

以更好满足人民群众美好生活需要为目标，提升公共资源均衡度、便捷度和精准度，深入落实成渝地区双城经济圈便捷生活行动方案，推动实施交通通信、户口迁移、就业社保、教育文化、医疗卫生及住房保障六大方面的便捷行动，推进公共服务政策协同，有效促进人口流动和生产要素自由流动，携手建设包容和谐、美丽宜居、充满魅力的高品质生活宜居地。全面提升公共服务均衡度、便捷度和精准度。打破地区之间数据、信息的壁垒，加强跨区域、跨部门、跨层级数据资源整合共享，推动大数据智能化技术在公共服务领域广泛应用，提升公共服务的精准度。

3. 共同营造生活消费场景

围绕美好生活供给，成渝共建巴蜀文化旅游走廊、巴蜀特色消费集聚区、成渝现代高效特色农业带。围绕巴山蜀水，规划巴蜀文化旅游走廊，提升旅游特色服务消费，培育一批精品景区、旅游线路和文创产品，高水平举办川渝旅游节等活动，加强川渝等特色美食宣传推广，加快建设全域旅游示范区和国家文化消费示范城市。建设巴蜀特色消费集聚区，优化消费供给，增加大众消费、品质消费、高端消费供给，更好满足不同层次消费需求。集聚国际消费品牌，引进知名品牌"首店"、旗舰店、体验店和连锁店，承接国际品牌首发、首秀活动，做大做强保税商品展示交易中心，打造国际品牌首选地和世界消费品超市。推进国际消费集聚区建设，统筹推进中央商务区、核心商圈、特色商业街规划建设，做优夜间经济。提升国际展会活动水平，引进国际展览业协会会员大会等国际展会，提升西博会、智博会、西洽会等规模能级，引进国际性体育赛事，扩大展会活动对消费的带动力。打造成渝现代高效特色农业带，推动成渝地区双城经济圈建设为农业发展带来新机遇，应充分发挥两地农业科研、自然资源优势，共同打造西部农业科技创新中心、长江上游现代农业种业发展高地和现代山地特色高效农业产业集群。建设粮食、油料、生猪等重要农产品保供基地。共建蔬菜、柑橘、柠檬等特色优势农产品产业带，推进农业"接二连三"，建设优质农产品生产直供基地和初深加工园区，推动农业与农产品精深加工、乡村旅游和农村电商服务业融合发展。

参考文献

[1] 习近平. 摆脱贫困[M]. 福州：福建人民出版社，1992：1—3.

[2] 习近平. 不断开拓当代中国马克思主义政治经济学新境界[J]. 求知，2020(9)：4—7.

[3] 中共成都市委关于制定成都市国民经济和社会发展第十四个五年规划和二〇三五年远景目标的建议[N]. 成都日报，2020-12-31(1).

[4] 中共中央 国务院关于建立健全城乡融合发展体制机制和政策体系的意见[J]. 中华人民共和国国务院公报，2019(14)：11—18.

[5] 边燕燕. 城市高品质生活评价指标体系构建与实证分析[J]. 重庆理工大学学报（社会科学），2020，34(8)：45—57.

[6] 程玉鸿，陈利静. 城市网络视角的城市竞争力解构[J]. 经济学家，2012(8)：72—79.

[7] 储节旺，刘昊，丁辉，等. 长三角乡村振兴产业政策一体化研究[J]. 中国发展，2019，19(6)：34—41.

[8] 戴宾. 四川区域发展战略的新思路[J]. 经济学家，2004(1)：120—121.

[9] 丁娟，兰想，王晓煊. 四川：筑牢长江黄河上游生态"双屏障"[J]. 四川省情，2021(2)：42—44.

[10] 丁任重，郭岚. 成渝经济区生态环境保护与建设的思考[J]. 四川省情，2005(12)：19—20.

[11] 董雪兵，李霁霞，池若楠. 习近平关于新时代区域协调发展的重要论述研究[J]. 浙江大学学报（人文社会科学版），2019，49(6)：16—28.

[12] 范恒山. 成渝地区双城经济圈建设的价值与使命[J]. 宏观经济管理，2021(1)：12—14.

[13] 方行明，黄书雷，魏静. 西部大开发的新突破口——论成渝昆贵宜"四点一核"经济圈的构建[J]. 经济研究参考，2020(1)：90—98.

[14] 方长平. 百年未有之大变局下中国发展战略机遇期的思考[J]. 教学与研究，2020(12)：57—66.

[15] 冯德显，乔旭宁，贾晶. 中原城市群竞合关系及一体化战略研究[J]. 地域研究与开发，2005(6)：11—17.

[16] 高宝华，李洪涛. 成都建设国际消费中心城市的策略思考[J]. 中国外

资，2020（7）：58—60.

[17] 高新华. 金融支持成渝经济区域发展的战略思考［J］. 西南金融，2012（5）：15—18.

[18] 郭树勇，丁伟航. 论"百年未有之大变局"的时代内涵与治理逻辑［J］. 社会科学，2019（9）：3—14.

[19] 韩文丽. 以"两中心两地"为支撑 推动国家战略落地落实［N］. 四川日报，2020-07-16（6）.

[20] 侯永志，沈俊杰，华若筠. 将成渝地区双城经济圈打造成辐射东南亚、南亚的区域经济中心［J］. 重庆理工大学学报（社会科学），2020，34（11）：1—4.

[21] 胡鞍钢，杨竺松. 习近平经济思想：当代马克思主义政治经济学的重大创新［J］. 人民论坛，2016（1）：18—24.

[22] 胡艳，唐磊，蔡弘. 城市群内部城市间竞争和合作对城市经济发展的影响——基于空间溢出效应对长三角城市群的实证检验［J］. 西部论坛，2018，28（1）：76—83.

[23] 黄邦根. 马克思主义政治经济学研究对象的创新［J］. 华东经济管理，2006（12）：155—158.

[24] 黄铁苗，张耀军，徐常建. 对"百年未有之大变局"的经济学思考［J］. 黑龙江社会科学，2020（4）：61—66.

[25] 黄兴国，彭伟辉，何寻. 成渝地区双城经济圈技术创新网络演化与影响机制研究［J］. 经济体制改革，2020（4）：50—57.

[26] 季曦，刘民权. 以人类发展的视角看城市化的必然性［J］. 南京大学学报（哲学·人文科学·社会科学版），2010，47（4）：46—53+158.

[27] 姜菲菲. 深化认识 创新推进国际消费中心城市建设［J］. 先锋，2020（5）：39—42.

[28] 蒋永穆，李想. 川渝黔经济一体化助推成渝地区双城经济圈建设研究［J］. 西部论坛，2020，30（5）：43—56.

[29] 敬茂明. 战略新定位指引成渝地区新发展［N］. 中国经济时报，2020-07-16（A04）.

[30] 冷晓航. "三权分置"背景下农村脱贫攻坚的困境与出路［J］. 农业经济，2021（3）：79—80.

[31] 李后强，石明，李海龙. 成渝地区双城经济圈"圈群"特征探析［J］. 中国西部，2020（5）：1—10.

[32] 李后强，石明，李海龙. 成渝地区双城经济圈城市发展方程探析——基于协同论视角［J］. 中国西部，2020（4）：17—27.

[33] 李志强. 城乡融合演进历程的乡村振兴：阶段特征、动力逻辑与发展导向 [J]. 贵州社会科学, 2020 (9)：162—168.

[34] 刘波. 百年未有之大变局下全球治理面临的挑战及中国的参与路径 [J]. 教学与研究, 2020 (12)：67—77.

[35] 刘大志, 蔡玉胜. 地方政府竞争行为与资本形成机制分析 [J]. 学术研究, 2005 (3)：19—22.

[36] 刘昊, 祝志勇. 从地区性市场走向区域性市场——基于五大城市群市场分割的测算 [J]. 经济问题探索, 2021 (1)：124—135.

[37] 刘衡, 王龙伟, 李垣. 竞合理论研究前沿探析 [J]. 外国经济与管理, 2009, 31 (9)：1—8+52.

[38] 刘江会, 董雯. 国内主要城市"竞合关系"对上海建设全球城市的影响——基于城市战略定位的比较分析 [J]. 城市经济, 2016, 23 (6)：74—81.

[39] 刘昆. 国务院关于2019年中央决算的报告——2020年6月18日在第十三届全国人民代表大会常务委员会第十九次会议上 [J]. 中国财政, 2020 (14)：10—17.

[40] 陆大道. 建设经济带是经济发展布局的最佳选择——长江经济带经济发展的巨大潜力 [J]. 地理科学, 2014, 34 (7)：769—772.

[41] 陆善勇, 叶颖. 中等收入陷阱、比较优势陷阱与综合优势战略 [J]. 经济学家, 2019 (7)：15—22.

[42] 罗若愚, 邹玲. 区域经济发展中区域合作治理的形成及影响因素分析——以长株潭和成渝经济区为例 [J]. 经济问题探索, 2012 (1)：126—131.

[43] 罗小龙, 沈建法, 陈雯. 新区域主义视角下的管治尺度构建——以南京都市圈建设为例 [J]. 长江流域资源与环境, 2009, 18 (7)：603—608.

[44] 马德功, 杨陈晨, 刘林昕. 成渝构建区域金融中心比较研究 [J]. 社会科学研究, 2012 (4)：14—18.

[45] 马学广, 李鲁奇. 国外人文地理学尺度政治理论研究进展 [J]. 人文地理, 2016, 31 (2)：6—12+160.

[46] 毛中根. 让成都发展更有温度、市民生活更有质感 [N]. 成都日报, 2020-01-22 (6).

[47] 倪鹏飞. 城市群合作是区域合作的新趋势 [J]. 中国国情国力, 2014 (2)：48—50.

[48] 潘开文, 吴宁, 潘开忠, 等. 关于建设长江上游生态屏障的若干问题的讨论 [J]. 生态学报, 2004 (3)：617—629.

[49] 庞玉萍, 王磊. 国家空间重构与中原经济区的形成 [J]. 郑州航空工业管理学院学报, 2014, 32 (4)：15—19.

[50] 彭劲松. 成渝地区具有全国影响力的科技创新中心建设及协同发展研究 [J]. 城市, 2020 (4): 20—27.

[51] 彭劲松. 成渝地区双城经济圈建设: 阶段判识、战略意义及推进策略 [J]. 中国西部, 2020 (2): 13—23.

[52] 彭清华. 筑牢长江上游生态屏障 谱写美丽中国四川篇章 [N]. 学习时报, 2020-10-07 (1).

[53] 彭忠益, 柯雪涛. 中国地方政府间竞争与合作关系演进及其影响机制 [J]. 行政论坛, 2018, 25 (5): 92—98.

[54] 秦鹏, 刘焕. 成渝地区双城经济圈协同发展的理论逻辑与路径探索——基于功能主义理论的视角 [J]. 重庆大学学报 (社会科学版), 2021, 27 (2): 44—54.

[55] 盛毅. 建设具有成都特质的高品质生活宜居城市 [J]. 先锋, 2020 (12): 32—35.

[56] 盛毅. 双城经济圈"两中心两地"建设的思考 [J]. 当代党员, 2020 (10): 49—50.

[57] 李艳玲, 孟浩. 四城携手 如何下好国家战略"先手棋" [N]. 成都日报, 2020-06-01 (4).

[58] 宋潇. 成渝双城经济圈区域合作创新特征与网络结构演化 [J]. 软科学, 2021, 35 (4): 61—67.

[59] 孙继平, 侯兰功. 基于腾讯人口迁徙数据的成渝城市群网络结构特征研究 [J]. 现代城市研究, 2020 (9): 78—85.

[60] 唐子来, 李粲. 迈向全球城市的战略思考 [J]. 国际城市规划, 2015, 30 (4): 9—17.

[61] 滕英明. 成渝地区双城经济圈背景下公路水路交通一体化发展研究 [J]. 公路交通技术, 2020, 36 (4): 105—109.

[62] 涂建军, 况人瑞, 毛凯, 等. 成渝城市群高质量发展水平评价 [J]. 经济地理, 2021, 41 (7): 50—60.

[63] 王博祎, 李郇. 深港边界地区的尺度重组研究——以前海地区为例 [J]. 人文地理, 2016, 31 (3): 88—93.

[64] 王慧, 高广达. 博弈论视角下厦门—平潭双岛竞合关系分析 [J]. 经济问题, 2013 (2): 94—99.

[65] 王利伟. 京津冀距离建成世界级城市群有多远——基于熵值模型方法 [J]. 宏观经济研究, 2019 (9): 142—152.

[66] 王润玲. 土地流转对乡村旅游发展的影响分析 [J]. 农业经济, 2021 (3): 101—102.

［67］王微. 抓住优势 立足共识 探索国际消费中心城市建设成都新路［J］. 先锋，2020（1）：44—46.

［68］王向阳，谭静，申学锋. 城乡资源要素双向流动的理论框架与政策思考［J］. 农业经济问题，2020（10）：61—67.

［69］王玉清，朱文晖，张玉斌. 从竞合角度看两大三角洲的区域经济整合［J］. 经济理论与经济管理，2004（4）：64—68.

［70］魏成，沈静，范建红. 尺度重组——全球化时代的国家角色转化与区域空间生产策略［J］. 城市规划，2011，35（6）：28—35.

［71］魏良益，李后强. 从博弈论谈成渝地区双城经济圈［J］. 经济体制改革，2020（4）：19—26.

［72］魏颖. 新时代我国国际消费中心城市建设思考［J］. 产业创新研究，2020（1）：14—19.

［73］吴梦蝶. 古蜀文化在成都文化旅游中的发展现状及建议［J］. 文化产业，2019（18）：4—5.

［74］线实，陈振光. 城市竞争力与区域城市竞合：一个理论的分析框架［J］. 经济地理，2014，34（3）：1—5.

［75］辛世杰. 深化共建、共治、共商、共管 推动成渝地区双城经济圈生态环境高水平保护［J］. 重庆行政，2020，21（6）：24—27.

［76］杨海华. 尺度重组视角下中国城市群空间重构探究［J］. 区域经济评论，2019（2）：140—146.

［77］杨继瑞，杜思远，冯一桃. 成渝地区双城经济圈建设的战略定位与推进策略——"首届成渝地区双城经济圈发展论坛"会议综述［J］. 西部论坛，2020，30（6）：62—70.

［78］杨继瑞. 成渝地区双城经济圈：成都的作为与担当［J］. 先锋，2020（4）：37—39.

［79］杨继瑞. 成渝经济区全域绿色发展模式及政策设计［M］. 北京：经济科学出版社，2015.

［80］杨继瑞. 杨继瑞：成渝地区双城经济圈高质量发展是若干维度的有机统一［J］. 四川省情，2020（7）：30—33.

［81］杨亮洁，张小鸿，潘竟虎，等. 成渝城市群城镇化与生态环境耦合协调及交互影响［J］. 应用生态学报，2021，32（3）：993—1004.

［82］杨骞，方译翎，曹麒麟. 推动成渝地区双城经济圈建设的战略逻辑、动力及建议［J］. 决策咨询，2020（5）：12—16.

［83］杨骞. 成渝地区双城经济圈建设的战略逻辑［N］. 中华工商时报，2020-

07-23 (3).

[84] 杨晓兰, 倪鹏飞. 城市可持续竞争力的起源与发展评述 [J]. 经济学动态, 2017 (9): 96—110.

[85] 姚毓春, 梁梦宇. 我国城乡融合发展问题及政策选择 [J]. 经济纵横, 2021 (1): 46—53.

[86] 叶文辉, 陈凯. 成渝城市群创新协同及空间效应特征 [J]. 经济体制改革, 2020 (5): 65—72.

[87] 易淼. 新时代推动成渝地区双城经济圈建设探析: 历史回顾与现实研判 [J]. 西部论坛, 2021, 31 (3): 72—81.

[88] 殷洁, 罗小龙. 尺度重组与地域重构: 城市与区域重构的政治经济学分析 [J]. 人文地理, 2013, 28 (2): 67—73.

[89] 印子. "三权分置"下农业经营的实践形态与农地制度创新 [J]. 农业经济问题, 2021 (2): 26—37.

[90] 于保霞, 刘政. 借鉴国际经验 建设国际旅游消费中心 [J]. 市场论坛, 2020 (10): 19—25.

[91] 于伟, 张鹏, 姬志恒. 中国城市群生态效率的区域差异、分布动态和收敛性研究 [J]. 数量经济技术经济研究, 2021, 38 (1): 23—42.

[92] 张超. 重庆建设国际消费中心城市的优势与路径 [N]. 重庆日报, 2020-04-02 (10).

[93] 张昊. 企业级安全大数据分析平台 [J]. 电信技术, 2017 (9): 83—88.

[94] 张京祥, 邹军, 吴启焰, 等. 论都市圈地域空间的组织 [J]. 城市规划, 2001 (5): 19—23.

[95] 张可云, 肖金成, 高国力, 等. 双循环新发展格局与区域经济发展 [J]. 区域经济评论, 2021 (1): 14—29.

[96] 张强, 霍露萍, 祝炜. 城乡融合发展、逆城镇化趋势与乡村功能演变——来自大城市郊区城乡关系变化的观察 [J]. 经济纵横, 2020 (9): 63—69.

[97] 张巍, 梁颖颖. 成渝城市群交通基础设施、人口集聚与产业结构升级的关系研究 [J]. 项目管理技术, 2020, 18 (4): 49—54.

[98] 张伟进. 用最严格制度筑牢长江上游重要生态屏障 [N]. 重庆日报, 2021-02-18 (8).

[99] 张溪. 农村土地流转交易机制和制度存在的问题与改进建议研究 [J]. 农业技术经济, 2021 (2): 146.

[100] 张雪茹, 尹志强, 姚亦锋. 成渝地区城镇化质量测度及空间差异分析 [J]. 地域研究与开发, 2017, 36 (3): 66—70.

[101] 张蕴岭，杨光斌，沈铭辉，等."百年大变局"中的世界与中国［J］.世界知识，2020（9）：12—13.

[102] 赵川.城市群的产业—人口—空间耦合协调发展研究——以成渝城市群为例［J］.经济体制改革，2019（5）：51—59.

[103] 赵弘.区域蓝皮书　中国区域经济发展报告（2018—2019）［M］.北京：社会科学文献出版社，2019.

后 记

本书是2021年度成都市社会科学院"习近平新时代中国特色社会主义思想与成都实践研究"所属子课题的研究成果,由西南财经大学成渝经济区发展研究院杨继瑞教授及其团队负责研究撰写。

本书的研究框架、基础理论、重要结论以及建议等,主要由杨继瑞教授及其团队成员共同研究、设计、完成。各章的执笔者是:导言,杨继瑞、付莎;第一章,"习近平总书记关于区域协调发展的重要论述的溯源与探讨",杨继瑞、杨蓉;第二章,"成渝地区双城经济圈建设的时代背景",许辰迪、杨继瑞和杜思远;第三章,"成渝地区双城经济圈建设的战略意义",许辰迪;第四章,"成渝地区双城经济圈建设的挑战和机遇",付莎、胡歆韵;第五章,"成渝地区双城经济圈建设的总目标",徐海鑫、杨灿灿;第六章,"成渝地区双城经济圈建设的支撑定位",李航星、朱建萍、叶鑫;第七章,"成渝地区双城经济圈建设的重要任务",李航星、凌潇、张旭;第八章,"重构经济圈良性竞合关系的体制机制探讨",杨继瑞、周莉;第九章,"成渝地区双城经济圈建设的成都作为:'强核、拓圈、联支、协重'",杜思远。最后,由杨继瑞和付莎对全书进行修改、完善和统稿。

在本书的撰写过程中,我们参阅了许多文献,从中吸取了诸多养分。特别是,在项目研究和本书撰写过程中,得到了成都社科院领导和同仁、有关兄弟院校专家学者真诚无私的指导、帮助与支持,四川大学蒋永穆教授、成都市社科院阎星研究员、重庆工商大学黄潇副教授对该课题的完善提出了宝贵意见和建议;在编辑出版过程中,还得到了四川大学出版社的大力支持与帮助。在此,我们课题组对所有关心、支持和提供帮助的有关单位、领导、专家、学者表示衷心的感谢!

课题组

2021年4月30日